세·상·을·변·화·시·킨·기·업·이·야·기
Google

구글

Virginia Scott 지음
정인아 옮김

명인문화사

세상을 변화시킨 기업이야기
구글

1쇄 펴낸 날 / 2011년 4월 28일

지은이 / Virginia Scott
옮긴이 / 정인아
펴낸이 / 박선영
펴낸곳 / 명인문화사

내지디자인 / 이지혜
표지디자인 / 박종희
교　정 / 김민경

등　록 / 제2005-77호(2005.11.10)
주　소 / 서울시 송파구 석촌동 58-24 미주빌딩 202호
이메일 / myunginbooks@hanmail.net
전　화 / 02)416-3059
팩　스 / 02)417-3095

ISBN / 978-89-92803-30-4
가　격 / 14,000원

ⓒ 명인문화사

Google

Virginia Scott

Translated from the English Language edition of Google, by Virginia Scott., originally published by Greenwood Press, an imprint of ABC-CLIO, LLC, Santa Barbara, CA, USA. Copyright ⓒ 2008 by the author(s). Translated into and published in the Korean language by arrangement with ABC-CLIO, LLC. All rights reserved.

No Part of this book may be reproduced or transmitted in any form or any means electronic or mechanical including photocopying, reprinting, or on any information storage or retrieval system, without permission in writing from ABC-CLIO, LLC.

Korean edition copyright 2011 by Myung In Publishers.

차 례

서론		5
제1장	구글 창립자와의 만남	9
제2장	구글의 기원과 역사	15
제3장	인터넷 검색: 역사적 맥락	32
제4장	구글을 훨씬 좋게 만든 것은 무엇일까?	53
제5장	일과 놀이가 공존하는 멋진 구글 세계	74
제6장	구글이 고객 유치를 위해 즐거움을 활용하는 방법	105
제7장	구글 박애주의	127
제8장	구글과 교육	148
제9장	구글로 돈 벌기	169
제10장	구글 논란	181
제11장	구글의 미래	200

부록
가. 구글에 대해 더 알기	222
나. 구글 웹 주소의 선정된 목록	224
다. 구글의 재정 실적	225

찾아보기	227
저자에 관해	231
번역자에 관해	232

Google

서론

구글 창립자인 래리 페이지(Larry Page)와 세르게이 브린(Sergey Brin)은 검색 엔진으로 대성공을 거두었다. 그리고 그들이 캐낸 금광은 갈수록 풍요로워지고 있다.

래리와 세르게이는 스탠포드 대학원에 재학 중이던 1999년에 구글을 설립했다. 그리고 31살이 되던 2004년, 그들은 억만장자가 되어 있었다. 구글의 2008년 1분기 자본금은 1,840억 달러를 기록했다. 주당 85달러에서 시작한 주가는 단시일 내에 최고 700달러까지 급등했다. 시장 전문가들은 대부분의 미국 기업과 마찬가지로 구글 또한 2008년 미국 경제 불황의 영향을 받을 것으로 전망했으나, 구글은 1분기에 30%의 순익을 기록했다.[1]

2008년 봄, 구글은 야후!를 제치고 미국에서 가장 인기있는 웹 사이트로 등극했다. 게다가 『포브스(Forbes)』가 선정한 가장 일하기 좋은 기업에 2년 연속 선정되었다. 이 같은 사실들은 구글이 세계에서 가장 우수한 기술 씽크 탱크를 만들어내는 '구글러'로 불리는 최고의 젊은 인재들을 유치하는 데 도움이 된다. 래리와 세르게이는 구글러가 회사의 가장 중요한 자산이며, 비즈니스 세계에서 가장 널리 회자되는 기업 문화에서 그들을 양성한다고 공공연히 인정한다.

세르게이는 1999년 『워싱턴 포스트(Washington Post)』와의 인터뷰에서 구글은 숫자 1에 0이 100개 붙은 수를 일컫는 수학용어인 구골(googol)의 파생어라고 밝혔다. 그는 자신과 래리가 거대한 월드 와이드 웹을 다루기 때문에 구글이라는 이름이 적절하게 느껴졌다고 했다. 그는 자신의 회사가 훗날 얼마나 영향력 있는 기업이 될지 알기나 했을까?2)

불과 몇 년 사이에 구글은 웹에서 정보를 검색하는 사람들이 가는 일순위 사이트로 누구에게나 친숙한 이름이 되었다. 메리암 웹스터(Merriam Webster: 미국의 유명 사전 - 역자 주)는 2001년 구글을 사전에 등록했으며 옥스포드 영어 사전도 2006년에 구글을 동사로 추가했다. 이제는 "구글해서 더 자세히 알아봐야겠어." 혹은 "그 사람을 구글해서 알아봤더니…." 같은 문장에서까지 들을 수 있다.

구글은 광고도 하지 않으면서 어떻게 유명세와 인기까지 얻을 수 있었을까? (수입의 대부분을 다른 기업의 광고에서 창출하고 있으니 얼마나 모순인가!) 해답은 광고가 필요없었다는 데 있다. 초창기부터 사용자들은 빠르고 효율적인 검색 서비스에 대한 입소문을 냈다. 게다가 사용자에게 무료로 제공되는 서비스는 수백만 명의 사용자를 유치하였다. 래리와 세르게이가 실제 사용자에 심혈을 기울이기 때문에, 구글도 사용자들이 피드백과 새로운 아이디어를 제공해 줄 것이라는 기대를 갖고 그들에게 지속적인 관심을 보인다. 사용자는 실제로 구글의 기대대로 한다.

이 두 젊은이와 그들의 기업은 어떻게 이토록 단시일 내에 성공할 수 있었을까? 구글이란 기업과 구글의 검색엔진을 사용하는 것이 검색을 대표하는 일이 되기까지 어떻게 영향을 미쳤을까? 정보를 찾는 세계 인구 절반 이상의 관심을 어떻게 얻고, 경쟁 업체들을 크게 앞질렀을까? 바로 이 책에서 그 해답을 제공할 것이다.

월드 와이드 웹에서의 정보 검색을 완벽하게 만들겠다는 목표 아래 대학원 프로젝트로 시작했던 것이 이제 검색의 세계를 뒤흔들 뿐 아니라 광고와 의사소통의 세계까지 급격히 변화시킨 기업이 되었다. 구글은 구글을 사용하고 검색, 뉴스, 빠른 답, 쇼핑, 의사소통, 협동을 위해 구글에 의존하는 사람들의 삶을 변화시켰다. 심지어는 우리가 구글 어스가 제공하는 위성사진에 감탄하고 활용하는 사이, 지구 전체를 보고 탐험하는 법까지 바꾸어 놓았다.

구글의 사명인 '세계의 정보를 체계화하고 누구나 접속 가능하고 유용하게 만드는 것'의 뒤에는 이 사명의 완수, 혹은 그것을 위한 노력이 세계를 더 좋은 곳으로 만들 것이라는 래리와 세르게이의 믿음이 자리잡고 있다.[3] 구글의 좌우명인 '사악하지 말자'는 사람이 세상에서 반드시 선을 행해야 한다는 믿음이다.[4] 이러한 믿음을 바탕으로 구글은 지난 몇 년간 기업의 사회적 책임의 새로운 기준을 제시할만한 야심에 찬 박애주의 단체를 설립했다. 구글의 '사악하지 말자'라는 좌우명을 향한 구글의 헌신은 우리가 앞으로 살펴볼 논란과 관련해서 의문시되기도 했다. 또한 일각에서는 구글의 규모와 영향력, 그리고 우리가 구글을 사용하는 사이 구글이 수집한 개인 정보가 어떻게 사용될지에 대해 우려를 표하기도 한다. 그러나 대부분의 사람들은 구글이 없다면 매우 불편해 할 것이고, 구글을 건설적인 발전의 큰 동력으로 삼는다. 어느 누구도 구글이 세상을 바꿨다는 사실을 부인할 수 없다.

주

1) "구글 2008년 1분기 실적 발표," 투자자 관리 재정 발표, http://www.investor.google.com/releases/2008Q1.html (2008년 6월 22일 접속).
2) Leslie Walker, *Washington Post*.com-LIVE, November 4, 1999, http://www.

Washingtonpost.com/wp-srv/liveonine/business/walker/walker110499.htm (2008년 3월 10일 접속).
3) "Company Overview," 구글 기업 정보, http://www.google.com/ corporate (2008년 3월 12일 접속).
4) http://investor.google.com/conduct.html (2008년 6월 23일 접속).

제1장   Google

구글 창립자와의 만남

사회에 막대한 영향을 미치는 구글 같은 흑자기업은 어떻게 형성될까? 다양한 요소들이 필요하지만, 기업 문화와 영향력의 근간에는 주로 창립자의 특성과 관심사항이 자리 잡고 있음을 알 수 있다.

구글 창립자 래리 페이지(Larry Page)와 세르게이 브린(Sergey Brin)은 자신들의 독특한 유년시절 경험, 교육배경, 사회 의식, 성격을 기업 형성에 반영했다. 이와 동시에 그들의 배경에는 놀라운 유사성들이 있어 구글이 생성될 당시 그들은 깊은 우정을 나누고 회사에 대한 공동 비전을 갖는 데에 기여했다.

예를 들어, 두 사람 모두 다소 특이한 어린시절에 비슷한 경험을 했다. 그들은 가정용 컴퓨터가 흔하지 않던 시절에 컴퓨터를 하며 자랐다. 둘 다 어린 시절 몬테소리 학교(1907년 이탈리안 의사이며 교육자였던 닥터 마리아 몬테소리가 자신의 철학과 신조를 바탕으로 시작하여 지금은 전세계에서 각광받는 교육의 장으로 발전함. - 역자 주)에 다녔고, 이 경험은 훗날 구글 엔지니어들로 하여금 상상력을 펼칠 수 있는 프로젝트에 근무 시간의 20%를 할애하도록 영향을 미쳤다. 그들은 둘 다 호기심이 많고 두뇌가 명석했다. 그들의 부모님은 고학력으로, 컴퓨터와 과학 분야의 전문직에 종사했다. 또한 자녀들의 호기심을 키워주도록, 새로운 일을 마음껏 탐구하고 시도하게 항상 격려해 주었다. 두 사람은 스탠포드 대학원에 진학했고 그곳에서 만났다. 이 정도면 행복한 우연이 아닐까? 하나의 우연이 또 다른 우연으로 이어졌고, 멀지 않아 구글이 탄생했다.

이 멋진 파트너들이 만나기 전까지 그들의 배경은 어떠했는지 알아보자.

래리 페이지

로렌스 에드워드 페이지(Lawrence Edward Page)는 1973년 3월 26일, 미시건 주의 랜싱에서 출생했다. 어머니 글로리아(Gloria)는 미시건 주립대학교에서 컴퓨터 프로그래밍을 강의했다. 아버지 칼(Carl)은 미시건 주립대학교의 컴퓨터 공학 및 인공 지능 학과 교수였고, 항상 돈이 있으면 있는 대로 컴퓨터에 투자했다. 래리는 2000년 10월 28일 인터뷰에서 어린 시절 그의 집은 늘 어지럽혀져 있었고, 컴퓨터와『파퓰러 사이언스(Popular Science)』잡지가 온 집안에 널려 있었다고 했다. 컴퓨터에 대한 그의 애정은 6살 무렵부터 시작되었다. "컴퓨터 하는 것을 그냥 좋아했습니다. 주변에 늘 컴퓨터가 많았기 때문에 갖고 놀게 되었죠." 1978년에 컴퓨터가 널려 있는 집은 많지 않았다. 그는 자신의 초등학교에서 최초로 워드 문서로 숙제를 제출한 학생이었다. 그 후 형이 물건을 분해하는 방법을 가르쳐 주었고, 얼마 지나지 않아 그는 집안의 모든 물건들이 어떻게 작동하는지 알고 싶어 분해를 했다. 래리는 일찍부터 컴퓨터를 사용하고 범상치 않은 어린시절을 보낸 것이 발명, 기술, 비즈니스에 관심을 갖게 했다고 인정한다. 또한 어렸을 때부터 자신이 세상을 바꾸고 싶어함을 깨달았다.

아주 어릴 때부터 발명을 하고 싶음을 깨달았다. 그래서 기술에 관심을 많이 가지게 되었고 얼마 지나지 않아 발명 보다는 무언가 더 필요하다는 것을 깨달아 비즈니스로 관심을 옮겼다. 발명이 효과를 얻으려면 세상에 선보여서 사람들이 사용해야 한다는 것을 깨달았다. 12살 때쯤 나는 이미 내가 커서 결국 회사를 설립할 것임을 알고 있었다.[1]

래리는 몬테소리 학교에서 초등 교육을 받았다. 그는 미시건 주의 이스트 랜싱 고등학교를 졸업하고, 미시간 대학교의 컴퓨터 공학에 중점을 둔 공학과를 우등생으로 졸업했다. 대학 재학 중에는 태양열 자동차 팀의 일원이기도 했던 그는 지속가능한 운송수단 기술을 여전히 후원하고 있다. 앞으로 살펴볼 리차지 IT(Recharge IT)는 구글 자선사업의 일환으로, 플러그인 하이브리드 전기 자동차의 도입과 펀드 관련 연구를 장려한다.

래리가 스탠포드 대학이 자신과 잘 맞는지 알아보기 위해 캘리포니아를 방문했을 때, 스탠포드 대학 2학년 이던 세르게이가 래리의 그룹 투어를 안내해 주었다. 소문에 의하면 그들은 처음에 온갖 주제에 대해 농담을 주고받고 티격태격 다투었다. 그러나 훗날 그들은 스탠포드에서 친구이자 연구 동료로, 세상을 바꾸어 놓을 회사를 설립한 파트너이자 공동 비전가가 되었다.

현재 구글의 제품 담당 사장을 맡고 있는 래리는 구글에 매진하기 위해, 스탠포드에서 컴퓨터 공학 석사 학위를 취득했다. 그는 2007년 12월에 스탠포드 박사 과정 학생이던 사우스워스(Lucy Southworth)와 결혼했다. 래리는 여전히 취미삼아 발명을 즐겨한다.

세르게이 브린

세르게이 미하일로비치 브린(Sergey Mihailovich Brin)은 1973년 러

시아 모스크바에서 출생했고 6살이 되던 해에 러시아의 반유대주의를 피해 가족과 미국으로 이민을 떠났다. 세르게이는 2000년 10월 28일 인터뷰에서 미국 이민에 대한 그의 생각을 밝혔다. 그는 학교에서 친구들에게 놀림을 받고 스스로 인기도 없었지만, 그런 것들에 별로 개의치 않았다.

> 무엇보다도 러시아가 아닌 미국에서 자라게 된 것을 축복이라고 생각한다. 부모님께서 러시아에서 보내신 어려운 시절을 알고, 내가 미국에 올 수 있게 해 주신 것에 대해 깊이 감사드린다. 인생을 더욱 감사히 여기게 되었다.[2]

그의 가족은 매릴랜드 주의 아델피에 거주했고 아버지인 마이클 브린(Michael Brin)은 현재 매릴랜드 대학교의 수학 교수로 재직 중이다. 세르게이의 어머니 유지니아(Eugenia)는 모스크바 국립 대학교의 기계학 및 수학 대학을 졸업했다. 그녀는 NASA의 기후, 날씨 예보 관련 프로젝트를 담당하는 과학자다.

세르게이도 래리처럼 초등교육은 몬테소리 학교에서 받았다. 래리와 마찬가지로 세르게이도 어린 시절 과학에 대한 호기심이 가득했다. 어린 시절부터 컴퓨터에 관심을 가졌고 9살 생일에 그의 첫 컴퓨터를 선물로 받았다. 엘레노어 루즈벨트 고등학교를 졸업한 후 1990년에 매릴랜드 대학교에 입학했고 3년 만에 수학 및 컴퓨터 공학과를 수석으로 졸업했다.

그는 국립 과학 재단(National Science Foundation)에서 연구 장학생을 지낸 뒤 스탠포드 대학원에 진학했고, 그곳에서 래리를 만났다. 컴퓨터 공학 석사 과정을 마친 후 구글에 매진하기 위해 휴학했다.

세르게이는 2007년 5월, 예일 대학교 출신인 보이치키(Anne Wojcicki)

독특한 결혼식

예일대 졸업생인 보이치키는 개인 유전자 지도를 제공하는 생명공학 기업 23앤드미(23andme)를 공동 설립하기 이전에는 의료 보건 투자 애널리스트로 활동했었다. 세르게이와 안느가 결혼식을 올리고 얼마 지나지 않아, 구글은 감독기관 공시에서 그녀의 신생 기업에 390만 달러를 투자했음을 밝혔다. 철저한 비공개 결혼식에 참석했던 하객들은 신랑, 신부가 결혼 서약을 위해 버뮤다 개인 소유 섬의 인근 모래톱으로 헤엄쳐 갔다고 말했다. 신부는 흰색, 신랑은 검은색 수영복을 입었다. 두 사람은 구글이 초창기였을 무렵에 안느의 언니가 그녀의 집에 래리와 세르게이의 첫 사무실을 세 내 주면서 만나게 되었다.

와 결혼했다. 세르게이는 취미로 체조를 하며 롤러블레이드를 즐겨 타고, 구글에서 휴식시간에는 운동을 즐긴다. 그는 구글의 기술 담당 사장이다.

세르게이는 2000년 10월 28일 인터뷰에서 무엇으로 기억되길 원하느냐는 질문에, 세상을 더 좋은 곳으로 만든 사람으로 기억되고 싶다고 답했다.

> 우선, 사람들에게 정보에 대한 접근을 제공하여 구글을 통해 세상을 더 좋은 곳으로 만들겠다. 물론 기술과 비즈니스 측면에도 노력을 기울일 것이다. 둘째 자선사업을 통하여 기억되는 것인데 … 내게는 이 부분이 가장 중요하다. 돈이 더 많다고 삶의 질이 크게 향상되지는 않을 것이다.[3]

이제 래리와 세르게이에 대해, 그리고 그들이 어떻게 만났는지에 대해 어느 정도 알았으니, 그들이 만난 후에 어떤 일들이 일어났는지 더 자세히 알아보도록 하자.

14 구글

주

1) "래리 페이지 인터뷰," 공로 아카데미(Academy of Achievement), 2000년 10월 28일, http://www.achievement.org./autodoc/page/pag0int-1 (2008년 1월 21일 접속).
2) Ibid.
3) Ibid.

제 2장   Google

구글의 기원과 역사

구글의 역사를 설립부터 현재에 이르기까지 간략히 알아보자. 구글의 흥미롭고 매혹적인 세부 사항들은 다음 장들에서 더 자세히 알아보겠다.

래리와 세르게이 다시 만나다

래리가 스탠포드 대학원에 진학하면서 래리와 세르게이는 첫 만남의 논쟁을 뒤로 미루었다. 래리는 비교적 새로운 분야인 인간-컴퓨터 상호작용(HCI: human-computer interaction)의 권위자였던 위노그래드(Terry Winograd) 박사를 그의 지도 교수로 삼았다.

위노그래드는 1994년 국립 과학 재단과 여러 기관들이 공동으로 추진하는 디지털 도서관 과제(Digital Library Initiative)가 수여한 최초 여섯 개의 상 중 하나를 수상한 프로젝트를 이끌었다. 래리는 이 수상을 계기로 재정 지원을 받았다. 그는 훗날 그의 논문의 기초가 될 프로젝트에 대해 생각하기 시작했다. 위노그래드는 그에게 월드 와이드 웹(World Wide Web)에 집중하라는 조언을 했다.

래리와 세르게이는 월드 와이드 웹 환경에서의 최대 난제인, 엄청난 분량의 데이터가 있을 경우, 목적에 부합하는 데이터를 어떻게 찾아낼 수 있을 것인가라는 문제를 함께 해결해 나가는 과정에서 더욱 가까워지기 시작했다.

머지않아 그들은 자신들이 서로 전문 분야는 다르면서 공통의 관심사를 갖고 있다는 것이 문제 해결을 위한 협력을 훨씬 더 수월하게 해준다는 사실을 알았다. 래리는 발명과 컴퓨터 공학에 뛰어났기 때문에 저가형 PC 여러 대를 연결해서 고가의 고급 사양의 컴퓨터에 의존하지 않는 새로운 서버 환경을 구축하는 데 적임자였다. 세르게이는 특히 데이터 마이닝(data mining: 많은 데이터 가운데 숨겨진 유용한 상관관계를 발견하여 미래에 실행 가능한 정보를 추출해 내는 것 – 역자 주)과 관련된 문제들에 의욕을 보였다. 세르게이는 당시 논문 주제를 물색 중이었고, 이 분야의 아이디어는 무궁무진해 보였다. 그들은 당시 개발 중이던 검색 엔진을 특정 웹 사이트를 가리키는 '백링크' 분석 능력이 탁월했기 때문에 백럽(BackRub)이라고 명했다. 그들은 관련성에 의한 검색 결과로 순위를 매기는 시스템인 페이지랭크(PageRank)도 개발했다.

머지않아 래리의 기숙사는 그들의 첫 번째 데이터 센터가 되었고, 그가 제작한 컴퓨터 네트워크로 발 디딜 틈이 없어졌다. 래리와 세르게이는 테라바이트 메모리를 구입하기 위해 신용카드를 한도액까지 사용했다. 세르게이도 그의 기숙사에 사무실을 열었다.

파트너 물색

래리와 세르게이는 이 시점에서는 아직 회사 창업에는 별 관심이 없었다. 따라서 그들과 동업하길 원하는 사람들에게 백럽을 소개하기 시작했다. 주어진 검색 주제에 가장 관련성이 높은 정보를 찾아낼 수 있는 능력으로 모든 기존의 경쟁자들을 물리칠 수 있다고 자신하였기 때문

테라바이트(Terabyte)란?

부크홀츠(Werner Buchholz)는 1965년에 '바이트(byte)'라는 용어를 고안했다. 8진수, 즉 8비트(bit)가 곧 1바이트가 된다. 비트는 1과 0으로 된 2진 숫자들이다. 8비트가 1바이트를 이루고 1바이트는 한 단어의 글자 하나 같은 문자 하나를 의미한다. 1조 바이트 이상이 1테라바이트가 되고, 이는 곧 8조 비트가 넘는다.

컴퓨터 시스템에는 운영체계(OS), 프로그램, 파일, 데이터를 위한 저장 공간이 필요하다.

'테라'는 그리스어로 '괴물'을 의미한다. 따라서 테라바이트는 방대한 양의 하드 디스크 드라이브 저장 공간이다. 그렇다면 1테라바이트에는 얼마나 많은 데이터를 저장할 수 있을까? 우리에게 좀 더 익숙한 메가바이트(megabyte)로 생각해 보자. 1,000개가 조금 넘는 메가바이트가 1기가바이트와 동일하고, 100만 메가바이트는 1테라바이트와 동일하다.

1,024메가바이트 = 1기가바이트
1,024기가바이트 = 1테라바이트
1,048,576(1024^2)메가바이트 = 1테라바이트

1990년대 중반에 가정용 컴퓨터의 평균 저장 용량이 80메가바이트였고 4기가바이트의 가격이 약 1,000달러 정도였다는 사실을 고려해 보면 래리와 세르게이가 어쩌다 신용카드를 한도액까지 사용했는지 계산이 되지 않는가!

에 그들은 검색 기술에 대한 특허를 내는데 도움을 필요로 하였다.

그들은 스탠포드 대학 출신이자 야후!의 창립자이기도 한 친구 데이비드 필로(David Filo)를 찾아갔다. 데이비드는 그들만의 검색 엔진 회사를 창업하는 것이 어떻겠느냐고 조언하면서, 구글 개발이 완성된 후에 다시 찾아오라고 했다. 데이비드 이외의 다른 유명 포털 업체 소

유주들은 더 효율적인 검색 엔진에 대한 시장 수요가 있을 것이라고 생각하지 않아 그다지 흥미를 보이지 않았다.

래리와 세르게이는 결국 그들이 스스로 헤쳐 나가야 한다는 사실을 깨달았다. 그러나 구글을 키우기 위해서는 기숙사보다 넓은 공간과 신용카드 빚을 갚을 자금이 필요했다. 그들은 잠재 투자자들에게 선보일 사업 계획안을 수립했다.

천사를 만남

썬 마이크로 시스템즈(Sun Microsystems)의 창업자이자 한 교수의 친구였던 벡톨샤임(Andy Bechtolsheim)은 그들이 만나 데모를 선보인 첫 번째 잠재적 '엔젤'(천사)이었다.

벡톨샤임은 그들의 사업 계획안에 관심을 보였고 구글의 가능성도 인정했으나 시간에 쫓기는 바쁜 사람이었다. 몇 년 후, 세르게이는 이른 아침의 미팅을 다음과 같이 기억한다.

엔젤 투자자

'엔젤 투자자'라는 용어는 본래 브로드웨이 연극에 투자하는 부자들을 가리키는 말로 사용되었다. 비즈니스 엔젤 투자자는 기업과 관련된 비즈니스 경험이 풍부해서 다른 투자자들은 간과하기 쉬운 비전이나 제품을 기업의 개발 초기 단계부터 알아보는 사람이다. 될성부른 기업을 떡잎부터 알아보는 능력이 있어서, 엔젤 투자자들은 고위험 투자도 마다하지 않으며 그만큼 고수익을 기대한다. 때로는 신생 기업의 성장에 도움이 될 만한 노하우나 인맥을 제공하기도 한다.

우리는 이른 아침 팔로 알토에 위치한 스탠포드 교수의 집 현관에서 그를 만났다. 우리는 그에게 간단한 데모를 보여주었다. 그는 어딘가 급히 가봐야 했기 때문에 이렇게 말했다. "세부사항을 논의하는 대신 내가 그냥 수표를 써 주면 어떻겠나?" 수표는 구글 주식회사 앞으로 발행되었고, 10만 달러였다.[1]

래리와 세르게이는 벡톨샤임 같은 컴퓨터업계의 대가가 10만 달러의 수표를 건넬 만큼 구글의 가능성을 충분히 믿었다는 사실에 전율을 느꼈을 것이다. 그러나 그들은 구글 주식회사라는 법인이 없다는 문제가 있었다. 래리와 세르게이가 구글 주식회사라는 이름의 법인을 설립하기 위해 동분서주했던 몇 주 동안, 그 수표는 래리의 책상 서랍 속에 그대로 있었다. 그 후, 그들은 가족과 친구들로부터 더 많은 자금을 조달했다.

구글닷컴 도메인은 1997년 9월 15일에 등록되었고, 회사는 1998년 9월 7일에 법인화되었다.

커져가는 고통

구글 주식회사는 캘리포니아의 멘로 파크(Menlo Park)에 첫 사무실을 열었다. 한 친구가 차고 출입문으로 연결된 방들을 세 내 주었다. 그곳은 세탁기, 건조기, 욕조가 딸려있는 괜찮은 곳이었다. 래리와 세르게이는 첫 번째 직원도 고용했다. 주요 언론과 컴퓨터 산업 분야 언론 모두가 주목했고, 이윽고 찬사가 시작되었다. 구글은 『피씨 매거진(PC Magazine)』이 선정한 1998년 100대 웹 사이트 및 검색 엔진에 포함되었다. 구글은 진정 도약하고 있었다!

1999년이 되자 구글의 검색 건수는 하루 만 건에서 50만 건으로 크게 증가했다. 직원의 규모도 8명으로 늘어났으며, 이 신생 기업은 탁

벤처 캐피털 업체란?

벤처 캐피털리스트는 막 창업했거나 확장을 원하는 기업에 자금을 제공한다. 그들은 투자금에 대한 고수익을 원하고 최대 열 배까지 원하는 경우도 있다. 성공적인 기업들로부터 좋은 수익률을 기록해야만 투자의 대다수를 차지하는 실패의 손해를 만회할 수 있기 때문이다. 벤처 캐피털리스트는 펀드를 관리하고 펀드의 유망 투자처를 물색하는 전문 투자자다. 벤처 캐피털리스트는 엔젤 투자자와는 달리, 투자하는 특정 기업에 대한 전문 지식이 전혀 없을 수 있다.

구대를 회의실 가구로 과시할 만큼 넓은 사무실로 이전했다. 그들은 첫 번째 상업용 검색 고객과의 계약도 성사시켰다. 이에 못지않게 유수 벤처 캐피탈 업체들로부터 2,500만 달러 이상의 투자금을 유치하기도 했다. 구글을 향한 높은 신뢰도를 엿볼 수 있는 대목이다.

구글플렉스로의 이전

성장가도를 달리던 구글은 마침내 캘리포니아 주의 샌프란시스코 근처 실리콘 밸리의 마운틴 뷰에 위치한 구글플렉스로 이전했다. AOL/Netscape가 자신의 웹 검색 서비스를 제공하도록 구글을 선정한 후 구글을 통한 검색 건수는 하루 300만 건으로 급등했다.

『피씨 매거진(PC Magazine)』은 웹 어플리케이션 개발 부문 기술 우수상(Technical Excellence Award)을 구글에 수여했다. 또한 구글은 1999년에 『타임(Time)』지의 10대 사이버테크에도 선정되었다.

지난 2000년, 새로운 사옥인 구글플렉스에서 60명이 넘는 직원들의 생활은 어떠했을까? 구글플렉스는 우선 칸막이로 나눠진 공간이 아니라 탁 트인 공간이었다. 일부 직원들은 애완견을 데리고 출근했다. 톱질 작업대 위에 나무 문짝을 올려 만든 평범한 업무용 책상은 고성능의 컴퓨터를 받쳤다. 라바 램프(투명 유리 용기와 시각적 즐거움을 주는 용암 같은 물질로 구성된 장식용 램프 – 역자 주)가 인기를 끌었다. 주차장은 매주 두 번 롤러 하키장으로 변신했다. 그레이트풀 데드(Grateful Dead: 미국 5인조 밴드 – 역자 주)의 전담 요리사였던 에어스(Charlie Ayers)가 주방장으로 합류했다.

어떻게 보면 커다란 운동장 같기도 한 특이한 직장에서 업무가 제대로 이뤄지기는 했을까? 실제로, 업무 공간의 유연성과 '자유분방한' 환경은 협동을 활성화했다. 검색 엔진에도 점진적인 개선이 이루어졌다. 구글 디렉토리(Google Directory)가 추가되었다. 모국어 검색을 필요로 하거나 원하는 사용자들을 위한 최초의 10개 국어 버전도 도입되었다. 구글이 제공하는 서비스의 우수함과 사용의 용이함으로 인해 사용자의 수는 상상을 초월할 정도로 늘어나, 일일 조회수가 1,800만에 이르렀다. 세계 각지의 다양한 사람들에게 인기를 얻은 결과, 2000년 5월에는 웨비 어워드(Webby Award)와 피플스 보이스 어워드(People's voice award)의 기술업적 부문을 수상했다. 래리와 세르게이는 수상 소감을 다섯 단어로 밝혔다. "저희는 구글 사용자 여러분을 사랑합니다!"

2000년 6월, 구글의 수십억 페이지에 달하는 인덱스 도입은 구글을 명실 공히 세계 최대의 검색 엔진으로 자리매김하게 했다.

커져가는 성공

사용자 수와 수상 경력의 증가만이 구글의 성공에 대한 유일한 증거는 아니었다. 신규 고객들이 자신들의 사이트 내의 검색 엔진으로 구글을 사용하기 위해 모여들었다. 키워드 표적화 광고 프로그램도 더 많은 수익을 창출했다. 협력 관계의 대표적인 예로는 야후!와 중국 포털 선두 업체 등을 꼽을 수 있다. 크고 작은 기업 모두에 혁신적인 서비스를 제공하면서 구글은 수익을 올렸고, 이쯤 되자 투자자로부터 추가 자금을 물색할 필요도 없었다.

구글은 2000년 1년 동안 사용자에게 지속적으로 업그레이드를 제공했으며, 이 중 무선 검색과 구글 툴바는 사용의 유연성과 용이함을 제고했다.

구글은 2001년 데자닷컴(deja.com)의 문서 저장소를 인수했다. 초기에는 데자 뉴스 검색 서비스로 불렸으나 본래는 유즈넷(Usenet) 토론 그룹에 올려지는 글의 저장소였다. (유즈넷은 전 세계에 분포된 인터넷 토론 시스템이다.) 구글의 강력한 검색 엔진은 저장된 모든 뉴스그룹에 대한 검색을 가능하게 했다. 또한 유즈넷을 느슨하게 조직된 의사소통 도구에서 접근 가능한 정보 저장소로 변형시켰다.

구글 그룹(Google Groups)은 데자닷컴의 문서 저장소에 1981년부터 저장된 문서들과 개인 출처로부터 수집한 추가 목록들의 결합으로 탄생했다. 그리고 유즈넷 토론 게시판에 그 동안 올라온 5억 개 이상의 글의 게시, 삭제, 스레드(thread: 하나의 게시물과 그에 대한 답장을 한 곳에 모아놓은 것 – 역자 주) 기능을 개선했다.

다른 사람들은 어떤 주제로 검색을 하는지 궁금해 한 적이 있는가? 2001년에 도입된 구글 자이트가이스트(www.google.com/press/zeitgeist.html)는 연말 보고서, 지난 한 시간 동안의 인기 검색어 상위권을 보여주는 인기 동향, 나만의 키워드를 사용하는 맞춤형 검색과 같은 선택권을 활용해 가장 인기 있는 검색어 동향을 제공한다. 맞춤형 검색 설정은 당신이 투자를 고려 중인 회사의 제품부터 다음 겨울 휴가 여행지에 이르기까지 하나의 주제에 대한 오랜 시간에 걸친 정보의 양과 패턴으로 호기심을 충족시켜준다. 또한 여러 주제의 양과 패턴을 비교할 수 있게 해준다.

흑자 기록과 신임 CEO

구글은 2001년 4분기에 흑자를 기록하고 있음을 발표했다. 슈미트 박사(Eric Schmidt)가 창립 CEO인 래리의 뒤를 이어 CEO로 임명되었다. 래리의 직책은 제품 담당 사장으로 변경되었다. 슈미트는 노벨사(Novell)의 CEO, 썬 마이크로시스템즈 주식회사의 최고 기술 경영자와 최고 경영자로 역임할 당시 발휘한 전략 기획, 경영, 기술 개발 부문에서의 인상적인 리더십 경험을 바탕으로 구글에 합류했다. 래리는 구글 보도 자료를 통해 다음과 같이 말했다.

> 에릭은 구글의 리더로 적임자다. … 그의 폭넓은 기술분야의 배경 및 인터넷의 가능성에 대한 비전은 인터넷 검색과 항해 부분에서 리더로 자리매김하고자 구글이 기울이는 노력을 보완한다. 그의 풍부한 경영 경험은 우리가 성장과 세계 시장 확장을 지속하는 가운데 구글의 형태를 구체화 하는 데 도움을 줄 것이다. 에릭은 우리 기업 문화와도 자연스럽게 어울리는데, 이는 구글의 CEO직을 맡게 될 이에게는 가장 중요한 부분이다.[2]

또한 아시아와 남미에서 새로운 협력 관계를 형성하면서 구글의 국제적 위상 역시 계속 높아졌다. 구글 광고에 대한 전 세계의 관심으로 인해 함부르크와 도쿄에도 추가 영업 지부가 개설되었다.

구글의 엔지니어들은 여느 때와 마찬가지로 검색 엔진 개선을 위해 지속적으로 노력했다. 2001년에 개발된 신규 기술은 사진 파일과 같은 파일 유형에 기반 하여 새로운 종류로 정보를 검색할 수 있도록 했다. 구글 카달로그 검색(catalog.google.com)은 인쇄물로만 발행되던 1,100개 이상의 우편 발송 카달로그를 온라인으로 검색할 수 있게 했다.

같은 해 말이 되자, 구글 검색 색인은 30억 개의 검색 가능한 문서로 늘어났고, 전 세계의 정보를 온라인으로 검색할 수 있게 만들겠다는 고귀한 목표에 더 가까이 다가갈 수 있게 해 주었다.

더 많은 솔루션 및 신규 서비스의 제공

구글의 강점은 사용자의 어려움과 필요성을 인식하고 그에 대한 솔루션을 다양한 수용자에게 제공하고자 노력하는 데 있다. 또한 구글은 사용자들의 요구 사항을 인식하고 예상하는 데 뛰어나며, 그것을 최대한 충족시키고자 노력한다.

구글은 2002년에 방화벽으로 보안이 설정된 기업이나 기관들의 웹 사이트에서 방화벽을 통과해 구글을 검색 엔진으로 사용할 수 있게 만드는 문제를 해결했다. 기존의 구글봇, 즉 웹을 크롤링하며 검색 가능한 문서의 수를 늘리고 이미 색인화된 문서는 업데이트하는 로봇 소프트웨어는 방화벽이 설정된 기관 내부 문서를 검색하고 자체 검색 엔진으로 사용이 가능하도록 방화벽을 통과하지 못했다.

'상자 안의 구글'로도 불린 플러그 앤 플레이(plug-and-play: 꽂으면 실행된다는 뜻으로, 컴퓨터 실행 중 주변 장치를 부착해도 별다른 설정 없이 작동함 – 역자 주) 솔루션인 구글 검색 어플라이언스(Google Search Appliance)는 외부로부터 보안을 유지하고자 하는 내부 문서의 목록도 구글 검색 엔진을 사용해서 검색할 수 있게 만들었다.

구글은 영향력을 확대하고 기술 문제의 해결책을 모색하고자 구글 플렉스 외부의 프로그래머, 기술 전문가들과의 대화를 장려한다. 이를 달성하기 위해 2002년에 사용한 방법에는 구글 랩(labs.google.com)과 구글 프로그래밍 대회(www.google.com/programming-contest)가 있다.

구글 웹사이트에서 구글 랩의 도입은 구글 엔지니어들로 하여금 아직 개발 단계에 있는 새로운 아이디어를 선보일 기회를 주었다. 그들은 아직 '유아' 단계에 있는 아이디어에 대한 전 세계의 관심 있는 사용자들과 프로그래머들의 건설적인 피드백을 환영했다.

구글은 2002년 구글 프로그래밍 대회를 개최해 참가자들에게 90만 개의 임시 웹 페이지를 주고, 데이터를 활용해 기발한 무언가를 할 수 있는 프로그램을 작성하게 했다. 우승자는 현금 1만 달러와 구글플렉스 방문 기회, 그리고 가능한 경우 구글 문서 저장소의 코드 운영을 부상으로 받았다. (자세한 사항은 www.google.com/programming-contest/winner.html 참고)

무료 서비스인 구글 뉴스(news.google.com)는 2002년 9월에 베타 버전으로 출시되었다. 이 서비스는 4,000개 이상의 세계 뉴스 출처의 검색과 열람이 가능한 하나의 장소를 사용자에게 제공했다. 사회학 수업을 위해 기사 한 장을 빨리 출력해야 할 때 정말 유용하다!

또한 마음에 드는 CD 플레이어를 찾기 위해 시내를 돌아다니기에는 너무 바쁜 사람들을 위해서라면? 구글은 프루글(Froogle, 후에 구글 제품 검색으로 명함, www.google.com/products)에 대한 테스트를 개시했고, 이 서비스는 사용자들이 특정 제품에 대한 다양한 출처를 찾는 것을 돕고 그들이 구매하고 싶은 물건의 사진과 가격을 제공한다.

인지도의 상승

2002년에는 더 많은 상을 수상하고 찬사를 받았다. 웹마스터들은 2001년 구글에게 검색 엔진 워치 어워즈(Search Engine Watch Awards) 대상 뿐 아니라 우수 검색 서비스, 베스트 이미지 검색 엔진, 베스트 디자인, 최우수 웹마스터 친화적 검색 엔진, 베스트 검색 기능상을 구글에게 수여했다.

아메리카 온라인은 구글을 '온라인 검색의 군림하는 제왕'으로 칭했다. 그리고 AOL의 3,400만 회원과 수천만 명의 방문자들에게 검색과 광고를 제공하도록 구글을 선정했다. 『BtoB 매거진(*BtoB Magazine*)』은 최우수 기업간 웹 사이트로 구글을 지목했다.

블로그 및 기타

구글은 2003년에 온라인 저널을 생성할 수 있는 블로거(www.blogger.com/start)를 사이트에 추가했다. 또한 웹페이지의 텍스트를 평가해서 의미 있는 광고를 생성하는 기술에 기반한 구글 애드센스 프로그램도 추가했다(www.google.com/adsense). 이 프로그램은 크고 작은 웹 사이트에 도움이 될 가능성을 지녔다. 구글 데스크바는 윈도우 작업 표시줄에 위치한 새로운 출시 기능이었고 사용자가 브라우저 창을 열지 않고도 구글에 접속할 수 있게 했다.

한계는 없다

구글의 사이트 색인이 42억 8,000만 웹 페이지를 돌파하고 브랜드채

널이 2003년 올해의 브랜드로 구글을 선정한 후, 래리와 세르게이는 ABC 뉴스의 이 주의 인물들(Person of the Week)로 선정되었다. 그해 연말까지 사이트 색인의 총 합계는 60억 페이지와 8억장의 이미지에 이르렀다. 지역 검색(local search)은 간편한 신규 서비스로, 사람들이 그들의 지역에서 상품과 서비스를 찾도록 도왔다.

2004년 4월 1일, 유머감각을 유감없이 발휘한 구글은 역대 가장 흥미진진한 발표를 했다. 그것은 바로, 구글 코페르니쿠스 호스팅 환경과 검색 엔지니어링에 대한 실험(G.C.H.E.E.S.E.: Google Copernicus Hosting Environment and Experiment in Search Engineering)으로 불리는 달 위의 연구 시설을 설립한다는 계획이다. 이 연구 시설의 가능한 성과는 컴퓨터가 있는 사람이면 누구나 사용 가능하도록 지상의 모든 라디오 및 텔레비전 신호 방송을 녹화하는 것이었다.

> 코페르니쿠스 센터의 설립으로 인해 구글의 사명은 '세계의 정보를 체계화하고 어디서나 접속가능하고 유용하게 만드는 것' 이상으로 성장했다. 우리의 새로운 목표는 "우주의 모든 유용한 정보를 체계화하고 그것을 사용자의 입맛에 맞게 제공하는 것이다."3)

하지만, 이 웹 사이트 발표는 만우절 해프닝이었던 것으로 밝혀졌다.

지역 검색 외의 신규 서비스로는 구글 지메일(www.mail.google.com)과 구글 데스크탑 검색(desktop.google.com)이 있었다. 웹에 기반한 메일 서비스인 지메일은 수년 간의 이메일을 저장할 만큼 충분한 저장 공간을 제공하며 출시되었다. 구글 데스크탑 검색은 자신의 컴퓨터에 있는 파일을 찾도록 도와주는 무료 다운로드 프로그램이다.

구글 어스(earth.google.com)의 추가로 인해 구글 사용자들은 디지털 및 위성 이미지 지도들을 검색하고, 검색하는 동안 모의 비행의 스릴도 즐길 수 있게 되었다. 고화질의 3차원 이미지는 도시와 시골의 가상 여행을 더욱 실감나게 한다. 은하수와 행성들을 볼 수 있는 우주여행 또한 구글 어스 사용자의 손끝에 있다.

2004년 8월, 구글은 다양한 투자자들을 유치하기 위해 회사의 주식을 경매를 통해 대중에 선보였다. 공개 기업으로서 첫 분기에는 8억 달러 이상의 수익을 기록했다.

구글은 국제적 행보의 확장을 거듭하며 2004년에 더블린에 신규 본사와 도쿄에 R&D 센터를 신설했다. 이듬해에는 스웨덴 스톡홀름에 신규 영업 지사와 중국의 R&D 센터를 개설했다. 또한 남미 지역에도 최초의 지사들을 설립했다.

래리와 세르게이에 대한 찬사는 계속 이어졌다. 래리는 미국 공학연구원(National Academy of Engineering)에 추대되었다. 그리고 래리와 세르게이 모두 마르코니 동료상(Marconi Fellows)에 선정되었다.

서적, 음악, 그리고 다양한 의사소통 도구

래리와 세르게이는 2004년 가을, 독일 프랑크푸르트 도서 박람회에서 구글 프린트(books.google.com)를 발표했다. 캠브리지 대학교 출판, 블랙웰, 옥스포드 대학교 출판 등 유수한 출판업체들이 이 프로그램에 최초로 동참한 기관들이었다. 하버드, 스탠포드, 미시건 대학교, 옥스포드 대학교, 뉴욕 공공 도서관도 구글 프린트 프로그램에 참여하기 위해 소장 도서의 스캔에 동의했다. 2년 후, 캘리포니아 대학교, 위스콘신 대학교, 버지니아 대학교가 그들 도서관에 있는 수백만 개에 달하는 문서들을 디지털화하고 검색 가능하게 만들기 위해 구글과 협력

하는 것에 동의했다.

　2005년 말 즈음에는 가수나 연주자에 대한 정보 및 앨범 링크를 제공하는 새로운 음악 검색 도구가 제공되었다. 구글은 이 도구를 검색 내의 한 부분으로 제공했다. 검색창에 비치 보이스(Beach Boys) 같은 유명 그룹의 이름을 치면 구글은 해당 그룹이나 가수에 대한 정보 즉, 평, CD나 다운로드 구입처 링크, 때로는 앨범 재킷 사진과 같은 정보를 제공한다. 구글은 미국의 인기 가수뿐 아니라 클래식 음악가, 해외의 더 많은 그룹 및 솔로 가수들, 비교적 알려지지 않은 연주가들을 추가함으로써 이 프로그램을 확대하기를 바란다.

　구글 토크(www.google.com/talk/)는 PC 사용자들이 보이스 메일, 메신저뿐 아니라 컴퓨터를 통해서도 서로 무료로 대화할 수 있는 길을 열어주었다. 우수한 위키 플랫폼인 잣스팟(Jotspot)의 인수는 그룹들에게 생산성 증대를 위한 협력의 길을 약속한다.

비디오와 영화 팬을 위해

2006년에는 구글 비디오 스토어 및 구글 비디오 플레이어와 함께 비디오 및 영화 팬을 위한 새로운 기능을 대거 선보였다. 또한 구글은 워싱턴 D.C.의 국립 문서 보관소(www.google.com/intl/en/press/pressrel/video_nara.html)와 함께 역사 영화 필름을 디지털화하고 검색 가능한 형태로 만드는 시범 프로그램을 개시했다. (영화 색인을 위해 http://video.google.com/nara.html 접속)

　구글 비디오는 캐나다, 프랑스, 독일, 이탈리아, 네덜란드, 폴란드, 스페인, 영국에서 각국 언어로 출시되었다. 구글은 또한 2006년 10월, 인기 상종가를 달리고 있던 유투브(YouTube)를 인수했다.

사악해지지 않을 뿐 아니라 좋은 일을 함

구글은 컴퓨터에 접속 가능한 세계 인구에 놀라운 양의 정보를 제공함으로써 인류 사회에 기여한 공로가 크다. 세르게이의 구글을 위한 철학인 '사악하지 말 것'은 구글 자선단체(Google.org)의 출현과 함께 특정 대의들을 위한 좋은 일의 적극적인 시행으로 이어졌다.

구글은 세계가 직면한 세 가지 도전 과제인 기후 변화, 빈곤, 신종 질병퇴치에 힘쓰고 있다. 구글은 위의 과제들과 더불어 다음 항목들을 위해 자원과 파트너십을 사용하기를 희망한다.

- 석탄보다 저렴한 재생 에너지 개발
- 플러그인 차량의 상용화 촉진
- 질병 및 기후 위험 같은 위협의 예측 및 예방
- 보건, 교육, 물, 위생 등의 공공 서비스 개선 노력에 권한을 부여하는 정보 제공
- 개발도상국의 중소기업 성장 지원

구글은 진심으로 좋은 기업 시민이 되고자 한다. 구글은 최대한 재활용을 실시하고, 하이브리드 기술을 지원하며, 직원들이 카풀과 셔틀을 이용하도록 장려하고, 마운틴 뷰 소재 구글플렉스에 대규모 태양열 집열판을 설치했다. 이 집열판은 기업 부지에 설치된 것 중 세계 최대이며 미국 내에서도 단연 최대 규모다.

불과 10년도 안 된 거대한 도약

래리와 세르게이는 구글을 설립한지 10년도 되지 않아 명백히 눈부신 성과를 거두었다. 구글은 2006년 4분기에만 32억 1,000만 달러의 수입

과 10억 3,000만 달러의 순이익을 기록했다고 발표했다. 구글은 세계적으로 만 명 이상의 직원을 고용한다. 검색 결과는 이제 35개 이상의 언어로 제공되고, 전 세계 3억 8,000만 명 이상의 사용자들이 있다.

지금까지 다룬 눈부신 성장과 생산성의 역사는 그 간의 파트너십, 인수, 제품, 서비스의 하이라이트만을 조명한 것이다. 이것은 구글의 짧은 역사를 설명하는 단편적인 내용에 불과하다. 물론 아직 무수히 많은 이야기들이 남아 있고, 그것들은 다음 장들에서 살펴보겠다. 그러나 지금껏 간략히 살펴본 하이라이트에서도 몇 가지 중요한 사항들을 발견할 수 있다. 구글은 기존의 서비스 및 제품의 혁신과 지속적인 개선에 충실하고, 사용자의 필요와 요구들을 지속적으로 개발하기 위해 사용자에게 귀를 기울인다. 구글은 사용자에게 정보 및 더 나은 서비스와 제품을 제공하기 위해 많은 비즈니스나 기관들과 파트너십을 체결한다. 마지막으로, 구글은 대형 기업이 할 수 있는 최대한 가벼운 행보를 시도하며, 세계적인 문제들에 자본 및 전문 지식을 적용하기 시작했다.

주

1) "구글 이정표," 구글 기업 정보, http://www.google.com/corporate/history.html (2008년 1월 27일 접속).
2) "구글 슈미트를 CEO로 임명하다," 구글 언론 센터, 2001년 8월 6일, http://www.google.com/press/pressrel/ceo.html (2008년 1월 27일 접속).
3) "왜 달인가?" 구글 채용 기회, http://www.google.com/intl/en/jobs/lunar_job2.html (2008년 1월 27일 접속).

제3장　　　　　　　　　　　　　　　　　　　　Google

인터넷 검색: 역사적 맥락

대체로 모든 기업은 그들이 설립될 당시의 역사적 맥락의 산물이다. 구글은 이전의 기술적 발전이 없었다면 탄생하기 어려웠을 것이다. 그러나 구글이 다른 경쟁 업체들 보다 앞설 수 있었던 것은 타의 추종이 불가능할 정도의 월등한 창조를 이루었기 때문이다.

　　인터넷과 월드 와이드 웹이 없었다면 구글도 아이디어가 될 수는 있었겠지만, 구글이 검색하고, 색인하고, 세상이 사용하도록 만들 수 있는 정보의 집합체 자체가 없었을 것이다. 시간을 거슬러 올라가 인터넷과 웹이 어떻게 형성됐는지, 구글이 탄생하기 전에는 웹에서 급속히 증가했던 정보를 검색하고 체계화하기 위해 어떤 시도들이 있었는지 고려해 본다면 구글을 보다 잘 이해할 수 있을 것이다.

　　우리가 살펴볼 첫 번째 역사적 사건은 1957년, 즉 래리와 페이지가 태어나기 16년 전에 발생했다.

핵전쟁 가능성에 대한 대응

아이젠하워(Dwight D. Eisenhower)가 미국의 대통령으로 집권하던 1957년은 소비에트 연방(USSR)이 최초의 인공위성인 '스푸트닉(*Sputnik*)'을 발사한 해이다. 이에 대한 대응으로, 미국은 국방성 산하의 고등 연

USSR

USSR(Union of Soviet Socialist Republics)은 소비에트 사회주의 공화국 연방을 의미하고, 러시아 또는 소련으로도 알려져 있다. 1922년에 설립된 USSR은 러시아를 비롯한 14개의 소비에트 사회주의 공화국들을 포함했다. 미국과 USSR은 1945년과 소련이 해체된 1991년 사이에 냉전을 벌였다. 소위 우주 경쟁은 처음에는 누가 먼저 최초의 위성을 쏘아 올리느냐에 대한 경쟁이었고, 양측의 군비 증강 대결과 함께 냉전의 일환이었다. 현재로서는 상상하기 어려우나, 당시 소련과 미국은 세계의 양대 강대국이었고 이들의 적대적 관계는 외교와 군사 작전부터 문화와 세계 경제에 이르기까지 영향이 미치지 않는 곳이 없었다.

구 사업국(ARPA: Advanced Research Projects Agency)을 설립했다. ARPA의 목적은 미국으로 하여금 군사 관련 기술의 리더십을 놓고 소련과 경쟁할 수 있도록 하는 것이었다. ARPA는 미국에서 가장 명석한 두뇌들을 소집했고, 미국은 18개월 후 자체 인공위성을 성공적으로 발사했다.

당시 미국 정부는 핵전쟁 시 이동성 및 의사소통의 손실 가능성을 우려했다. 현재 주 간 고속도로 시스템(Interstate Highway system)으로 불리며 많은 이들이 이용하는 드와이트 D. 아이젠하우어 전국 주 간 및 국방 고속도로 전국 시스템은 이동성 손실을 우려하여 승인이 되었다. 의사소통 손실의 우려와 관련해서는, ARPA가 향후 몇 년 동안 리클라이더 박사(J.C.R. Licklider)의 지휘 아래 군의 컴퓨터 사용 향상을 위한 연구에 집중했다. 1962년, 리크라이너 박사는 세계적으로 상호 연결된 거대한 미래의 컴퓨터 네트워크에 관한 보고서를 작성했다.

고등 연구 사업국 네트워크(ARPANET: Advanced Research Projects Agency Network)의 설계는 1966년에 완성되었다. 1969년, 최초의 메시지가 현재의 인터넷에 의해 첫 번째 분기점인 캘리포니아 대학교에서 두 번째 분기점인 스탠포드 연구소로 전송되었다. 이 프로젝트는 전화를 대체할 통신 방식 구축에 성공했다. 결과적으로 컴퓨터와 전화, 혹은 기타 네트워크 접속이 있는 곳이라면 세계 어디든지 연결이 가능하게 할 것이다. 그렇다면 이 새로운 시스템과 오늘날의 버전은 핵전쟁에서 살아남을 수 있을까? 우리 모두 그렇게는 절대 실험되지 않기를 바라지만 일부 전문가들은 핵폭발로 생성된 전자기 진동이 모든 전자제품을 불구로 만들 것이라고 주장한다.

만화책 제목을 인용한 초기 인터넷 검색 엔진들

1990년, 몬트리올 맥길(McGill) 대학교의 한 학생이던 엠타지(Alan Emtage)는 인터넷에 있는 공공 파일의 디렉토리 목록을 다운로드하고, 그에 대한 검색 가능한 데이터베이스를 형성할 수 있는 최초의 프로그램인 아키(Archie, archives의 줄임말)를 만들었다. 그러나 유닉스(Unix: 미국 벨 연구소가 1973년에 개발한 운영체제[OS]) 명령어를 알아야 사용할 수 있고, 아키를 제대로 활용하기 위해서는 유닉스 명령어에 대한 상당한 지식을 요했으므로 사용자 친화적이지 않았다. 그럼에도 불구하고, 이런 종류의 도구에 대한 수요가 워낙 높았고 아키의 트래픽이 급증해 맥길 대학교는 결국 대학교 외부인의 접속을 제한키로 결정했다. 다행히 그쯤 되자 다른 초기 인터넷 검색 엔진들이 이용가능해지기 시작했다.

고퍼(Gopher)는 1991년 맥커힐(Mark McCahill)이 명명한 미네소

타 대학교 마스코트의 명칭에서 유래되었고 일반적인 텍스트 문서들을 색인화했다. 저그헤드와 베로니카가 곧이어 뒤를 이었고, 고퍼 색인 시스템에 저장된 파일명 및 제목들을 검색했다. 베로니카가 어떤 면에서는 아키보다 우수했다. 베로니카는 업데이트가 더 자주 되었고 대부분의 대형 고퍼 메뉴에서 직접 검색할 수 있었다. 베로니카는 단순한 파일명 대신 문서의 완전한 제목을 색인화 했으므로 문서검색이 보다 쉬웠다. 또한 문서를 검색하는 이를 클릭 한 번으로 쉽게 파일로 직접 연결해 주었다.

광역 정보 서버(WAIS: Wide Area Information Server)는 고퍼 내의 모든 텍스트와 기타 인터넷 문서들을 완전하게 색인화했는데, 이런 의미에서 현대 검색 엔진의 중요한 선구자였다. 이 서버는 1991년에 제록스 PARC의 카일(Brewster Kahle)에 의해 개발되었다. WAIS의 인기는 좋았지만 월드 와이드 웹의 폭발적 성장에 가려져 오래가지는 못했다. 아키, 베로니카, 저그헤드, 고퍼 모두 같은 운명을 맞았다.

오늘날의 기준으로 초기의 정보 저장 및 검색 방식은 여전히 원시적이었으나, 인터넷에 유입되는 정보의 양은 급격히 증가했다. 정보가 증가하자, 정보를 공유하고 접근할 수 있는 더 손쉬운 방법을 개발할 필요성도 더욱 커졌다.

월드 와이드 웹

1998년에 래리와 세르게이가 구글 검색 엔진을 개발했을 당시에는, 월드 와이드 웹이 존재한 지 겨우 5년 밖에 되지 않았다. 버너스 리(Tim Berners-Lee)는 유럽 입자 물리학 연구소(CERN: European Particle Physics Laboratory)의 영국 출신 계약직 연구원으로, 1980년에 웹의 원형인 인콰이어(Enquire)를 개발했다. 버너스 리는 연구원, 과학자, 기타

제록스 PARC

제록스 PARC는 컴퓨터 산업 상당 부분의 표준이 될 기술의 개척자였다. 지금은 팔로 알토 연구소(PARC: Palo Alto Research Center)로 알려진 제록스 PARC는 1970년 제록스의 한 부서로 시작했고 2002년에는 제록스의 전액 출자 자회사가 되었다. 1970년대 초 알토 개인용 컴퓨터는 세계 최초의 위지위그(WYSIWYG: What-You-See-Is-What-You-Get, '눈에 보이는 대로 얻는다' 는 뜻으로, 일반인들도 손쉽게 웹페이지를 작성하는 프로그램 – 역자 주) 편집기, 입력을 위한 상업용 마우스, 그리고 윈도우와 매킨토시 인터페이스 개발에 영향을 미친 메뉴 및 아이콘을 포함한 그래픽 사용자 인터페이스(GUI)의 사용을 선보였다. PARC는 여전히 기술 집약적 산업 혁신의 주요한 원천이다. 예를 들어 PARC는 솔포커스사(SolFocus, Inc)와 함께 청정기술 혁신 프로그램의 일환으로 태양 전지판을 위한 저가의 고효율 집열기를 개발했다. (www.parc.com/research/projects/cleantech/default.html)

학계 간의 정보 공유를 용이하게 하는 시스템을 개발하고자 했다.

그는 1984년 선임 연구원으로 CERN에 돌아왔다. CERN은 1989년 당시 유럽 최대의 인터넷 노드였고, 버너스 리는 기존 프로젝트인 인콰이어에 대해 생각하기 시작했다.

다른 대형 기관들과 마찬가지로 CERN도 여러 대의 컴퓨터에 정보가 분산되어 있었다. CERN의 연구원들은 세계 각지의 대학 출신이다. 그들은 서로 다른 컴퓨터와 소프트웨어 프로그램을 사용했다. 따라서 서로 간의 정보 공유가 어려웠다. 버너스 리는 여러 컴퓨터 프로그램을 작성하여 서로 다른 형식의 컴퓨터끼리도 정보 공유가 가능하도록 했다. 결국 그는 이 문제를 완전히 해결하기로 결심했다. CERN

동료인 카일리아우(Robert Cailliau)가 이 프로젝트를 위한 기금 마련에 동참했다. 버너스 리는 인터넷에 연결된 하이퍼텍스트 생성 언어(HTML: Hypertext Markup Language)를 통해 인콰이어에서 시작했던 작업을 새롭게 했다.

'하이퍼텍스트'는 1965년경 넬슨(Ted Nelson)이란 엔지니어에 의해 탄생한 신조어다. 하이퍼텍스트는 클릭할 수 있는 핫 링크(hot link: 2개의 프로그램 중 첫 번째 프로그램에 데이터 변경이 발생하면, 두 번째 프로그램이 데이터를 변경하도록 지시하는 연결 – 역자 주)가 있는 텍스트를 작성하는 방법으로, 알다시피 클릭을 하면 다른 문서나 이미지로 연결된다. 인터넷은 전송 제어 프로토콜(TCP: Transmission Control Protocol) 혹은 인터넷 프로토콜(IP: Internet Protocol) 같은 특정 프로토콜들을 활용해 의사소통하는 범세계적 대형 컴퓨터 망을 일컫는다.

버너스 리는 월드와이드웹(WorldWideWeb)이라 불리는 최초의 웹 브라우저 및 웹 에디터를 개발했다. (향후 WorldWideWeb의 글 간을 띄어서 쓰이게 된다.) 웹 브라우저와 웹 에디터는 하이퍼텍스트 문서들을 해석하는 컴퓨터 프로그램이었다. 사용자들이 볼 수 있도록 하이퍼텍스트 문서를 웹 페이지로 포맷했다.

버너스 리의 시스템은 사용하는 컴퓨터 종류나 운영체제(OS), 컴퓨터에 깔린 웹 브라우저의 종류를 막론하고 모든 이들이 정보를 공유하고 접근할 수 있게 만들었다. 또한 이 정보(하나의 파일)는 웹 브라우저에 의해 오로지 읽힐 뿐(쓰여지지 않음)이었으므로 다수의 사용자들이 동일한 정보(파일)를 동시에 열람하는 것이 가능했다.

버너스 리는 1991년 8월 최초의 웹 사이트를 만들어 온라인에 개시했다. 이 웹 사이트는 월드 와이드 웹이 무엇이고 어떻게 웹 서버를 설치하는지 명시했다. 그 후 그는 수집한 다른 웹 사이트들의 목록에 기반을 한 세계 최초의 웹 디렉토리를 만들었다. 훗날에는 웹에서 가장 오래된 카탈로그인 가상 도서관(Virtual Library)을 설립했다. 1993년에 CERN의 임원들은 월드 와이드 웹 기술이 누구에게나 무상으로 제공된다는 선언문을 공표했다.

월드 와이드 웹 검색의 초기

1993년부터 1996년까지 불과 3년 사이에 웹 사이트의 개수는 130개에서 60만개 이상으로 증가했다. 웹은 인간이 추적할 수 있는 것보다 더 빠르게 성장했다. 이제 연구원들의 직면 과제는 웹에 어떤 정보가 존재하며 정보를 검색하는 사람들이 필요한 것을 어떻게 찾을 수 있는지 알아내는 것이었다.

1993년 6월, 매사추세츠 공과대학(Massachusetts Institute of Technology)의 연구원인 그레이(Matthew Gray)는 최초의 웹 기반 검색 엔진을 개발했다. 그의 월드 와이드 원더러(World Wide Wonderer)는 웹의 성장을 추적하고 사이트 색인을 형성했다. 그레이는 색인을 검색할 수 있는 검색 인터페이스도 개발했다.

3개의 봇이 사용된 검색 엔진이 6개월 후에 출시되었다. 이 세 가지는 점프스테이션, 월드 와이드 웹 웜, 저장소 기반 소프트웨어 엔지니어링(RBSE: Repository-Based Software Engineering) 스파이더였다. 앞의 두 개의 검색 엔진은 검색인에게 검색 결과 목록을 품질에 관계없는 순서로 제공했다. 그러나 RBSE에는 순위 시스템이 있었다. 이 순위 시스템의 개념은 또 다른 문제인 웹을 검색할 때, 양질이거나 가장 관련성이 높은 정보를 어떻게 찾을 수 있을까? 라는 질문을 해결하

검색 엔진

검색 엔진은 월드 와이드 웹에서 우리가 원하는 정보를 찾아준다. 하나의 검색 엔진을 작동하기 위해 3개의 컴퓨터 프로그램들이 협력한다. 첫 번째 프로그램은 스파이더(때로는 크롤러 혹은 봇으로 불리기도 한다)로 불린다. 스파이더는 각 페이지의 하이퍼텍스트 링크를 포함한 웹 사이트의 페이지들을 읽는다(크롤링한다). 두 번째 프로그램은 스파이더가 읽은 페이지들의 포괄적인 색인, 즉, 카탈로그를 작성한다. 세 번째 프로그램은 당신의 검색어 혹은 검색 명령을 처리하여 색인에서 검색한 후 당신이 관심 있어 할만한 사이트 목록을 내놓는다.

메타 검색 엔진은 다른 검색 엔진의 검색 결과에 다시 순위를 매겨 사용자에게 제공한다. 초기에는 각 검색 엔진마다 웹을 크롤링하는 방식의 변형과, 엔진의 효율성에 변형이 있었기 때문에, 각 검색 엔진마다 자체 색인이 있던 시절에는 메타 검색 엔진이 중요했다. 당신의 검색과 관련된 웹사이트가 틈새로 빠져나가지 않도록 도왔다. 검색 기술이 향상됨에 따라 도그파일닷컴(dogfile.com)과 같은 메타 검색 엔진의 필요성도 감소했다.

수직형(vertical) 검색 엔진들이 전문화되었다. 이들은 제한된 관심 영역 내의 정보를 검색한다. 예를 들어, 서치가브닷컴(SearchGov.com)은 미연방 및 주 정부 웹사이트만을 검색하는 검색 엔진이다. 메들린플러스(MedlinePlus)는 미국 국립 의학 도서관 및 미국 국립 보건원의 의학 정보를 제공한다. 넥스태그(Nextag)는 세금 및 배송료가 포함된 가격과 소비자 평점이 뜨는 비교 쇼핑을 제공한다. 트립어드바이저닷컴(TripAdvisor.com)은 사용자들이 여행지와 숙박시설에 관한 평가 및 정보를 검색화 하는 것을 돕는다.

고자 했다. 이것이 래리와 세르게이가 훗날 해결할 숙제다.

구글 이전에 존재한 검색 엔진들의 표본을 살펴보자. 우리는 래리

봇(bots)

컴퓨터 로봇, 즉 봇은 인간이 재생 불가능한 속도로 반복적 임무를 처리하는 컴퓨터 프로그램이다.

와 세르게이가 등장하기 이전에 검색 엔진의 성능 개발에서 어떤 성과들이 이뤄졌는지 알게 될 것이다.

익사이트

여섯 명의 스탠포드 대학생들이 1993년에 익사이트(EXCITE)를 출시했다. 그들은 검색을 보다 효율적으로 만들기 위해서 단어 관계의 통계 분석을 사용했다. 그들은 자금이 마련되자 웹 사이트에서 사용 가능한 검색 소프트웨어의 복사본을 제작했다. 익사이트는 사용자가 마이익사이트를 통해 뉴스, 지역 일기 예보, 비즈니스 정보 등이 담긴 개인 맞춤형 웹 페이지를 제작할 수 있게 한 최초의 기업이다. 그들은 주요 웹 사이트로는 처음으로 무료 이메일을 제공했다.

라이코스, 알타 비스타, 웹크롤러

익사이트의 성공에 힘입어 1994년은 신규 검색 엔진 출시의 분기점이 되었다. 라이코스, 알타 비스타, 웹 크롤러, 인포시크(Infoseek)가 모두 그 해 대중에 공개되었다.

라이코스(Lycos)

몰딘(Michael Mauldin) 박사에 의해 카네기 멜론 대학교에서 설계된 라이코스는 페이지의 관련성을 결정하기 위해 링크를 활용한 최초의 검색 엔진이었다. 이는 훗날 구글의 페이지랭크 시스템에서 관련성을 결정하는 데 중요한 요소가 된다. 또한 이 시스템은 웹 페이지의 의미를 분석하기 위해 더욱 정교해진 알고리즘을 사용했다. 라이코스와 다른 검색 엔진들의 또 다른 중요한 차이점은 카탈로그의 규모였다. 라이코스는 사용자에게 단순한 링크 목록이 아닌 웹 페이지 내용의 요약을 제공했다. 1994년 가을에는 넷스케이프 검색 엔진 순위에서 1위를 차지했다. 1996년이 되자 라이코스의 색인은 웹을 크롤링하는 다른 어떤 검색 엔진보다 더 많은 문서를 보유했다.

알타 비스타(Alta Vista)

웹 페이지의 수와 다른 웹 페이지로 향하는 링크의 수는 급격히 증가하고 있었다. 직선으로 이동하며 각 페이지 및 링크를 저장, 색인화하는 웹 크롤러 하나로는 웹이 상당히 성장하고 변하기 전에 임무를 마칠 수 없었을 것이다. 디지털 이큅먼트사(Digital Equipment Corporation)는 동시에 1,000개의 크롤러를 웹에 내보낼 수 있을 만큼 강력한 컴퓨터 시스템을 개발했다. 결과적으로 당시 가장 완성된 웹 색인이 탄생했다.

알타 비스타는 사용자가 자연어(natural language)로 검색어를 칠 수 있게 한 최초의 검색 엔진이었다. 또한 고급 검색 도구 및 검색 팁을 제공했다.

웹크롤러(WebCrawler)

핑커튼(Brian Pinkerton)은 워싱턴 대학교의 컴퓨터 공학 및 엔지니어 학생으로, 1994년 웹크롤러를 일반에 공개했다. 이는 전체 웹 페이지들을 검색할 수 있는 최초의 검색 엔진이었다. 웹크롤러에는 약 4,000개 이상 웹 사이트의 페이지로 이뤄진 데이터베이스가 있었다. 엄청난 인기로 인해 낮에는 사이트 트래픽이 너무 많아 접속이 불가능할 정도였다. 출시된 지 7개월 후, 웹크롤러는 100만 번째 질문에 답했다. 1995년 가을이 되자, 웹크롤러는 판매한 광고로 자금을 완전히 조달했다. 광고를 검색 결과로부터 분리함으로써 검색 결과의 완전성을 유지했다. 1995년 6월, 아메리카 온라인은 웹크롤러를 매수하고 네트워크에서 운영했는데 당시 회원들을 위한 자체적인 웹 검색 기능이 없었기 때문이다.

웹크롤러는 사용자가 어떠한 웹 페이지에서 어떤 단어라도 검색할 수 있도록 함으로써, 모든 주요 검색 엔진의 후발주자들에게 표준을 성립했다. 또한 실제로 대중의 사랑을 받으며 두터운 팬 층을 확보한 최초의 검색 엔진이었다. 웹크롤러는 1996년 4월에 순수 검색 기능 외에도, 기존에 총체적 인터넷 카탈로그(Whole Internet Catalog)로 알려진, 수정이 가능한 웹 가이드 GNN Select를 추가했다.

1997년, 웹크롤러는 익사이트에 매각되었다.

인터넷에 대한 사서의 색인

리타(Carole Leita)는 1978년부터 1997년까지 버클리 공공 도서관의 참고 사서였다. 인터넷에 대한 사서의 색인(LII: Librarians' Index to the Internet)은 1991년에 캐롤의 고퍼 즐겨찾기 파일(Carole's Gopher bookmark file)로 세상에 처음 선보였다. 그녀의 파일은 사서들이 방문객들의 정보 검색을 도울 때 반복해서 방문할만한 유용한 사이트들로 이루어져 있었다. 1994년부터 웹 사이트가 된 1996년까지 그녀의 파일은 인터넷에 대한 버클리 공공 도서관 색인(Berkeley Public Library Index)으로 불렸다.

캐롤과 캘리포니아 버클리 대학교 디지털 도서관 썬사이트(Berkeley's Digital Library SunSITE)의 테넌트(Roy Tennant)는 1996년부터 검색 엔진과 내용 관리 시스템을 색인에 추가했다. 이 색인은 1997년에 캘리포니아 대학교(UC: University of California) 버클리 썬사이트로 옮겨졌고 인터넷에 대한 사서의 색인으로 다시 명명되었다. 같은 해, 이 프로젝트는 도서관 서비스 및 기술 조례(Library Services and Technology Act)로부터 자금 지원 혜택을 받았다. 이 자금은 색인과 관련한 봉사 활동 인력의 채용 및 훈련 뿐 아니라 더 많은 편집 지원을 제공했다. 이 사이트는 전 세계의 사서 및 일반인들 사이에서 산불처럼 급속도로 번져나갔다. 현재 이 프로젝트는 4만 명의 독자를 거느린 주간 소식지를 포함한다.

이 색인은 어떤 점에서 그토록 특별했을까? 어떻게 이렇게 신뢰와 인기를 한몸에 받게 되었을까? 『디지털 참고문헌 비평(*Digital Reference Review*)』에 2001년 3월자로 실린 자크소(Péter Jacsó)의 '인터넷에 대한 사서의 색인'이라는 평은 위의 질문들에 대한 명쾌한 해답을 제공한다.

> 웹 자료의 주제 가이드 및 디렉토리는 수천 개나 있다. 아직 출시하지 않은 사람은 아마도 준비 중일 것이다. LII는 전문성, 객관성, 합리적인 선정 방침, 유익한 주석, 우수한 구성, 훌륭한 인터페이스와 검색 기능들로 인해 단연 돋보인다.[1]

2005년, 이 색인의 명칭은 도서관 사서의 인터넷 색인(Librarians' Internet Index)으로 짧아졌다.

캐롤은 2001년 10월에 정규직에서 은퇴하기 전까지 LII 웹 사이트의 관계자로 활동했다. 그녀는 구글 전후의 비교를 위한 인터뷰에 응해 주었다.

작가: 어떻게 LII를 시작하게 되었습니까?

캐롤: 도서관 사서들이 가고 싶어 할만한 흥미롭고 유용한 곳들을 색인화하고 싶었습니다.

작가: 도서관 이용객들이 필요한 정보를 검색해주는 참고 사서로서 월드 와이드 웹 출현 이전의 검색 과정의 특징을 어떻게 설명하시겠습니까?

캐롤: 월드 와이드 웹 이전에는 대부분의 검색이 문서 기반이었습니다. 검색을 시작하기 전에 질문, 질문자의 배경, 정보의 이용 방향을 고려해서 어디에서 출발할지를 결정했습니다. 모든 것이 질문의 이해에 달려 있었고 이것이 사서가 처음 선정하는 문서 기반 색인을 결정했습니다. 검색을 시작하는 보편적인 곳은 없었습니다.

작가: 구글 이용이 가능해지면서, 정보의 검색 과정이 급진적으로 변화했습니까?

캐롤: 사람들은 자신들이 무엇을 왜 찾고 있는지 다른 사람과 공유하는 것을 부끄러워하고, 스스로 찾을 수 있을 때 더 만족합니다. 구글에서의 검색이 더 효율적일 수 있습니다. 구글의 등장 이후 검색을 위해 가장 먼저 어디를 가느냐의 과정이 바뀌었습니다. 이것이 주된 변화입니다. 구글은 방대한 양의 정보를 모아 매우 성공적인 방식으로 순위를 매기는 색인입니다.

작가: 참고 사서들은 다른 검색 엔진보다 구글에 더 의존합니까?

캐롤: 네, 대부분의 사서들은 (문헌 인터뷰로부터) 쉽게 접할 수 있는 데이터베이스 혹은 문서 출처를 인식할 수 없을 때 구글에서 검색을 시작할 것입니다.

작가: 무엇이 기존의 검색 엔진과 구글을 차별화했을까요?

캐롤: 구글은 검색 결과 목록에서 더 양질의 정보를 더 신속하고, 종합적, 효율적으로 결과 목록의 위로 골라냅니다. 간결한 디자인에 눈에 띄는 검색창이 있습니다. 다른 경쟁 사이트들에 있는 복잡한 광고, 포털 섹션이 없다보니 사용이 더 쉽습니다.

작가: 구글은 검색에 특별한 기술이 전혀 없는 일반인의 검색을 어떻게 바꿔놓았습니까?

캐롤: 구글 페이지랭크 시스템은 가장 중요한 정보를 먼저 제시함으로써, 배경 지식이 부족해서 다른 검색 엔진들이 제시한 검색 결과의 품질을 가늠하기 어려운 사용자를 도와줍니다.

작가: 검색 기능 외에도 구글의 어떤 기능들이 가치 있다고 생각하십니까?

캐롤: 전부요. (웃음) http://www.google.com/intl/en/options에 가 보십시오. 업무에 중요한 것으로는 온라인상의 문서 협력 작업을 위한 소프트웨어인 구글 독스(Google Docs)가 있습니다.

작가: 구글의 특별한 도구나 기능 중에서 즐겨 사용하는 것이 있습니까?

캐롤: 구글 얼러트(Google Alert)를 좋아합니다. 관심 있는 주제나 인물에 대한 검색을 설정하면 구글 색인에 새로운 내용이 추가될 때마다 주제에 대한 링크가 담긴 얼러트를 저에게 이메일로 보내 줍니다.

디렉토리와 검색 엔진은 어떻게 다른가?

대부분의 최신 검색 엔진은 사람에 의한 일종의 편집 평가 과정을 거친다. 그러나 검색어(들)에 비교했을 때, 웹 페이지의 관련성이나 품질은 대게 구글의 페이지랭크와 같은 자동화된 검색 알고리즘에 의해 결정된다. 디렉토리는 검색 엔진처럼 자동화되지 않았다. 이들은 웹 사이트의 품질을 평가하기 위해 사람이 직접 검토하고 사이트에 변화가 생길 시에는 다시 방문하도록 한다. 짐작할 수 있듯이, 이 과정은 자원봉사자들이 색인을 작성하지 않는 한 자동화된 검색 엔진을 사용하는 것보다 더 많은 시간과 비용이 소요된다.

야후!(YAHOO!)

필로(David Filo)와 양(Jerry Yang)은 1994년 스탠포드 대학교의 전자공학 박사 과정 학생들이었다. 앞 장에서 다뤘듯이 필로는 래리와 세르게이가 창업 이전에 자금 지원과 파트너를 물색하며 막 활동을 시작했을 당시, 구글 작업을 계속하도록 격려했다.

야후!는 데이비드와 제리가 관심을 가진 주제의 정보가 담긴 그들이 좋아하는 인터넷 사이트로 향하는 링크들의 목록으로 시작했다. 이 목록이 너무 길어지자 그들은 주제별 카테고리를 만들었다. 카테고리 내의 정보가 포화상태가 되자, 하위 카테고리를 만들었다. 월드 와이드 웹에 대한 야후!의 접근의 핵심인 정보의 디렉토리가 탄생했다. 웹 디렉토리를 만든 다른 이들도 있었지만 그들의 사이트가 가장 인기 있었고 오늘날에도 그 인기는 여전하다.

그들의 웹 사이트는 처음에 제리와 데이비드의 월드 와이드 웹 가이드(Jerry and David's Guide to the World Wide Web)로 불렸다. 이후 그들은 사전에서 사이트의 새로운 이름을 찾았다. 그들은 '야후'라는 단어의 정의인 '미완성의, 세련되지 않은, 다듬어지지 않은'이 마음에 들었다. 향후 그들은 이 단어를 사용하던 기존 상품들과의 마찰을 피하기 위해 이름에 느낌표를 덧붙였다.

제리와 데이비드는 유용한 웹 사이트에 대한 가이드를 제작했고 이 가이드는 웹에서 특정 정보를 검색하는 이들을 사로잡았다. 처음에는 친구들이 주로 사용했으나 머지않아 입 소문이 퍼져 대규모 인터넷 커뮤니티의 열성 팬들을 확보하게 되었다. 1994년 가을이 되자, 약 10만 명의 방문객이 디렉토리를 사용했다.

제리와 데이비드는 그들이 잠재적인 성공작을 만들어냈음을 알았다. 그들은 자신들의 창작물을 팔고자 했으나 아무도 사지 않았다. 1995년 3월까지 이 두 사람은 야후! 법인을 설립했고 벤처 자금을 물색하기 시작했다. 그들은 씨스코, 애플 컴퓨터, 오라클, 아타리 같은 기업에 자금을 투자한 일류 벤처 캐피털 업체인 세쿼이아 캐피털(Sequoia Capital)에 연락을 취했다. 세쿼이아는 200만 달러 가까이 투자했다. 폭발적 성장을 예상한 창립자들은 경영 팀 결성에 착수했다. 그들은 1995년 가을, 로이터와 소프트뱅크로부터도 2차 자금 지원을 받았다. 1995년 말에는 배너 광고로 수익을 창출하기 시작했다. 전년도에 웹 컨텐츠 포털인 핫와이어드(Hotwired)가 배너 광고를 시작했고 야후!가 그 뒤를 이었다.

야후!의 기업공개(Initial Public Offering)는 1996년 4월에 실시되었다. 그 때쯤 되자 회사는 직원 49명의 규모로 성장해 있었다.

야후!는 다른 기업의 검색 서비스를 강화하기 위해 야후!를 이용하

다른 종류의 디렉토리-오픈 디렉토리 프로젝트

오픈 디렉토리 프로젝트(Open Directory Project)는 자원 에디터들의 그룹에 의해 컨텐츠가 형성되고 대부분 유지된다는 점에서 야후! 디렉토리와 달랐다. 시간이 지나면서, 오픈 디렉토리는 웹에서 가장 큰 디렉토리가 되었다. 이 디렉토리는 2003년까지 400만 개 이상의 웹 주소들을 색인화했다. 2007년 3월이 되자, 7만 5,000명 이상의 자원 에디터들이 이 프로젝트에 기여했다. 오픈 디렉토리 프로젝트는 1998년 넷스케이프에 의해 매입되었다. 넷스케이프는 추후 타임 워너에 의해 합병된 아메리카 온라인이 인수했다. 오픈 디렉토리 프로젝트는 7만 9,869명의 에디터와 59만개의 정보 카테고리를 보유한, 웹에서 '가장 크고 포괄적인, 인간이 편집한 디렉토리'(www.dmoz.org)라고 주장한다.

도록 계약을 맺은 경험이 있다. 잉크토미(Inktomi)는 이 서비스를 2001년까지 제공했다. 야후!는 2003년에 잉크토미와 오버추어(Overture)를 인수했다. 인수 기업의 기술에 기반한 자체 검색 엔진을 사용할 수 있는 위치에 접근하고 있던 2004년까지는 구글의 검색 엔진을 사용했다.

야후는 최근 몇 년간 시장에서 구글의 영향을 받기는 했으나, 매달 3억 4,500만 명의 사용자에게 서비스를 제공하는 대단히 성공적인 기업이다. 캘리포니아 써니베일(Sunnyvale)의 본사 외에도 캐나다, 호주, 남미, 유럽, 아시아, 그리고 미국의 다른 지역에도 사무실이 있다. 2008년 2월, 마이크로소프트는 구글에 대항하기 위한 전략의 일환으로 야후!에 420억 달러의 적대적 합병 제안을 했으며, 이 책이 완성될 당시만 해도 야후!는 이를 거절했다.

잉크토미

캘리포니아 버클리 대학교의 브루어(Eric Brewer) 교수와 대학원 학생인 고티에(Paul Gauthier)는 1995년에 잉크토미를 설립했다. 그들은 핫봇(HotBot) 검색 엔진에 사용된 소프트웨어를 개발했다. 핫봇은 일류 웹 크롤러 검색 엔진 부분에서 알타 비스타를 제쳤다. 잉크토미는 분산된 네트워크 기술, 즉, 여러 대의 컴퓨터를 사용해서 검색의 규모와 관련된 일부 기술적 문제들을 해결한 반면, 알타 비스타는 하나의 강력한 알파 프로세서를 사용했다. 잉크토미는 주어진 주제에 관해 가장 인기 있고 생산적인 웹 사이트를 검색하기 위해, 인간의 분석에서 링크의 컴퓨터화된 분석 과정으로의 전환을 꾀함으로써 검색의 질을 높였다고 주장했다. 그러나 성공적인 비즈니스 모델의 개발에는 실패했으며, 앞서 언급한 바와 같이, 2003년에 야후!가 잉크토미를 인수했다.

애스크닷컴(과거에는 애스크 지브스)

애스크 지브스(Ask Jeeves)는 1997년 4월에 출시된 독특한 검색 엔진으로, 벤처 캐피털리스트인 그루너(Garret Gruener)와 기술자인 워슨(David Warthen)의 공동 작업으로 설립되었다. 이 서비스의 명칭은 영국인 작가 우드하우스(P.G. Wodehouse)의 유명한 소설과 단편소설에 등장하는 집사인 지브스에서 유래했다. 웹 사이트의 이름과 형식에 대한 당시의 아이디어는, 사람들이 스스로 해결할 수 없는 문제가 있을 때 총명하고 매력적인 집사를 곁에 둔다는 것이었다.

지브스는 자연어 검색 엔진으로, 마치 다른 사람에게 이야기하듯 검색어를 입력할 수 있었다. 애스크 지브스는 사용자가 물어볼 것이라고 예상한 방대한 질문 데이터베이스를 구축하기 위해 직원을 활용했다. 그리고 미리 구축해 놓은 질문 데이터베이스에 대한 답이 될만한 웹 페이지들을 선정했다. 애스크 지브스는 이러한 방식으로 검색인에게 타인과 상호 작용을 하는 듯한 검색 경험을 제공했으며, 여기에서 타인은 사랑스럽고 믿음이 가는 집사였다.

애스크 지브스는 검색 질문을 연결해 주는 에디터를 활용했고, 인기에 근거해서 순위 결과를 매기는 검색 엔진, 디렉트힛(DirectHit)을 사용했다. 애스크 지브스는 대중의 관심을 단숨에 사로잡았고, 2000년 초에는 가 볼만한 웹 사이트 25위 안에 선정되었다. 지브스 캐릭터는 2006년에 사라지게 되었고 웹 사이트도 단순히 애스크닷컴(Ask.com)으로 바뀌었다.

엠에스엔(MSN) 검색

1998년, 마이크로소프트는 잉크토미의 결과에 기반한 검색 서비스를 도입했다. 그리고 얼마 후 다른 검색 엔진인 룩스마트(Looksmart)의 결과를 조합했다. 또한 알타 비스타의 결과를 잠시 사용하기도 했다. 2004년에 마이크로소프트는 자체 웹 크롤러인 엠에스엔봇(msnbot)에 힘입어 자체 검색 기술로의 변경을 시작했다. 마이크로소프트는 검색의 명칭을 라이브 검색(Live Search)으로 변경했고, 2006년 9월에 최종 버전을 대중에 공개했다.

또 다른 검색 엔진이 과연 필요했을까?

봄철의 촉촉한 숲 속 땅에서 우후죽순 생겨나는 버섯처럼 늘어나는 검색 엔진의 수를 고려해 볼 때, 또 다른 검색 엔진이 과연 필요할까라는 질문은 타당하다. 또한 검색 과정이 향상될 수 있을지에 대한 의문 제기도 타당하다. 그렇다면 구글의 설립 이전에 다양한 검색 엔진들이 달성한 업적에 대해 우리가 지금까지 알아본 바를 간략히 정리해 보자. 결국, 웹이 탄생하기 전인 1991년 초만 하더라도, WAIS는 방대한 양의 문서에 대한 전체 텍스트 색인이 만들어질 수 있음을 입증했다.

관련성 문제에 대한 해답으로 RBSE는 검색자의 질문과 관련된 정보를 검색하는 초기의 시도로, 1993년에 웹 페이지 순위 시스템을 개발했다. 같은 해, 익사이트는 검색 효율성의 증대를 위해 단어 관계의 통계 분석을 제공했다. 라이코스의 몰딘은 특정 검색에 대해 웹 페이지가 얼마나 관련되어 있는지를 평가하기 위해 페이지에 대한 링크를 최초로 사용했다. 핑커톤의 웹크롤러는 검색 엔진도 단순히 제목 뿐만이 아니라 웹 페이지를 구성하는 HTML 코딩을 포함한 웹 페이지 전체를 색인화할 수 있다는 것을 증명했다. 알타 비스타는 충분히 강력한 시스템이 있다면 거의 완전한 웹 페이지 색인을 형성할 수 있음을 보여 주었다. 웹이 성장하여 동시에 1,000개의 크롤러를 지원할 수 있는 알타 비스타처럼 강력한 시스템을 사용해도 색인 형성의 임무가 벅차게 느껴질 때쯤, 핫봇은 분산된 네트워크 기술을 활용하여 규모의 문제에 대한 해답을 제시했다. 검색 엔진의 사용자 측면에서는, 검색어 입력이 자연어로 가능해지고 온라인 검색 팁들이 지원을 제공함으로써 검색 과정이 더욱 용이해졌다.

야후!는 자체적으로 검색을 하지 않았음에도 불구하고 디렉토리가 있는 매우 인기 있는 웹 포털을 형성했다. 웹상의 정보를 카테고리 및 하위 카테고리로 체계화하는 새로운 방식을 제공했다. 1996년 4월, 벤처 캐피털로부터 두 차례의 지원을 받은 후 기업 공개를 통해 3,000만 달러 이상을 공모했다. 사용자 사이에서의 인기, 언론의 관심, 창립자들의 비전과 열정, 기업공개를 통한 공모 자금을 견주어 봤을 때 야후!는 산업 선두주자가 되기에 충분했다.

라이코스는 빠르게 성장하여, 1999년에는 세계에서 가장 많은 사용자가 방문한 온라인 사이트였다. 되돌아 보건대, 2000년 당시 54억 달러에 매각되었으므로 그 가치가 얼마나 대단했는지 짐작할 수 있다. 물론 MSN은 1998년 처음 등장할 당시, 마이크로소프트의 브랜드 네임과 자본의 후광을 업고 새로운 강자로 떠올랐다.

수많은 유명 검색 엔진들은 말할 것도 없고, 위와 같은 강력한 세 라이벌이라는 시나리오를 고려해 봤을 때, 과연 구글의 자리가 있었을까? 구글에 대한 필요성이 있었을까? 익사이트의 공동 창립자인 크라

우즈(Joe Krause)가 1990년대 중반 검색 산업을 묘사한 글귀가 이 질문에 대한 대답에 도움을 줄 것이다. "모든 포털들은 전형적인 비즈니스의 실수인 핵심 임무에서 벗어나는 함정에 빠지고 말았다. 그들 모두가 모르는 사이에 검색에 거대한 빈공간이 생겼다."[2]

이 거대한 빈공간을 래리와 세르게이는 그냥 지나치지 않았다. 그들은 스탠포드 대학원에 재학할 당시 구글을 원형으로 제시하는 논문을 발표했다. "대규모 하이퍼텍스트 웹 검색 엔진의 해부"에서 그들은 "구글은 웹을 효율적으로 크롤링하고 색인화하여 현존하는 시스템보다 더욱 만족스런 검색 결과를 창출한다"[3]고 했다.

다음 장들에서 우리는 무엇이 구글을 더 효율적으로 만들고 어떻게 '현존하는 시스템보다 더욱 만족스런 검색 결과를 창출'하는지 더 자세히 살펴보겠다. 또한 래리와 세르게이가 구글을 통해 다른 어떤 것들을 형성해서 그토록 성공을 거두었는지, 그리고 어떻게 구글에 접속하는 이들의 세상을 다른 곳으로 만들었는지 알아보겠다.

주

1) http://www.galegroup.com/servlet/HTMLFileServlet?imprint=9999&region=7&fileName=reference/archive/200103/lii.html (2008년 2월 1일 접속).
2) John Battelle, *The Search: How Google and Its Rivals Rewrote the Rules of Business and Transformed Our Culture* (New York: Penguin Group, 2005), p. 57.
3) 세르게이 브린과 페이지, "대규모 하이퍼텍스트 웹 검색 엔진의 해부," 스탠포드 대학교 인포랩, http://infolab.stanford.edu/~backrub/google.html (2008년 2월 10일 접속).

제4장　　　　　　　　　　　　　　　　　Google
구글을 훨씬 좋게 만든 것은 무엇일까?

검색의 역사에서 2008년의 구글은 정보를 검색하는 전 세계 사용자들이 가장 많이 방문한 웹 사이트로서 논란의 여지없는 제왕이었다. 그러나 래리와 세르게이가 "구글은 웹을 효율적으로 크롤링하고 색인하여 현존하는 시스템보다 더욱 만족스런 검색 결과를 창출하도록 설계되었다"고 했던 당시에는 아직 검색을 위해 가장 많이 찾는 사이트는 아니었다. 이번 장에서는 무엇이 구글을 경쟁업체보다 월등하게 만들었는지 그 비결을 살펴보겠다. 우리는 또한 구글이 우수한 검색 엔진에서 어떻게 수익을 창출하는 기계가 되었는지에 대해서도 알아보겠다.

구글의 성공은 사용자를 위한 가장 관련된 검색 결과 제공에 매진한 덕분에 시작되어 지속되고 있다. 구글의 기업 정보 웹 페이지에 공시된 '구글이 발견한 열 가지 사실'이라는 제목의 글의 내용은,

> 한 가지를 매우 매우 잘 하는 것이 가장 좋다.
> 　구글은 검색을 가능하게 한다. 세계 최대 규모의 연구 인력이 검색 문제의 해결 방안 모색에 전력을 기울인다. 우리는 우리가 무엇을 잘 하고, 어떻게 더 잘할 수 있을지 안다.… 검색을 개선하는 가운데 지속적으로 신제품을 개발한다. 우리의 희망은 검색의 힘을 기존의 미개척 분야에 적용하고, 사용자들이 끝없이 팽창하는 정보에 더 쉽게 접근하고 많이 사용하도록 돕는 것이다.[1]

그들의 표현을 빌리자면 검색 결과의 품질 향상에 대한 매진은 구글이 '웹에서 가장 충성도 높은 독자를 형성'하는 데에도 도움이 되었다.2)

비교적 단기간 내에 래리와 세르게이는 대단히 성공적인 기업을 설립했다. 이 장에서는 다음과 같은 내용을 통해 구글이 어떻게 검색 분야에서 최고 기업이 되었는지 알아보겠다.

- 최상의 결과를 신속히 검색하는 검색 엔진 구축
- 초기 성장에 필요한 자금 조달을 위한 벤처 자금 유치
- 검색분야에서 구글에 도전장을 내밀 신생 기업에 대한 장벽의 역할과 엄청난 성장을 지지할 인프라, 즉 컴퓨터 네트워크를 구축
- 제휴, 협력, 인수로부터 수입을 창출하는 우수한 검색 결과의 핵심 역량을 기반으로 삼은 비즈니스 전략 형성
- 검색의 무결성을 저해하지 않으면서 광고에 연계된 검색으로부터 수입을 창출
- 구글 사용자가 더 잘 수용하고, 수정하고, 개인에 맞게 설정하고, 의사소통하고, 그들이 필요로 하는 특정 정보를 다양한 매체에서 사용하는 데 필요한 것에 집중함으로써, 세계 모든 정보를 누구나 구글을 통해 볼 수 있게 한다는 사명 하에 구글의 제품을 다양화
- 구글의 제품과 서비스를 사용하는 기업들과, 검색을 사용하는 개인들과의 강력하고 지속적인 범세계적 관계 구축
- 구글이 스스로의 운명을 통제하고, 검색 분야에서 가장 뛰어난 엔지니어 팀을 유치하고 유지할 수 있도록 고안된 기업 구조 및 문화를 형성

래리와 세르게이는 구글 검색 엔진 개발 시점에서 운이 좋았다. 그들은 이미 사용되고 있는 검색 엔진들의 장단점을 객관적으로 평가할 수 있었다. 또한 벤처 자금의 지원을 통해 지속적으로 검색 엔진을 향상시키고, 우수하고 성실한 팀을 만들고, 인프라를 구축하고, 수익 출처를 개발할 수 있는 시간과 자금을 손에 쥐었다.

매력적인 도전과제들

래리와 세르게이가 대학원생으로서 구글을 개발하던 당시의 심리를 고려해 봐야 한다. 그들은 세계 최고의 검색 엔진 개발에 내재된 도전과제에 매료되었었다. 이런 의미에서 개발은 순수한 추구였으며 여전히 순수함이 남아 있어 래리와 세르게이 뿐 아니라 그들을 위해 일하는 이들에게 여전히 영감을 주고 있고 그들이 구글과 하는 모든 활동의 근간이 된다.

스탠포드에서 그들의 연구 과정 동안, 그들은 계속 성장하는 거대한 웹 상의 모든 정보를 신속히 검색하고 색인화하는 완벽한 검색 엔진 구축의 어려움에 대해 잘 알고 있었다. 정보를 검색하는 사람의 수는 급격히 증가하고 있었다. 타 검색 엔진들도 이 문제들을 어느 정도까지는 해결할 수 있었다. 그러나 그 시점까지 제대로 이루어지지 않았던 것은 아무도 이 문제에 제대로 관심을 갖지 않았기 때문인데, 그것은 바로 검색어에 대한 답변으로 가장 '관련있는' 정보를 검색하고 제공하는 방법을 고안하는 것이었다. 많은 기업들이 일 순위 검색 결과를 판매하고 있었으나, 모든 업체가 그 결과를 공정한 결과로 인식하지는 않았다.

관련성 있는 결과를 검색하고 찾는 일은 점점 더 어렵고 지루해져만 갔다. 검색인들은 웹 페이지를 복잡하게 하는 적나라한 광고의 밀림 속을 헤매야 했다. 그들에게 돌아온 일 순위 결과는 원래 가장 관련된 내용이어야 하지만, 광고주들에 의해 지불된 것들이었고, 굳이 관련되거나 최상의 결과도 아니었다. 설상가상으로 검색 결과는 스패머들에 의해 얼룩져갔다.

래리와 세르게이 역시 검색의 영역에서 무엇이 이미 달성되었는

스팸(Spam)

컴퓨터를 사용해 본 우리는 너나 할 것 없이 스팸을 경험해 보았다. 스팸은 무언가를 팔고자 하는 사람들에 의해 몇 명인지도 모르는 사람들과 더불어 우리에게 대량 발송되는 정크 메일이자 광고다. 이 원하지 않는 광고는 대게 우리의 검색어와는 전혀 관련이 없다. 그 효과는 우리의 시간과 관심을 훔쳐가는 강도와 같다.

지 알고 있었다. 그들은 다른 검색 엔진들의 성능에 대해 알았다. 도전 과제들과 성과들을 살펴본 후, 그들은 "대규모 하이퍼텍스트 웹 검색 엔진의 해부(The Anatomy of a Large-Scale Hypertextual Web Search Engine)"라는 논문을 통해 "구글은 웹을 효율적으로 크롤링하고 인덱스화하여 현존하는 시스템들보다 더욱 만족스런 검색 결과를 창출하도록 설계되었다"고 했다.3)

무엇이 구글 검색 엔진이 더 효율적이고 더 나은 결과를 창출하도록 했을까?

왜 기존의 검색 방식들은 그다지 훌륭하지 않았을까?

구글을 더 효율적으로 만든 것이 무엇인지 고려하기 전에, 기존의 검색 엔진들은 왜 그다지 훌륭하지 않았을까 라는 질문을 던져 보자. 래리와 세르게이는 그들의 논문에서 특정 주제에 관한 검색 결과를 창출하기 위해 인간에 의존하는 야후!와 같은 디렉토리는 비객관적이며, 구축과 갱신에 많은 비용이 소요되고, 모든 주제를 다룰 수도 없다고 주장했다. 검색 창에 입력된 키워드와 문서의 키워드를 연계하는 기존의 자동화된 검색 엔진 방식은 양질의 결과를 창출하지 않았다. 게다가 스패머들이 자동 검색 결과를 교묘히 속일 수 있어서, 순수한 정보를 얻는 대신 검색 결과는 쓰레기로 넘쳐 날 수도 있었다.

래리와 세르게이는 그들의 논문에서 디렉토리 및 현존하는 검색 엔진에 내재된 문제 외에도 미래의 검색 엔진은 정보를 위해 검색되는 페이지 수의 빠른 증가와 매일 발생하는 검색 건수 증가에 따른 문제도 해결해야 할 것이라고 지적했다. 이것은 바로 태스크(task: 컴퓨터로 처리되는 일의 최소 단위 – 역자 주)의 규모나 크기에 관련된 사항이었다.

래리와 세르게이는 구글을 통해 데이터를 수집할 뿐 아니라 최신 정보로 유지하기 위해 웹을 빠르게 크롤링할 수 있었고, 그들은 또한 검색 요청에 신속히 대응할 수 있었다. 그러나 그들의 최우선 목표는 검색 결과의 품질을 개선하는 것이었다. 이는 검색에서 매출 증대 방안을 모색하는 일부 기존의 기업들에게는 우선순위가 아니었다. 대부분의 검색 서비스 제공 업체들은 기존의 검색 품질이 충분하다고 생각했다.

래리와 세르게이는 검색에서 시급히 필요한 것은 사용자들의 요구사항을 충족할 수 있도록 가장 관련된 정보를 제공하는 것이라고 느꼈다. 그들은 논문을 통해 "약간의 관련성 있는 문서는 수만 개 이상 존재하므로 우리의 '관련성' 개념이 최상의 문서만을 포함하기를 원한다"고 하면서 구글의 성능에 관해 높은 수준을 설정했다. 2005년 캘리포니아 버클리 대학교의 비공식 초청 강사로 강연한 '검색 엔진: 기술, 사회 및 비즈니스'라는 녹화 강의에서, 세르게이는 사업초기에 자신들의 목표가 왕이나 여왕도 만족시킬 만큼 훌륭한 검색 결과를 제공하는 것이라고 설명했다.[4] 초기에 그들은 과정의 완벽을 기하기 위해 개인 혹은 소규모 그룹을 위한 최고의 검색 결과를 제공하는 일에 초점을 두었으나, 머지않아 그들의 컴퓨터 시스템 규모를 확장할 경우 더 많은 사용자의 요구를 충족할 수 있음을 깨달았다.

래리와 세르게이가 한층 수준 높은 검색 결과를 제공하게 해준 중요한 수단은 그들이 개발한 페이지랭크라는 검색 알고리즘이었다. 구글은 현재 웹 사이트에서 페이지랭크를 '우리 소프트웨어의 핵심'이라고 설명한다. 페이지랭크의 운영 방식은 다음과 같다.

> 페이지랭크는 각 페이지 가치의 지표로, 방대한 링크 구조를 사용함으로써 웹의 독특한 민주적 특성에 의존한다. 그 본질을 들여다보면, 구글은 페이지 A에서 페이지 B로 연결된 링크를 페이지 A에 의해 페이지 B로 향하는 투표로 해석한다. 그러나 구글은 투표 혹은 한 페이지가 받는 링크의 양 자체 외에도 더욱 다양한 요소를 고려한다. 한 예로, 구글은 투표를 행사하는 페이지를 분석한다. 그 자체가 '중요한' 페이지에 의해 행사된 투표는 더 큰 비중을 차지하며 다른 페이지들이 '중요한' 페이지가 되는데 기여한다. 구글은 이 요소들과 다른 요소들을 사용하여 페이지의 상대적 중요성에 대한 견해를 제공한다.[5]

래리와 세르게이는 최상의 검색 결과의 제공을 왜 이토록 중요시했을까?

1998년으로 돌아가 구글 이전의 검색은 어떠했는지 알아보자. 온라인 잡지 『살롱(Salon)』의 편집장인 로젠버그(Scott Rosenberg)는 당시 범람하는 검색 엔진과, 그가 검색에서 원하는 바에 대한 분석을 제공했다.

> 나는 인터넷 사용자다. 오늘날의 포털 사이트들은 사용자 그룹 관리와 경쟁업체들이 제공하는 애매한 기능 따라하기에 급급한 나머지 그들 사업의 핵심 서비스인 웹에서 우리가 원하는 것을 찾아주는 일에는 아무런 노력을 기울이지 않는다.[6]

래리와 세르게이는 구글을 통해 양질의 검색 결과에 대한 실질적인 필요성을 충족시키기로 결심했다.

구글에 대한 사람들의 입소문 시작

1997년, 래리와 세르게이는 구글을 스탠포드 대학교 커뮤니티에 공개했다. 학생, 교수, 직원들이 구글을 사용하고 좋아하기 시작하면서 추종자들이 생기기 시작했다. 사람들은 구글에 대해 얘기했고, 구글은 스탠포드에서 유명해졌다. 그들이 구글에 대해 이야기 했던 이유는 구글이 우수한 검색 결과를 제공했기 때문이고, 그 검색 결과는 다른 어떤 검색 엔진보다도 훌륭했다. 구글은 지금도 광고보다는 사용자 사이의 입소문에 의존한다. 사업 초기 수입이 적었던 시절에는, 브랜드 네임을 개발하고 사이트에 트래픽을 유도하기 위해 광고비용을 들일 필요가 없었던 것이 신생 기업에게 큰 도움이 되었다.

그들은 1998년 9월 23일, 스탠포드의 목요일 오후 컴퓨터 시스템 실험실 학회에서 발표자로 그들의 구글 개발에 대한 정보를 소개했다. 발표 제목은 "구글과 웹베이스: 당신은 주머니 안의 웹으로 무엇을 할 수 있습니까?"였다.

사전에 작성된 발표 소개문에서 그들은 다음과 같이 약속했다. "웹베이스와 구글에 대한 우리의 경험을 논의하고, 인류의 모든 지식이 당신의 셔츠 주머니 안에 들어오는 날이 오면 미래에 이 기술이 어디로 향할지에 대해 얘기하겠다."[7]

그들의 발표는 성공적이었으며, 캠퍼스의 더 많은 이들이 구글에 대해 입소문을 내기 시작했다. 그들은 작고 편리한 대학의 세상에서 구글을 시험할 수 있었고, 구글을 주 검색 엔진으로 사용하는 이들의 열광적인 이메일로 인해 고무되었다.

구글을 법인화하고, 벡톨샤임(Bechtolsheim)에게 받은 10만 달러를 종자돈으로 활용하고, 가족, 지인들로부터 모은 투자금으로 사무실을 캠퍼스 밖으로 이전한지 얼마 지나지 않아 래리와 세르게이는 하루 10만 건의 검색을 처리하고 있었다. 친구들과 사용자에게 발송하는 소식지를 제외하고는 전혀 광고를 하지 않는 상황에서도 구글의 사용량은 계속 증가했다. 놀랍게도 지난 수년 동안, 일절 광고를 하지 않으면서도 단지 입소문과 언론의 관심만으로 구글의 사용자 수가 증가했다. 1998년에 『피씨 매거진(PC Magazine)』의 100대 웹 사이트 및 검색 엔진에 선정됨으로 인해 구글의 존재감과 신뢰성은 더욱 높아졌다.

구글의 인프라 구축

래리와 세르게이는 가장 관련된 결과를 얻기 위해 지속적으로 검색 엔진을 향상시켰다. 그들은 또한 계속해서 웹 페이지들을 색인화했고, 시간이 지나면서 사용자들에게 더 많은 웹의 컨텐츠에 대한 접근성을 제공했다. 1999년 11월이 되자, 구글은 2억 개의 웹 페이지를 크롤링했고, 이 중 1억 개는 사용자에게 제공되었다. 구글은 하루 400만 건 이상의 검색에 답하고 있었다.

구글의 홈페이지는 깔끔하고 간결했으며, 광고나 배너가 없었다. 사용자들은 검색창이 페이지 정 중앙에 분명하게 배치된 점을 좋아했다.

래리와 세르게이는 1999년에 네트워크 인프라를 개인용 컴퓨터 2,000대로 늘렸다. 그들을 위해 일하는 50명의 직원 중 30명이 엔지니어였고, 이들은 구글 내에서 새로운 검색 그룹을 형성했.

래리와 세르게이가 기숙사에서 컴퓨터 시스템을 성공적으로 구축한 경험과, 늘어난 직원 수와 자본을 활용해 저가형 PC의 대형 시스템을 만드는 가운데 구글은 성장했다. 그들은 PC를 맞춤형으로 만듦으로써 시스템의 비용을 저렴하게 유지할 수 있었다. 구글의 웹 사이트는 이것이 사용자에게 의미하는 바를 설명한다.

> 구글은 앞선 하드웨어 및 소프트웨어의 독특한 조합 위에서 운영된다. 당신이 경험하는 속도의 일부는 검색 알고리즘의 효율성 덕분이며, 일부는 초고속 검색 엔진의 구축을 위해 우리가 네트워크화한 저가형 PC 수천 대에 기인한다.8)

검색 결과의 전달에서 속도는 생명이다. 검색 결과를 얻기까지 너무 오래 기다려야 한다면, 사용자는 다른 곳에서 검색을 하기 위해 이 사이트를 떠날지를 고민할 것이다.

구글은 시간이 지나면서 경쟁 업체들보다 더 신속하고 저렴한 컴퓨터 네트워크를 구축하는데 탁월함을 보였다. 구글에서 사용하는 컴퓨터는 2001년에 8,000대로, 1999년의 2,000대에서 증가했다. 이 수치는 2003년에 10만 대까지 치솟았다. 현재는 어림잡아 45만 여대의 컴퓨터가 최소 25개국에 위치해 있다. 아일랜드와 조지아 주 아틀란타에 있는 주요 구글 센터들은 고성능 광섬유 네트워크로 연결되었다.

최근에는 오클라호마, 아이오와, 워싱턴, 사우스 캐롤라이나 주의 신규 센터들과 특히 아시아 센터의 계획에 대한 기사들이 보도되었다. 이러한 데이터 센터의 비용은 각 센터당 6억 달러 가량이 소요된다. 그러나 데이터 센터를 더 많이 보유한다는 것은 사용자에게 센터가 가깝다는 것을 의미하고, 이것은 검색을 빠르게 하는 데 기여한다. 또한 한 센터가 고장이거나 정전될 경우, 다른 센터에서 공백을 메울 수 있다. 데이터 센터 및 무선 장비 투자에 대한 구글의 투자는 더 많은 사람에게 최상의 검색 결과를 지속적으로 제공할 수 있게 한다.

효율적으로 운영하기 위해 비교적 저가형 기계를 사용하고, 일부 소프트웨어를 자체적으로 설계하고, 무료 오픈 소스(Open-Source)

소프트웨어를 사용한 덕분에 구글의 컴퓨터 인프라 비용은 수천만 달러가 아닌 수백만 달러에 그친다.

신생 기업이나 기존의 경쟁업체들이 이처럼 적은 비용으로 구글에 필적할 만한 시스템을 구축하는 것은 어려울 것이다. 구글의 검색 결과의 품질, 결과를 제공하는 속도, 비디오 같은 새로운 서비스들을 지지하는 능력은 경쟁을 따돌리기에 충분하다. 물론 마이크로소프트는 자금력을 모아 대적할 만한 시스템의 구축을 할 능력이 있고 시도하려고 한다. 마이크로소프트의 컴퓨터 시스템은 현재 컴퓨터 20만대이고, 2011년 80만대까지 늘리기를 희망한다.

2008년 2월이 되자, 구글은 세계 검색 엔진 시장의 77.27%을 차지했고, 야후가 12.23%, MSN이 3.51%였다. 이쯤 되자 그 어떤 경쟁 업체도 감히 구글에 근접하지 못한다는 점이 분명해졌다. 대부분의 사람들이 정보를 검색하기 위해 구글을 사용하는데, 광고주들도 당연히 구글에 광고를 내고 싶지 않겠는가?

구글의 비즈니스 전략 수립 개시

1999년 11월, 『워싱턴 포스트(*Washington Post*)』와의 인터뷰에서

오픈 소스 소프트웨어

오픈 소스 소프트웨어란 기본 코드, 즉 소스 코드가 누구나 읽고 수정할 수 있도록 무료로 제공되는 소프트웨어이다. 대개의 경우, 프로그래머들에 의해 공동으로 형성된다. 기존의 오픈 소스 코드에 대한 변경은 공유된다. 리눅스는 구글이 사용하는 오픈 소스 코드의 예이다.

구글 수입의 원천을 묻는 질문에 세르게이는 당시 구글의 수입은 '넷스케이프와 레드햇(RedHat) 같은 협력사와의 공동 브랜딩'으로부터 나오며, 『워싱턴 포스트(Washington Post)』를 포함한 '약 10개'의 유통 및 수입 협력사들이 존재한다고 했다. 그는 또한 광고 시험 프로그램이 진행 중이라고 말했다.9)

래리와 세르게이는 사용자를 위해 검색의 완전성을 유지해야 할 필요성을 절감했다. 다른 업체들은 검색 결과 페이지에 뜨는 배너 광고, 문구, 그래픽 광고를 판매했으나, 래리와 세르게이는 검색과 광고의 혼합을 거부했다. 그들은 특히 검색결과와 광고의 혼합을 극도로 꺼려 했기 때문에 검색인이 때로는 1순위 검색 결과에 나타나는 검색 결과가 검색어와 가장 관련된 결과가 아니라 돈을 주고 매수된 것이라는 사실을 몰랐다.

구글은 어느 정도의 수입을 올리고 있었지만, 생존과 성장을 위해서는 더 많은 수입이 필요했다. 1999년 6월, 구글은 세쿼이아 캐피탈(Sequoia Capital)과 클라이너 퍼킨스 코필드 앤 바이어스(Kleiner Perkins Caufield & Buyers)로부터 2,500만 달러의 벤처 자금을 투자받았다.

자금의 유입은 구글로 하여금 코데스타니(Omid Kordesteni)를 넷스케이프로부터 스카우트하여 비즈니스 개발 및 영업 부사장으로 임명할 수 있게 해 주었다. 홀츠레(Urs Hölzle) 또한 산타 바바라 캘리포니아 대학교를 떠나 엔지니어 부사장으로 구글에 합류했다. 이들은 계속해서 구글의 성공에 매우 중요한 기여를 한다.

구글은 또한 캘리포니아 마운틴 뷰에 위치한 더 넓은 사옥인 구글플렉스로 이전할 수 있었고, 직원 수도 늘어나 신규 고객들의 요구사항을 충족시켰다. 구글 서비스에 대한 수요는 AOL/넷스케이프에 웹 검색 서

세쿼이아 캐피탈과 클라이너 퍼킨스 코필드 앤 바이어스

세쿼이아 캐피탈과 클라이너 퍼킨스 코필드 앤 바이어스는 미국의 일류 벤처 캐피털 업체들로, 개발 초기 단계에 있는 기술 기업들에게 벤처 자금을 전문적으로 제공한다. 이들은 모두 투자에 꽤 큰 성공을 거둬 왔으며 구글도 여기에 속한다.

세쿼이아 캐피탈은 구글 외에도 애플, 오라클, 씨스코, 야후!, 유투브과 일했다. 서비스, 소프트웨어, 시스템, 구성요소에 투자하며 고속 성장 기업들을 투자처로 선택한다. 나스닥(NASDAQ) 가치 중 10%를 차지하는 기업들에 대한 최초의 벤처 캐피탈 투자자다.

세쿼이아 캐피탈의 모리츠(Michael Moritz)는 구글의 초창기부터 래리와 세르게이를 지원하고 그들에게 경영 전문지식을 제공했으며, 『포브스(Forbes)』의 마이더스 리스트(Midas List) 1위에 한번 이상 선정되었다. (마이더스 리스트는 세계 최고의 기술 딜메이커들의 순위를 매긴다.) 모리츠는 옥스포드 대학교에서 역사학을 전공한 후 기자가 되었다. 그는 또한 타임 워너에서 여러 직책을 고루 역임했고, 테크놀로지컬 파트너스(Technological Partners)를 설립했다. 그는 1980년대에 벤처 캐피탈리스트가 되어 소프트웨어와 서비스에 집중 투자했다.

마찬가지로 구글에 벤처 자금을 지원했던 클라이너 퍼킨스 코필드 앤 바이어스의 도어(John Doerr) 또한 2007년 마이더스 목록의 1위를 차지했다. 도어는 라이스 대학교에서 전기공학으로 과학 학사 학위와 전기공학 및 컴퓨터 공학 석사 학위를 받고, 하버드 비즈니스 스쿨에서 경영학 석사 학위를 받았다. 그는 1999년부터 구글의 이사회에 속해 있다.

클라이너 퍼킨스 코필드 앤 바이어스는 1972년 설립 이래 정보기술 기업들에 투자해 오고 있다. 대표적인 투자처로는 썬, 시맨텍, 넷스케이프, 아마존 등이 있다. 현재는 '환경 기술,' 생활 과학, 새로운 아이폰 및 아이팟 터치 플랫폼을 확장시킬 아이디어와 제품의 혁신에 집중한다.

비스를 제공키로 계약을 체결한 이후 하루 300만 건을 넘어섰다. 또한 영국의 유명 온라인 엔터테인먼트 가이드인 버진넷(Virgin Net)과 이탈리아판 사이트인 버질리오(Virgilio)가 구글 웹 검색 서비스의 고객이 된 이후 전 세계에서 가시성과 트래픽이 증가했다.

구글은 『타임(Time)』지의 사이버테크 10대 기업 목록을 비롯한 다수의 '최고' 목록에 등장했다. 『피씨 매거진(PC Magazine)』은 웹 어플리케이션 개발 부문에서 기술 우수상을 구글에 수여했다. 구글로서는 훌륭한 무료 홍보를 하면서 그들의 성과를 인정받은 셈이다.

구글은 사용자가 모국어로 검색할 수 있도록 10개 언어 버전을 도입하면서 세계 시장을 형성하기 시작했다. 현재는 35개 언어로 이용이 가능하다. 구글이 점점 늘어나는 전 세계 사용자들에게 제공하기 전까지는 다른 업체들에 의해 주로 간과되던 서비스다.

구글의 검색 서비스는 1999년에 무선 장치를 사용한 검색이 가능해지면서 더욱 확장되었다. 그해 구글은 10억 페이지의 색인을 갖춘 명실 공히 세계 최대의 검색 엔진이 되었다.

구글의 수익창출 개발

래리와 세르게이는 구글을 유지하기 위해서 수익을 내야 한다는 사실을 인정했지만, 그들의 표현을 빌리자면 '사악한 일을 하지 않는' 범위 내에서만 수익을 내는데 충실했다. 구글은 1999년부터 2000년까지 그들에게 처음으로 흑자를 안겨줄 두 가지 전략을 개시했다. 시간이 지나면서, 이 전략들은 대단한 수익을 창출했다. 첫 번째 전략은 고객들이 그들의 사이트에서 구글 검색 기술을 사용하기 위해 돈을 지불토록 한 것이다. 야후!와의 협력은 구글에게 큰 성공이었고, 추후 중국과 일본의 유명 웹 포털들과도 협력 계약을 맺었다. 2001년에는 새로운 협력관계를 맺으며, 스프린트 PC, 씽귤러, AT&T 와이어리스 같은 고객들로 검색을 확장했다.

2002년에 검색 능력을 강화하면서 구글은 기관용 구글 검색 어플라이언스(Google Search Appliances)를 선보였다. 이로 인해 기관들은 인트라넷의 보안을 유지하는 가운데 자체 문서와 기타 정보 출처들을 검색할 수 있게 되었다. 이 어플라이언스들은 소프트웨어와 하드웨어를 웹 기반 인터페이스, 구글 사용자 인터페이스와 통합한다. 세계은행(The World Bank), 미 육군, 미 재무부, NASA, 애플 컴퓨터, PBS, 프록터 앤 갬블, 티멕스 코퍼레이션, 엘리 릴리 앤 컴퍼니(Eli Lily & Company: 1876년 설립된 미국의 제약회사, 대표적인 약으로는 항우울제인 프로잭(Prozac)이 있다. – 역자 주), 내셔널 지오그래픽, 씨스코 시스템즈, 여러 대학, 지역 정부 등 수많은 기관에서 구글 어

구글의 중국시장 진입

넷이즈(NetEase)와 구글의 계약은 중국에서 구글의 브랜드 네임을 형성하는 첫 걸음이었다. 중국은 어느 미국 기업에게나 거대한 시장이었고, 구글은 중국 시장을 공략하고자 지속적으로 노력해 왔다. 우리는 뒷장에서 중국 내 구글에 대해 더욱 자세히 알아보겠다. 당시에 구글은 넷이즈를 통해 중국어 검색을 제공했다. 넷이즈는 이메일, 뉴스, 채팅, 경매를 제공함으로써 중국인 사용자들을 끌어 모았다. 넷이즈는 구글과의 계약을 통해 590만의 넷이즈 사용자들에게 2,400만 개의 중국어 웹 페이지를 제공할 수 있었다. 2007년 7월, 넷이즈는 구글과의 계약을 종료하고 자체 검색 엔진을 사용하기 시작했다.

플라이언스를 사용했다.

두 번째 수입 출처는 검색 결과 옆에 광고를 개제하기 위해 광고비를 지불한 광고주들과 그들의 제품과 관련있는 컨텐츠 협력 사이트들이었다. 구글이 소유한 기술들은 광고와 컨텐츠간의 정확한 연계를 촉진했다. 구글은 사용자를 방해하지 않고 검색 결과를 순수하게 유지하기 위해 검색 결과로부터 광고를 분리하는 일에 주의를 기울였다. 광고는 화면 좌측의 검색 결과를 피하기 위해 우측에 실렸다. 많은 사용자들은 아주 눈에 띄는 광고들과 내용을 연계할 수 있었기 때문에, 이러한 광고들이 실제로 유용하다고 여겼다.

약 200억 달러가 미국에서 인터넷 광고에 쓰이게 되었고, 전통적인 광고주인 텔레비전이나 출판으로부터 자금이 흘러들어왔다. 이러한 변화의 주요 원인은 구글이 구글에 광고를 개제하는 이들에게 고수익을 안겨줄 수 있었기 때문이다. 구글은 키워드 검색에 광고를 연계함으로써 광고주들의 시장을 성공적으로 공략해 왔다.

구글은 위와 같은 광고 방식을 휴대전화와 같은 다른 매체들과, 최근에는 자회사인 유투브의 동영상에까지 확산시켰다. 또한 구글 인쇄 광고 프로그램, 구글 오디오 광고, 구글 TV 광고 등을 통해 광고를 제공한다. 구글 인쇄 광고는 구글 인터넷 광고 프로그램처럼 경매 기반은 아니지만, 광고주들은 구글과 이 프로그램에 참여하는 인쇄업체에 지불하고자 하는 가격을 제안할 수 있다. 인쇄업체들은 이 제안을 수용하거나 거절할 수 있다. 이 과정은 온라인으로 이뤄지며, 구글은 매달 한 번 광고주에게 금액을 청구한다. 이것은 광고를 개제할 매체와 광고주를 연결해주는 구글 인터넷 광고 모델의 변형이었다.

구글은 라디오 광고를 위해 전미 1,600개 이상의 AM, FM 라디오 방송국들과 협력 관계를 맺었다. 광고를 원하는 기업들은 애드워즈

(AdWords) 계좌를 통해 온라인에서 30초 슬롯 경매에 참가, 광고를 내보내고픈 방송을 선택한다. 입찰은 원하지 않지만 정해진 가격에 시간을 예약하고자 하는 참가자들 또한 위와 같이 구글을 통해 참가할 수 있다.

구글은 2007년 6월, 그들이 초청한 참가자들에게 구글 TV 광고 테스트를 시작했다. 2008년 5월에는 모든 광고주들에게 이 프로그램을 공개했다. 구글은 광고주를 유치하기 위해 한정 기간 동안, 광고 제작 시장(Ads Creation Marketplace)을 통해 TV 광고가 없는 업체에게 TV 광고 제작비용을 2,000달러까지 지원할 것이다. 만약 광고주들이 고객에게 어떻게 다가가야 할지 확신하지 못할 경우에는 고객 인구통계에 기반한 무료 맞춤형 광고 제안을 요청할 수 있다. 광고주들은 그들이 기꺼이 지불하고자 하는 1,000회당 최고가를 입찰하기 위해 구글 애드워즈를 사용한다. 광고주들은 그들의 광고가 방송에 나갈 때에만 돈을 지불한다.

구글은 애드워즈 프로그램의 변형을 통해 인터넷, 인쇄, 라디오, 텔레비전 등 모든 매체에 걸쳐 광고주를 모집하고자 시도하고 있다. 텔레비전 광고만 해도 수십억 달러 규모의 시장이며, 구글의 브랜드 네임과 인터넷 광고의 성공은 광고주들을 유인하는 데 도움이 될 것이다. 게다가 인터넷 광고를 위해 애드워즈를 이미 사용해 온 광고주들은 동일한 계좌를 이용해서 모든 매체 광고를 구매할 수 있다. 이 같은 기타 매체로부터 구글이 얻을 수 있는 추가적인 수입의 잠재력은 무궁무진하다. 구글은 광고를 위한 원스톱 쇼핑을 만들어 내고 있다.

구글은 소프트웨어 라이센싱 및 기타 제품 판매를 통한 수익금보다, 검색 결과에 연계된 광고로부터 훨씬 더 많은 수입을 거둬들인다. 구글은 2007년, 광고를 통해 164억 달러의 수익을 올렸고 소프트웨어 라이센싱과 기타 제품 판매를 통한 수익금은 1억 8,100만 달러에 그쳤다.

구글의 신제품 개발 모델

구글의 신제품 개발에 대한 접근은 시제품을 신속히 제공하는 것이다. 구글은 제품 속의 결함을 찾고 사용자 피드백을 받기 위해 광범위한 구글 검색 사용자에게 시제품을 무료로 제공한다. 그후 적합하다고 판단될 경우, 구글 엔지니어들이 개선 및 맞춤형 작업을 거쳐 기업, 정보, 대규모 기관을 위한 엔터프라이즈판을 출시한다. 일례로, 구글은 지난 2년간 워드 프로세싱과 스프레드시트를 위한 무료 프로그램을 제공해 왔다. 구글 웹 사이트에서 다운로드할 수 있는 이 프로그램은 인터넷 접속과 이 연결을 구동할 수 있는 컴퓨터를 가진 세계 누구나 이용할 수 있다. 이러한 접근은 이 분야의 일인자인 마이크로소프트와는 사뭇 다른데, 마이크로소프트는 제품을 유료로 판매하며 각 컴퓨터에 설치하게 한다. 마이크로소프트 업그레이드도 반드시 구입해야 하며 컴퓨터에 재설치 돼야 한다.

이 제품들을 판매하는 구글의 기업전략은 마이크로소프트의 시장 독식을 잠재울 가능성을 다분히 갖고 있다. 현재 50만 개 이상의 학교, 정부기관, 기업들이 구글이 개발한 어플리케이션의 일부를 사용하고 있다.

무료이면서 기업용으로 제공되는 또 다른 제품은 길이나 관심 있는 기업, 장소를 찾아 주는 구글 지도(Google Maps)이다. 개인 사용자에게는 무료이며 기업은 요금을 지불하고 자신의 위치를 지도에 표시할 수 있다.

구글은 2004년에 디지털 및 인공위성 이미지 지도 제작업체인 키홀 코퍼레이션(Keyhole Corporation)을 인수해 지구 전역의 3D 이미지를 제공했다. 이에 더해 구글 어스(Google Earth)를 출시, 비행 시뮬레이션을 할 수 있게 되었다. 사용자들은 특정 지역을 더욱 자세히 보기 위해 클로즈업할 수 있다.

구글은 이러한 제품들을 바탕으로 기업용 공간정보 솔루션을 개발했다. 구글 지도 API는 무료이지만 일부 기업의 요구에 부응하기 위해 기업용 버전도 개발했다. 구글 지도 API 프리미어는 구글 지도의 상호성은 유지하면서 트래픽이 높은 웹 사이트에서 신속하고 관련성 있는 검색 결과를 제공하고, 고객이 선택한 지도 내 광고를 기업이 직접 조정할 수 있도록 고안되었다. 예를 들어 여러 개의 지점을 보유한 소매상의 경우 고객이 위치를 찾을 때 고객과 가장 가까운 지점의 지도와 방향을 제공하기 위해 사용한다. 부동산 업체는 매물로 내놓은 부동산의 위치를 표시하기 위해 사용할 수 있다. 대규모 여행사는 고객에게 정보를 제공하기 위해 사용 가능하다.

구글의 세계적 학습 커뮤니티 형성

구글의 핵심 원칙은 사용자 개인의 필요성에 대한 변함없는 헌신이다. 구글 사용자들의 거대한 커뮤니티 내에는 특정한 목적을 위해 구글의 서비스 및 제품을 사용하는 소규모 사용자 커뮤니티들이 있다. 구글은 대규모 커뮤니티와 그 안의 소규모 커뮤니티의 목소리에도 귀를 기울인다. 사용자들이 구글 웹 사이트에 대한 피드백을 제공할 수 있는 수단을 제공함으로써 그들이 원하고 필요로 하는 바를 듣는다. 구글은 사용자들로부터 배우고 그들의 제안을 실행으로 옮기는 것을 중요시한다. 이런 방식으로 구글은 쌍방향 의사소통에 기반한 제품 및 서비스를 둘러싼 상호 학습 커뮤니티를 웹 사이트에 만들었다. 이 모델은 일반적인 구글 사용자를 위한 검색과 무료 툴 및 대기업과 소규모 기업들을 위한 제품과 서비스도 포함된다. 구글은 소규모 기업의 요구사항이나 예산이 대기업과는 사뭇 다르다는 사실을 세심히 배려하며 무료 혹은 합리적인 가격의 제품들로 그들의 요구를 충족하고자 한다.

구글은 설립 초기부터 엔지니어, 프로그래머, 웹 마스터 같은 기술 커뮤니티와 특별한 관계를 맺어왔다. 이 커뮤니티는 구글의 요청에 따라 구글 제품의 초기 버전을 시험해 보고, 개선과 혁신에 도움이 되는 제안들을 제공한다. 구글은 엔지니어를 위한 프로그래밍 경진대회를 후원하고, 웹 마스터들에게 그들의 사이트를 향상, 분석할 수 있는 무료 툴을 제공함으로써 기술 커뮤니티의 기여를 인정해 왔다. 래리와 세르게이는 오픈 소스 코드를 강력히 지지하며, 일부 코드는 사이트에 공개하고 프로그래머들을 초대해 직접 사용해 본 후 사용 후기를 구글 엔지니어와 공유할 수 있게 한다.

이 같은 구글과 구글 사용자와의 강력한 연계는 기업의 혁신을 확장하고 사용자의 필요를 예측하게 할 뿐 아니라 전략적 이점을 형성한다. 구글은 사용자와의 직접적인 연결 통로를 확립했고, 그들이 좋아하는 것과 싫어하는 것을 발견하고 수정함으로써 광고 수요를 유지하고 만든다.

구글의 기업공개, 지지를 얻음

래리와 세르게이는 CEO 슈미트(Eric Schmidt)의 도움을 받아 2001년 민간 기업인 구글을 성공적으로 이끌어 흑자를 기록했다. 일반 사용자의 검색과 관련된 간결한 광고와 가장 관련성 있는 결과 제공에 집중한 그들의 전략은 성공적이었다. 이러한 사실은 기업공개(IPO: Initial Public Offering)를 위해 구글이 상세한 재무 내용을 제공하고 주식을 상장했을 때 더욱 분명해졌다.

구글이 2004년 4월에 기업공개를 실시했을 당시, 이전 해의 매출은 9억 6,190만 달러, 순익은 1억 650만 달러를 기록했다. 2004년 1분기의 매출은 전년 대비 118% 성장했다. 순익은 6,400만 달러로, 2003년 1분기 대비 148% 성장했다. 이는 신규기업으로서는 대단한 성과였으며 이들의 1분기 매출은 야후!나 이베이를 능가했다.10)

공개 거래 첫날에는 16억 7,000만 달러를 벌어들였고, 이 중 12억 달러는 구글로, 4억 7,300만 달러는 주식을 매각한 구글 임원과 투자자들에게 돌아갔다.11) 공개 당시 주당 가격은 85달러에 정해졌고 이날 장 마감 시간 무렵에는 100달러에 거래되었다.

거래 첫날 이후 구글의 가치는 아마존, 제너럴 모터스, 록히드 마틴(Lockheed Martin: 항공우주장비 및 방위장치 제작을 주 업무로 하

기업공개

기업공개는 민간 기업이 일반에 주식을 처음 분산하는 것을 일컫는다. 기업공개는 주로 자산 증식을 하고자 하는 신규 기업에 의해 이뤄진다. 때로는 오랜 기간 동안 민간 기업의 형태를 유지하던 기업들도 사업 확장, 다각화, 기타 여러 이유로 인해 기업공개를 결정한다. 기업공개를 통해 조달한 자금은 바로 기업으로 흘러들어간다. 이후 주식 시장에서 거래된 주식은 기업이 어느 시점에서 주식을 재발행하지 않는 한 투자자들 사이에서 거래된다. 기업은 향후 자금 조달을 위해 차입 대신 주식을 추가 발행할 것이다. 즉, 돈을 빌리지 않고도 자금을 조달할 수 있다는 것이 민간 기업에서 공개 기업으로 전환하는 한 가지 이유이다. 또한 그들이 자금을 필요로 할 때 민간 투자자를 공모하지 않아도 됨을 의미한다.

는 미국 기업 – 역자 주) 같은 기업보다도 높은 270억 달러 이상이었다. 래리와 세르게이가 억만장자의 반열에 올랐음은 물론이고 2,300명의 직원 중 약 1,000명의 구글러들도 백만장자가 되었다.[12)]

구글의 독특한 기업 구조와 기업 문화는 기업 성공에 중요한 견인차 역할을 했다. 이 두 가지에 대해 다음 장에서 알아보겠다.

주

1) "우리의 철학," 구글 기업 정보, http://www.google.com/corporate/tenthings.html (2008년 3월 5일 접속).
2) Ibid.
3) 세르게이 브린과 로렌스 페이지, "대규모 하이퍼텍스트 웹 검색 엔진의 해부," 스탠포드 대학교 인포랩, http://infolab.standford.edu/-backrub/google.html (2008년 2월 10일 접속).
4) "세르게이 브린 UC 버클리 수업에서 강의하다," 구글 비디오, http://video.google.com/videoplay?docid=7582902000166025817 (2008년 3월 1일 접속).
5) "우리의 검색: 구글 기술," http://www.google.com/technology (2008년 3월 25일 접속).
6) 로젠버그(Scott Rosenberg), "그렇다, 더 좋은 검색 엔진은 분명 존재한다," http://archive.salon.com/21st/rose/1998/12/21straight.html (2008년 5월 13일 접속).
7) http://www.stanford.edu/class/ee380 (2008년 2월 21일 접속).
8) "우리의 검색: 구글 기술," http://www.google.com/technology (2008년 2월 7일 접속).
9) Leslie Walker, *Washington Post*.com-LIVE, 1999년 11월 4일, http://www.washingtonpost.com/wp-srv/liveonline/business/walker/walker110499.htm (2008년 3월 10일 접속).
10) 모니카(Paul R. La Monica), "구글이 27억 달러의 기업공개를 결정하다: 유명 검색 엔진 기업이 매우 기대되던 기업공개를 신청함," CNN 머니닷컴, 2004년 4월 30일, http://money.cnn.com/2004/04/29/technology/google (2008년 3월 5일).
11) "구글 기업공개 주당 가격 85 달러: 어려웠던 주식 공개 목요일에 진행," CNN닷컴, 2004년 8월 19일, http://edition.cnn.com/2004/BUSINESS/08/19/google.ipo (2008년 3월 7일 접속).
12) 리블린(Gary Rivlin), "몇 달간의 요란 끝에 구글 데뷔가 자리를 잡다," 『뉴욕 타임즈(New York Times)』, 2004년 8월 20일, http://nytimes.com/2004/08/20/technology/20google.html?ex=1250740800&en=856f04ed73aef6fd&ei=5090&partner=rssuserland (2008년 3월 9일 접속).

제 5장

Google

일과 놀이가 공존하는 멋진 구글 세계

> 우리는 당신이 단지 멋진 직업을 갖길 바라지 않는다. 당신이 멋진 삶을 살기를 바란다. 우리는 당신이 하루 24시간 생산적이고 행복하기 위해 필요한 모든 것을 제공한다.[1]
>
> 구글 공동 창립자, 래리 페이지

직원들을 위한 헌신이 이 정도라면 2006년과 2007년에 『포춘(*Fortune*)』지가 선정한 미국에서 가장 일하고 싶은 기업 1위에 오른 것이 당연하지 않을까? 이 순위에서 2007년 야후는 44위, 마이크로소프트는 50위를 기록했다. 래리와 세르게이가 동경하는 기업인 제네테크(Genetech: 암 치료약 전문 기업 – 역자 주)는 구글보다 한해 전에 1위로 선정되었다. 제네테크의 CEO이자 구글 이사회의 일원인 레빈슨(Art Levinson)은 포춘과의 인터뷰에서 다음과 같이 말했다. "사람들을 이 두 기업으로 이끄는 것은 원하는 바를 스스로 추구할 수 있도록 역량을 제공하는 환경이다."[2]

구글의 어떤 점이 이토록 일하기 좋은 직장을 만들까? 구글의 기업 구조와 업무 환경은 어떻게 성공에 기여할까? 이러한 질문들에 답을 하기 위해 먼저 구글의 기업 문화에 대해 알아보자.

포춘은 최고의 기업들을 어떻게 선정하나?

『포춘(Fortune)』은 일하기 좋은 직장 연구소(Great Place to Work Institute)와 함께 57개의 질문으로 구성된 광범위한 직원 설문조사를 실시한다. 2007년에는 446개 기업 10만 명 이상의 직원들이 설문조사에 참여했다. 포춘과 일하기 좋은 직장 연구소는 각 기업별로 무작위로 선정된 최소 400명의 직원들에게 설문지를 보낸다. 이 설문조사 결과는 한 기업 점수의 3분의 2를 차지한다. 좋은 직장 연구소는 '문화 감사'를 실시하여 나머지 3분의 1의 점수를 매긴다. 이 감사는 다양성 프로그램, 연봉 및 복리 후생 혜택 뿐 아니라, 경영진의 철학과 기업 내 의사소통의 성격과 같은 더 일반적인 질문에 대한 답변도 참고한다.[3]

전략적 이점을 형성하기 위한 기업 문화 조성

구글이 민간 기업에서 공개 기업으로 전환하기 직전, 래리와 세르게이는 구글의 업무 환경과 경영은 차별화되어 있으며 앞으로도 이를 지속시킬 생각임을 분명히 하기 위해 잠재 투자가들에게 발송할 서한을 작성했다. 그들은 위의 사실을 서한의 다음과 같은 부분에서 분명하게 언급했다. "구글은 일반적인 기업이 아니다. 우리는 그렇게 되고자 하지도 않는다. 구글이 민간 기업으로서 진화하는 동안, 우리는 차별화된 경영을 펼쳤다. 우리는 또한 창의성과 도전의 분위기에 초점을 두고, 이는 우리를 신뢰하는 세계인들에게 정보의 객관적이고 정확한 무료 접근을 제공하는 데 일조했다."[4]

기업의 문화는 기업의 사명, 철학, 창업자의 정신, 기업을 구성하는 사람들의 상호 에너지의 결합에 의해 형성된다. 기업 문화는 제품 및 서비스의 품질, 물리적 환경, 기업의 사명을 달성하고자 하는 직원들의 헌신과 열정에 반영된다. 한 기업이 기업 문화의 토대 위에 형성하는 전략적 우위는 시장에서 그 문화의 성공을 가늠하는 가장 결정적인 요소이다.

구글의 기업 정보 웹 페이지에는 그들의 사명이 매우 간략하게만 명시되어 있으나, 래리와 세르게이, 구글 직원인 구글러들에게는 중대한 사항인 동시에 영원한 숙제이다.

구글의 사명은 세상의 정보를 체계화하여 전 세계적으로 접근 가능하며 유용하도록 만드는 것이다.[5]

구글에서 사명은 도(道, the Tao), 힘(the force), 즉, 기업이 하는 모든 활동의 저변에 깔린 진정한 현실이다. 이 정신은 구글러들이 일을 통해 시도는 했으나 달성하지 못한 목표에 회사와 세계를 더 가깝게 하는 구글러 공통의 잠재의식 안에 존재한다. 구글 이전에 존재했던 다른 검색 엔진과는 달리, 이 사명을 달성하기 위해 최고의 검색 엔진을 만들고 최상의 검색 결과를 제공하겠다는 구글의 의지는 결코 흔들리지 않았다.

구글 철학

구글은 웹 사이트의 기업 페이지(www.google.com/corporate/ten things.html)에 '구글이 발견한 10가지 진실'이라는 제목의 글을 통해 그들의 철학에 관한 식견을 제공한다.

1. 사용자에게 초점을 맞추면 나머지는 저절로 따라올 것이다

래리와 세르게이는 스탠포드 대학원 시절부터 사용자를 위해 최상의 검색 경험을 만들고 싶어했다. 이는 그들이 구글을 창립한 이후에도 줄곧

그들의 우선순위였다. 그들은 다음과 같은 네 가지 요소를 최상의 검색 경험에 필수로 여긴다. 사용이 간편한 사용자 인터페이스, 신속한 검색 결과 제공, 광고에 의한 순위가 아닌 순수한 검색 결과 순위, 간결하고 검색과 관련된 광고가 그 네 가지 요소이다. 그들이 믿는 것처럼 이 네 가지 요소는 구글 검색 결과의 신뢰를 쌓고, 검색 엔진으로 타 검색 엔진이 아닌 구글을 사용하는 헌신적인 사용자 커뮤니티를 결성한다.

2. 한 분야에서 최고가 되는 것이 최선의 방법이다

검색은 구글의 핵심 역량이고 구글은 이를 개선하고자 시간과 인력, 비용을 지속적으로 투자한다. 구글 지도와 지메일 같은 제품들은 이 역량을 기반으로 탄생했고, 구글은 검색의 개선을 위한 지속적인 헌신에서 개발된 문제 해결 기술로부터 나오는 지식 기반 신제품들을 출시하고자 끊임없이 노력한다.

3. 빠른 것이 느린 것보다 낫다

구글은 사용자들이 즉각적인 만족을 원한다는 사실을 안다. 따라서 네트워크화된 PC와 알고리즘의 개선을 통해 사용자에게 더 빠른 검색 결과를 제공하는 데 끊임없는 노력을 기울인다.

4. 인터넷은 민주주의가 통하는 세상이다

래리와 세르게이의 독창적인 연구는 그들로 하여금 웹의 링크 구조가 민주적인 체계라는 사실을 알게 해 주었다. 페이지랭크 알고리즘과 다른 방법들을 사용해서 특정 사이트 링크의 수준을 분석함으로써 그들은 다른 사이트에 의해 '어떤 사이트가 최고의 정보원'으로 '투표'되었는지를 결정할 수 있었다.

5. 책상 앞에서만 검색이 가능한 것은 아니다

구글은 사람들이 어디서나 정보를 필요로 한다는 사실을 인정한다. 따라서 무선 기기를 위한 최적의 검색 방법을 연구하고 제공하고자 노력한다.

6. 사악한 방법을 쓰지 않고도 돈을 벌 수 있다

구글은 검색 결과 페이지에 입력된 검색 주제와 관련된 광고만을 제공하는 것만으로도 정직하게 돈을 벌 수 있다고 믿는다. 또한 순수 검색 결과를 저해하지 않는 화면 우측의 단순한 텍스트형 광고가 충분하다고 생각한다. 광고들은 구글 검색 결과 페이지에서 스폰서 링크(sponsored link)로 뚜렷이 명시되어 있다. 순수한 검색 결과의 순위는 구매할 수 없다.

7. 세상에는 항상 더 많은 정보가 존재한다

구글은 다른 어떤 검색 엔진보다 HTML로 작성된 페이지를 더 많이 색인화한다. 그러나 이에 만족하지 않고 이미지, PDF, 파워포인트, 마이크로소프트 워드 같은 기타 형식의 파일 검색 방식을 시작했다. 또한 무선 기기로 HTML을 해석할 수 있게 했다.

8. 정보의 필요성에는 국경이 없다

구글은 번역 기능과 함께 35개 언어 중 사용자가 원하는 언어로 된 페이지로 검색 결과를 한정할 수 있도록 선택권을 부여함으로써 세계 사회에 공헌한다. 사용자 인터페이스의 개인 맞춤형 서비스는 100개 이상의 언어로 제공된다.

9. 정장을 입지 않아도 업무를 훌륭히 수행할 수 있다

래리와 세르게이는 "일은 도전적이어야 하며 그 도전은 즐거워야 한다는 정신을 바탕으로 기업을 설립했다." 그들이 조성한 기업 문화는 개인의 기여도는 인정하면서도 팀 환경에서 구글러를 행복하고 창의적이게 하고자 하는 희망 위에 세워졌다. "이처럼 의사소통이 매우 원활한 환경은 생산성과 동료애를 제고하고 수백만 명의 사람들이 구글 검색을 신뢰한다는 사실을 깨달음으로써 더욱 촉진된다. 변화를 실행하길 좋아하는 사람들에게 적절한 도구를 제공하면 그들은 해내고야 만다."

10. 위대한 것으로는 부족하다

구글은 사용자에게 필요한 것을 예측함으로써 시대를 앞서 나가고자 한다. 이러한 측면에서 구글은 만족하는 법이 없으며 항상 기대치를 높여 간다.[6]

구글의 좌우명

'사악해지지 말자'는 구글의 좌우명이며 구글의 사명 완수, 의사 결정, 구글러의 행동 강령 전반을 형성한다. 다음은 공개기업 전환 후 얼마 지나지 않아 가졌던 2004년 9월 『플레이보이(*Playboy*)』와의 인터뷰에서 세르게이와 래리가 이 좌우명의 의미가 무엇인지 밝혔던 내용을 발췌한 것이다.

> 브린: '사악해지지 말자'와 관련해서 저희는 선의 힘, 즉, 언제나 옳고 윤리적인 일을 하는 것이 무엇인지를 정확히 정의하고자 노력해 왔습니다. 결국 한마디로 말하기에는 '사악해지지 말자'가 가장 간단해 보입니다.
>
> 페이지: 사람들은 분명 '착해질 것'이라는 말보다 이 말을 더 좋아합

니다.

브린: 사악하지 않는 것으로는 충분하지 않습니다. 저희는 선을 위해 적극적으로 노력하기도 합니다.

위의 인터뷰에서 세르게이는 이 정책이 때때로 사악함의 정확한 특성은 무엇이며, 사업상 결정을 내릴 때 사악해지는 것을 어떻게 예방할 수 있는지에 관한 사내 토론을 유발한다고 밝혔다. 그는 이 좌우명을 세상의 모든 정보를 누구에게나 제공하겠다는 구글의 사명과 결부지었다. 구글의 임원진과 구글러들은 우수한 제품 및 서비스를 개발할 뿐 아니라 구글이 사악해지는 것을 막기 위해 제품과 서비스의 개발에 대한 그들의 결정과 관련된 모든 것을 자세히 연구한다. 이후 『플레이보이(Playboy)』 인터뷰에서 세르게이는 "우리가 아는 바는 사람들이 더 좋은 정보를 통해 더 훌륭한 결정을 내릴 수 있다는 것이다"라고 말했다.[7]

2008년 1월 12일, 『비즈니스 타임즈(Business Times)』 싱가포르판과의 인터뷰에서 칸나(Vikram Khanna)는 구글의 CEO인 슈미트에게 이 좌우명에 대한 그의 해석을 물었다. 슈미트의 답변으로 미루어 볼 때, 이 좌우명이 래리와 세르게이, 구글의 기업 문화에 얼마나 중요한지를 그가 이해하고 있는 것이 분명하다. 이 좌우명은 구글이 대중에게 비춰지고자 하는 이미지 구축을 위해서도 중요하다.

슈미트는 그가 막 구글에 입사했을 때만 해도 이 좌우명을 장난쯤으로 여겼다고 고백했다. 그러나 한 미팅에서 새로운 광고 제품이 선한지 악한지를 결정하는 논의가 1시간도 넘게 지속되었을 때에야 비로소 농담이 아니라는 것을 깨달았다. 그는 계속해서 이 좌우명의 가치와 그 의미를 상세히 설명했다.

… "사악해지지 말자"가 작용하는 방식은 이 말이 질문을 유발하고, 토론을 이끌어낸다는 점이다. … 일반적으로 우리는 정보가 더 많으

면 좋고 사용자에게 긍정적인 것이 좋다고 한다. 따라서 우리는 정보를 제한하고 사람들로 하여금 선택을 갖지 못하게 하는 것들을 늘 염려한다.[8]

구글은 검색의 우수성에 대한 헌신, '사악해지지 말자' 뿐 아니라 세상을 위해 좋은 일을 해야 한다는 윤리 강령에 바탕을 둔 열린 기업 문화를 육성한다. 우리는 인류애에 관한 장에서 구글이 세계에서 어떻게 선을 실천하는지 더 자세히 알아보겠다.

이러한 기업 문화는 기업의 임무 달성을 위해 헌신할 최고의 직원들을 고용하고 유지하게 함으로써 상당한 경쟁력을 창출한다. 또한

'사악해지지 말자' - 구글 행동 강령의 일부분

'사악해지지 말자.' 일반적으로 구글러들은 이 말을 우리가 어떻게 사용자에게 기여하는지에 적용한다. 그러나 '사악해지지 말자'는 더 많은 의미를 담고 있다. 즉, 사용자에게 정보에 대한 편견 없는 접근을 제공하고 그들의 요구에 초점을 맞추고, 가능한 최고의 제품과 서비스를 제공하는 것이다. 그러나 이와 동시에 일반적인 일, 즉, 법을 이행하고, 명예롭게 행동하며 서로 존중하는 것 같은 일과도 관계가 있다.

구글 행동 강령(Code of Conduct)은 '사악해지지 말자'를 실행에 옮기는 방법 중 하나다. 구글에서 행하는 모든 일이 기업 윤리 강령의 가장 엄격한 기준을 잣대로 평가될 것이며 그렇게 되어야 한다는 인식 위에 세워졌다. 우리는 실질적이고 고무적인 이유로 인해 이처럼 높은 기준을 세운다. 그 이유는 바로 훌륭한 제품의 개발을 위해 노력할 좋은 인재들을 고용하고, 사용자와의 신뢰의 환경을 구축하는 것이 중요하다는 점이다. 이러한 신뢰와 상호 존중이 성공의 초석이 되며 우리는 이를 얻기 위해 매일 노력해야 한다.[9]

새로운 제품 및 서비스의 개발, 기존 제품의 개선, 문제 해결의 바탕이 되는 이상주의와 협력에 의해 더욱 공고히 되는 업무 환경의 밑거름이 된다.

기업 문화 양성

설리번(Stacy Savides Sullivan)은 구글 인사팀 이사이자 최고 문화 경영자(chief culture officer)이다. CNET News.com의 밀즈(Elinor Mills)와의 2007년 인터뷰를 통해 그녀는 구글 문화가 기업의 사명을 수행하는데 얼마나 중요한지, 그리고 그녀가 이 문화를 보존, 개발시키는데 어떠한 보탬이 되는지 말했다. 구글은 미국 내 도시들과 세계 각지의 지사에 구글의 문화를 전파하는 어려움을 해결하고자 노력하고 있다. 그녀는 "전 세계 직원들과 함께 우리의 문화를 유지하고, 개선하고, 개발하는 방법과 기업 태초부터 지녀왔던 핵심 가치인 수평적 조직, 계층의 부재, 협력적 환경 등을 유지하는 방법을 강구하고자 한다. 우리는 직원 모두가 우리의 문화를 있는 그대로 유지하는 것 뿐 아니라 성장시키고 개발하는 데에도 다 같이 동참하기를 바란다"고[10] 말했다.

설리번은 구글 문화를 어떻게 표현하겠느냐는 질문에 대한 답으로 '팀 위주의 매우 협력적인 문화'이며 직원들은 "관습에 얽매이지 않는 사고를 하도록 격려되고 정직하게 회사와 세상의 이익을 위해 일하며, 이는 또한 정보를 세상에서 접근 가능하도록 만들겠다는 전반적인 기업 사명과도 일맥상통한다"고 했다.[11] 설리번의 설명대로 구글 문화의 이러한 특징은 세계에서 가장 생산적이고 혁신적인 기술 씽크 탱크를 만드는데 일조하였다. 구글에게는 문화 육성에 투자한 시간, 비용, 자원, 사고가 훌륭한 투자였던 셈이다.

인도에서 구글 문화는 어떤 모습일까?

당신이 라바 램프, 콩주머니(beanbag) 의자, 전동 의자, 푸스볼(foosball: 작은 인형들이 막대에 달려 막대를 돌려가며 손으로 하는 테이블 축구 놀이 – 역자 주)과 당구대가 있는 놀이 공간이 고성능 컴퓨터 작업대와 함께 어우러진 업무 환경을 서성이고 있다면, 구글플렉스에 있다는 사실을 이제 쉽게 알 수 있을 것이다. 그런데 벽에는 크리켓용 유니폼이 걸려 있고 의자 위 텐트에는 점괘를 봐준다는 푯말이 세워져 있다면 그곳은 어디일까? 적어도 캘리포니아의 마운틴 뷰는 아닐텐데!

구글은 세계 각지에 지사를 개설하며 캘리포니아에서 시작한 문화를 다른 문화에도 접목시켜야 하는 어려움에 직면해 왔다. 인도의 방갈로에 위치한 연구 센터에서는 구글의 독특한 문화가 이식되었다는 증거를 쉽게 찾을 수 있지만, 동시에 인도 문화의 영향도 받았다는 증거를 찾아볼 수 있다. 앞서 언급한 장식 외에도 모든 구글러에게 제공되는 무료 음식에 사탕이나 프링글스 외에도, 챠트(chaat: 빵과 비슷한 인도 대표 간식 – 역자 주)나 지역 특산 튀김 같은 것들도 포함된다. 물론 식당에서는 인도 커리를 제공한다.

구글 문화를 인도에 전수하는 것이 비교적 용이했던 것은 마운틴 뷰의 구글플렉스에서 근무하던 인도 출신 구글러들이 신규 연구소의 일원이 되고자 인도로 돌아갔기 때문이다. 게다가 구글이 인도에서 가장 인기 있는 검색 엔진이다 보니 경쟁 업체인 야후!나 마이크로소프트보다 유능한 인재들을 더 쉽게 고용할 수 있었다. 구글은 경쟁 업체들보다 3배나 많은 보수를 지급하기도 한다. 구글이 인도에서는 워낙 인기 있고 존경을 받아 미혼 구글러에게는 구혼 자리도 많이 들어온다. 이 연구소는 매달 수천 명에 달하는 지원자를 받는다.

구글은 구글러들이 잘 먹고, 편안하고, 스트레스 없이 행복할 때 혁신과 창의성이 자란다고 믿고 인도에서도 구글 특유의 격식 없는 대학 캠퍼스 같은 분위기를 구현했다. 인도로 돌아오기 전 캘리포니아 구글 본사에서 일했던 나렌드란(A. C. Narendran)은 인도의 구글러에게 이러한 환경이 미치는 영향을 재미있게 묘사했다. "게임과 라운지 의자들은 일을 하지 않아도 된다는 메시지를 던지지만 역발상이 몸에 배인 소프트웨어 엔지니어들은 정반대로 실천한다. 그들은 항상 일한다."12)

구글에서 근무하는 것은 어떨까?

지금 당신이 구글로 출근 중이라고 가정해 보자. 당신은 샌프란시스코의 집 앞에서 무선 인터넷 망이 깔린 구글 전용 바이오디젤 버스에 탑승한다. 캘리포니아 마운틴뷰에 위치한 구글플렉스로 향하는 길에 이메일을 체크하는 것으로 하루 업무를 시작한다. 늦잠을 자는 바람에 아침 식사를 걸렀지만 회사에서 무료 아침, 점심, 저녁 식사가 제공되므로 걱정할 것 없다. 대학 캠퍼스 같은 분위기의 구글플렉스에 도착하면 아침식사를 위해 찰리스 카페(Charlie's Cafe)로 곧장 향한다.

2005년 5월 이전에 구글플렉스에 근무했다면 그룹 그레이트풀 데드의 전 전담 요리사였던 유명 요리사 아이어스(Charlie Ayers)가 만든 훌륭한 요리를 즐길 수 있었을 것이다. 아이어스는 구글에서 사랑과 존경을 한 몸에 받았다.

아이어스는 구글 내에서 주방장 찰리(Chef Charlie)로 알려졌고 6년간 구글에 몸담으며 구글 문화에 크고 건강하고 맛있는 영향을 끼쳤을 뿐 아니라 세계 속 구글의 이미지를 격상시켰다. 구글 초창기에 래리와 세르게이는 그레이트풀 데드 멤버들의 전담 요리를 도맡았던 찰리의 경험을 매우 높이 샀다. 게다가 얼마 지나지 않아 찰리의 건강하고 훌륭한 요리와 따뜻한 마음씨는 구글 홍보에 더 많은 도움이 되었다.

세르게이는 구글 설립 후 채 1년도 되지 않아 직원들에게 무료 건강식을 제공하고자 하는 비전을 갖고 있었다. 좋은 음식은 훌륭한 사고와 좋은 성과를 가져왔다. 사내에서의 무료 식사는 음식을 사러 가는 이동 시간을 단축할 수 있었다. 직원들은 건강한 고급 요리를 즐기면서 아이디어를 공유하고 공동체 의식을 기를 수 있었다.

세르게이는 12명의 직원으로도 비좁은 팔로 알토 사무실에 찰리를 초청하여 그의 비전을 설명하고 기업 전문 요리사직을 제안했다. 당시만 해도 건물에 주방도 없었고 요리사를 고용할 만큼 직원 수도 많지 않아 찰리가 거절할 이유가 충분했다.

그러나 1년도 지나지 않아 구글이 마운틴 뷰로 이전하고 직원도 40명으로 늘어나자 찰리는 구글 웹 사이트에 게시된 광고에 답을 했다. 구글은 수많은 유명 요리사들을 면접했으나 회사와 요구 사항에 맞는 사람이 없었다. 찰리는 1999년 11월에 고용되었다. 그는 구글러들에게 무료 건강식을 제공한다는 래리와 세르게이의 비전에 동참했다. 그 후 4년 동안 그는 실리콘 밸리 최고의 무료 식사를 제공한다는 구글의 명성을 쌓았다.

찰리의 요리는 구글러들에게 영양을 공급했고 구글이 새로운 인재를 유치하기 위해 제시하는 특별한 혜택 중 핵심 사항이 되었다. 고용 노력의 일환으로 메뉴 샘플이 웹 사이트에 올려졌다. 무료 점심 식사는 구글 웹 사이트에 제시된 '구글에서 일해야 할 10가지 이유' 중 하나였다.

시간이 지나면서 찰리는 유기농 식재료와 미생물 분해 식기 사용 증대를 통한 친환경 식단을 조성했다. 또한 그의 식단에는 구글 커뮤니티의 다양성을 충족시키기 위해 아시아, 인도, 중동, 이탈리아 등의 메뉴들이 포함되었다. 그러나 최고 인기 메뉴는 그가 다른 곳에서 일하면서 전 엘비스 프레슬리(Elvis Presley) 전속 요리사에게 배웠던 닭튀김이었는데, 이 메뉴는 생전의 엘비스 프레슬리가 가장 좋아했던 것이고, 찰리는 구글 블로그에 요리법을 올려놓았다. 이 닭튀김을 하려면 먼저 닭을 버터밀크(buttermilk, 크림을 교동하여 버터를 빼낸 나머지 액을 말하며 제빵이나 아이스크림 제조에 이용됨 - 역자 주)에 며칠 동안 재워야 하고 전 세계 거의 모든 향신료가 필요하다.

주방장 찰리는 음식 준비 과정을 감독했을 뿐 아니라 금요일 저녁 파티 메뉴를 짜기도 하고 때로는 라이브 밴드를 초청하고 파티의 테마를 기획했다.

찰리가 구글에 처음 합류했을 때 그는 작은 전기식 부엌에서 혼자 모든 일을 도맡아 했다. 2005년 5월 그가 구글을 떠날 때쯤 되자 그는 최신식 주방에서 135명의 주방 직원들이 하루 4,000인분 식사를 준비하는 것을 관장했다. 그는 또한 구글 플렉스를 방문한 빌 클린턴(Bill Clinton), 지미 카터(Jimmy Carter), 앨 고어(Al Gore), 올브라이트(Madeleine Albright), 파월(Colin Powel), 고르바초프(Mikhail Gorbachev), 브루나이 국왕, 요르단 누르(Noor) 여왕, 로빈 윌리엄스(Robin Williams), 보노(Bono), 디 엣지(The Edge), 콜드플레이(Coldplay), 기네스 펠트로(Gwyneth Paltrow) 등 유명인사를 위한 식사를 요리했다. 『뉴욕 타임즈(The New York Times)』, 『런던 타임즈(London Times)』, 프랑스의 『르 까삐딸(Le Capital)』, 『워싱턴 포스트(Washington Post)』, 『푸드 매니지먼트(Food Management)』, 『레스토랑 인스티튜션스(Restaurants Institutions)』, 『푸드 네트워크(Food Network)』를 비롯한 수많은 언론사들이 그와 그의 요리, 구글 카페를 앞 다투어 실었다. 바이스(David Vise)는 그의 저서 '구글 이야기(The Google Story)' 중 한 장 전체를 찰리와 그가 구글에서 이룩한 성과에 할애했다.

현재 주방장 찰리는 그의 웹 사이트를 통해 '혁신적인 기업 웰빙'

컨설팅을 제공하고 있으며 여기에는 '기업 규모 및 지향하는 기업 문화에 맞춘 기업 음식 서비스 제도 재편과 마이크로 주방/음식 서비스 프로그램 설계'가 포함된다고 알린다.13)

그는 또한 '친환경'이 소비자, 구성원, 환경, 지역 공동체에 이롭다는 사실을 입증해 줄 새로운 음식점의 개념을 구상 중이다. 그는 '대중에게 건강하고 수준 높은 지속가능한 요리를 신속하게 합리적인 가격으로 제공하기 위해' 2008년 팔로 알토에 칼라피아 카페 & 마켓 아 고 고(Calafia Cafe & Market a Go Go)라는 음식점을 개업할 계획이다. 주방장 찰리는 2008년 봄, '음식 2.0: 구글 음식을 만든 주방장의 비밀(*Food 2.0: Secrets from the Chef Who Fed Google*)'이라는 요리책을 발간했다. 그는 '인류를 위한 요리사(ChefsForHumanity.org)'와 '지구를 흔들자(ROCKtheEARTH.org)' 같은 비영리 자선 단체의 자문 위원으로 활동하고 있다.

구글은 현재 각각의 대표 주방장이 있는 11개의 사내 식당을 운영 중이다. 최근 문을 연 카페150(Café150)은 구글플렉스 반경 150마일 내에서 직접 재배한 식재료들을 사용함으로써 유기농 농작을 후원한다.

여기서 다시… 구글 직원이 된 당신의 하루에 대한 상상으로 돌아가 보자. 아침식사 후 당신은 자전거와 공이 즐비한 복도에 잠시 멈춰서 친구와 그가 데려온 애완견에게 인사하고 작은 그랜드 피아노가 놓인 방에서 들려오는 구글러의 콘체르토 연주 소리에 귀를 기울인다. 마침 사업장내 산책로에서 막 조깅을 마치고 오던 친구가 지나간다.

오늘은 두 명의 팀원과 협력 프로젝트를 진행하는 대신 실패할지도 모르는 제품 아이디어와 관련한 일을 시작한다. 그러나 래리가 구글 기업공개 전 잠재 주주들에게 보낸 서한에서도 밝혔듯이, 구글러는 '구글에 가장 이익이 될 것이라고 생각되는 일에 업무 시간의 20%를 할

구글의 지역산 식재료에 대한 헌신이 주는 정치, 경제적 의미

구글은 구글러에게 건강하고 맛있는 식사를 제공하기 위해 최선을 다한다. 래리와 세르게이가 아이어스의 후임을 물색할 당시, 그들은 그가 제공한 친환경 음식 서비스의 유산을 계승할만한 이를 찾고 있었다. 그들은 2004년, 급식 전문기업인 본 아페티 매니지먼트(Bon Appetit Management Co.)의 전 책임자였던 딕먼(John Dickman)을 구글의 글로벌 식품 서비스 책임자로 고용했다. 딕먼은 가능한 경우 유기농 재료 구입을 지속하면서, 지역산 재료의 구입으로 비중을 바꾸었다. 그는 『타임(Time)』지에 기고한 글을 통해 칠레산 유기농 복숭아의 구입을 예로 들며, "이곳까지 수입하기 위해 엄청난 양의 비행기 연료를 사용하는 것은 어불성설이다. 그러나 그 복숭아는 잊어라. 지역에서 생산되는 것을 구입해라"고 했다.14)

구글의 지역산 식재료 구입에 대한 노력과 식품에 자불하는 비용은 소규모 농장들에 긍정적인 영향을 끼치고, 지역에서 개발을 면하게 된 농업용 토지의 비중에 영향을 미칠 수 있다. 또한 다른 대기업들에게는 직원에게 제공하는 음식의 수준 및 지역 경제에 대한 인식과 관련해서 기업 책임의 새로운 개념과 표준을 구축하고 있다. 구글 외에도 본 아페티와, 두 개의 주요 대학들이 지역산 식재료를 구입하고 있다. 소규모의 지역 농산물 재배자의 농산품을 배급하는 아메리칸 후레쉬(American Fresh)의 설립자인 가디너(Brian Gardiner)는 "구글이 중대한 변화를 일으킨다"고 했다. 가디너와 이 지역의 다른 생산자들에 따르면 수입의 25%가 구글과 본 아페티이다.15)

구글은 또한 신선한 과일을 제공하고자 구글플렉스에 감귤나무를 심었다. 구글 식품 서비스팀의 맥클램로쉬(Diane McClamroch)는 그녀의 2008년 5월 9일 블로그에 구글이 유기농 정원 1주년을 기념했다고 밝혔다. 그녀는 이 정원이 '중앙 캠퍼스의 멋진 장식물'일 뿐 아니라 그 곳에서 재배되는 채소와 허브들은 구글 카페에서 매일 사용된다고 덧붙였다. 또한 이 정원이 국제 연합(United Nation)의 식량 농업 기구(Food and Agriculture Organization)에서 시작한 '연계 증대'

(Growing Connection)로 불리는 풀뿌리 프로젝트의 일환이라고 소개했다.16)

연계 증대 프로젝트는 제한된 공간과 물만으로 농산물을 재배할 수 있는 어스박스(EarthBox)에 채소를 기르는 것에 기반한다. 세계 곳곳의 학교와 공동체들이 이 시스템을 통해 채소를 기른다. 참여 학생들은 원예에 대해 배우고 그들의 경험을 신식 IT 시설을 통해 세계의 다른 학생들과 공유한다. 이러한 기술은 학생들로 하여금 식재료를 기르는 방법에 대해 계속 배울 수 있게 한다.

구글플렉스에 위치한 구글 유기농 정원에는 세계 각지의 채소와 허브가 심어진 어스박스 100개가 있다.17)

애'하는 것을 자유롭게 할 수 있을 뿐 아니라 장려되고 있다. 그는 그 이유를 다음과 같이 설명한다. "직원들의 창의성과 혁신을 제고한다. 우리의 주요한 진전 중 상당수가 이 방식으로 이뤄졌다. 예를 들어 콘텐츠를 위한 애드센스와 구글 뉴스 모두 이 '20% 시간'에서 시제품화되었다. 위험이 큰 프로젝트의 대부분이 사라지긴 하지만 교훈을 남기기도 한다. 나머지는 성공해 매력적인 사업을 일군다."18)

구글러들은 그들의 사고와 경험에서 두려움을 버리라고 격려되고 있다. 구글 애드워즈 서비스의 제품 경영 책임자인 홀든(Richard Holden)은 『워싱턴 포스트(*Washington Post*)』 기사를 통해 더 상세히 설명한다. "만약 충분히 실패하고 있지 않다면 열심히 노력하지 않는 것이다. 우리는 적은 인원으로 프로젝트를 충당하고 계속해서 앞으로 나아가도록 격려하기 때문에 '실패에 대한' 오명도 줄어든다. 잘 안 되면 다른 것을 하면 되니까."19)

이러한 진보의 동력은 기업의 적자생존뿐 아니라 업계 선두 위치를 유지하는 데 있어서도 필수적이다. 이를 위해 민첩한 직원들이 필요하다. 구글 직원들은 한가지 특정 프로젝트를 위해 고용되지 않는다. 그들은 필요한 곳에 임명된다. 프로젝트에서 하차하고 싶다면 이유를 막론하고 요청할 수 있다.

일주일에 두 번 주차장에서 열리는 롤러블레이드 하키 시합으로 인해 몸이 뻐근한 당신은 중식시간의 짬을 이용해 사내에서 마사지를 받는다. 시합 도중 당신은 신입사원을 지칭하는 구글 용어인 귀여운 누글러(Noogler)를 위해 기꺼이 져주기도 한다.

지금까지의 업무 일과가 환상에 불과하다고 생각한다면 당신은 틀렸다. 실제로 일어나는 일들이고 지금껏 맛보기로 보여준 환상 여행은 구글 직원들이 받는 특별한 혜택의 일부에 지나지 않는다. 다과실, 게임방, 체육관, 첨단 화장실, 랩풀(lap pool: 운동을 목적으로 하는 좁고 긴 수영장 – 역자 주)은 또 어떠한가? 무언가 걸치기만 하면 된다는 복장 지침은 또 어떻고? 구글러를 행복하게 할 수만 있다면 어떤 것도 이 환경에서는 결코 무모하지 않을 듯한 분위기다. 구글은 직원이 회사의 가장 중요한 자산이라는 사실을 공개적으로 시인한다. 구글은 세계 최고의 인재를 유치해야 하며 그들이 머물도록 만족시켜야 한다. 이 두 마리 토끼를 잡기 위한 방법이 바로 후한 각종 복리 후생 혜택이다.

복리 후생 혜택

구글은 의료 보험, 치과 보험, 안과 보험, 종신, 사고 사망, 단기 및 장기 장애 보험 등 각종 눈부신 가시적 복리 후생 혜택을 제공한다. 여기에는 의료 필요에 따른 선택적 소비 계정 계획, 부양인 보호, 교통편이 포함된다. 직원과 부양인을 위한 원조 프로그램에는 법률 상담, 재정 설계,

단기 상담, 아동 및 애완동물 위탁시설 등이 있다. 퇴직 연금(401k plan: 미국의 근로자 퇴직소득방법의 401조 k항에 규정돼 있는 확정 기여형 기업연금제도 – 역자 주)과 대학 등록금 저축 플랜, 넉넉한 휴가 및 병가, 출산 휴가, 육아 휴가, 입양과 에너지 효율 자동차 구입을 위한 자금 지원, 자선 단체 기부에 대한 기프트매칭(giftmatching: 구성원이 기부한 만큼 회사가 동일한 금액을 지원 – 역자 주) 또한 구글에서 일하는 즐거움의 일부다. 보육 센터에서 아이들을 돌봐주며, 등록금의 경우 한 해 최고 8,000 달러의 학자금이 지원된다. 무료 식사, 운동 시설, 사내 의사, 사외 여행, 파티들은 향후 구글의 직원이 될 이들에게 구글이 그들을 진정으로 아낌을 확실히 보여준다. 구글의 CEO인 슈미트는 이 혜택들을 다음과 같이 요약한다.

> 목표는 직원들을 불편하게 하는 모든 요소들을 없애는 것이다. 우리는 일반적인 복리 후생 혜택 외에도 열심히 일하는 엔지니어 직원이라면 누구나 원할 법한 일류 식당 시설, 체육관, 세탁실, 마사지실, 이발, 세차, 드라이 클리닝, 출퇴근 버스 등을 제공한다.[20]

세르게이와 레리는 행복하고 건강하며 협력적인 커뮤니티를 형성함으로써 성장하고 유지될 수 있는 기업의 초석을 다지고 있다. 그들은 분명히 선택을 했다. 호이스(Arie de Gues)는 『하버드 비즈니스 리뷰(Harvard Business Review)』의 기고인 "살아있는 기업(The Living Company)"을 통해 다음과 같이 말한다.

> 경영자는 기업 내에서 인적 요소를 어떻게 배치할지를 결정해야 한다. 그들은 선택을 해서 경영진과 투자자 내부 집단에 부를 제공할 수도 있고, 혹은 커뮤니티인 조직을 형성할 수도 있다. 수세대에 걸쳐 지속될 조직을 조성하고자 하는 경영자들은 위의 모든 고려사항보다 직원개발에 먼저 힘쓴다.[21]

구글의 경영은 어떨까?

기업 공개 직전에 가졌던 지금은 유명해진 『플레이보이(*Playboy*)』지와의 인터뷰에서 래리와 세르게이는 그들이 고수하는 특정한 경영 이론이 있는지, 혹은 그들이 직접 그 이론을 만들었는지에 대해 질문을 받았다. 래리는 "우리는 다양한 기업의 요소들을 활용하고자 하지만, 상당 부분이 직감에 의한 것"이라고 답했다.22)

수평 조직

구글은 수평 조직이다. 즉, 경영의 계층이 거의 없다. 수평 조직은 신속하게 시제품을 생산, 시험하고 개발이냐 폐기냐를 선택해야 하는 환경에서 효과적이다. 구글 같은 기업에서 개발 속도는 심장이 약한 사람과는 안 맞을 수도 있다. 수백 개의 프로젝트가 작은 협력 팀들에 의해 동시 다발적으로 개발된다. 새로운 어플리케이션은 6주 혹은 더 단시일 내에 나오며 구글 사용자의 피드백을 받기 위해 공개된다. 월 평균 8,000만 명이 방문하는 구글은 신제품 시험 대상이 충분하고도 남는 셈이다.

구글의 엔지니어와 제품 개발자들은 특정 방식으로 동료들에 의해 관리된다. 이러한 자가 경영은 주관적 의견이 아닌 데이터에 의거한 정보 전파와 사내 토론에 의해 촉진된다.

정보 공유는 생산적인 상호작용을 촉진함

정보 공유는 구글의 내부 커뮤니케이션 시스템에 내재되어 있다. 구글러들은 매주 초 지난 주의 성과를 요약하고 이 정보는 내부 웹 사이트에서 공유된다. 엔지니어를 위한 메일 주소록은 신제품 아이디어가 피드백을 위해 올려지고 브레인스토밍을 위한 초대장이 발송되는 매개체이다.

그룹 문화와 의사 결정

CEO 슈미트가 인터뷰에서 구글에서는 개인과 그룹 중 누가 의사 결정을 하는지에 대한 질문을 받았을 때 다음과 같이 답했다.

> 우리는 그룹 문화이다. 개인이 내리는 결정은 거의 없다. … 기업과 관련된 가장 중요한 문제들에 관해서는 둘보다 셋이 낫기 때문에 창립자들과 내가 결정한다. 그러나 대부분의 중요한 결정은 15명에서 20명쯤 되는 그룹들이 장시간 토론을 한 후 내린다. …
> 우리가 적용하고자 하는 또 다른 철학은 의견의 일치를 구하려 하지 않고 최선의 아이디어를 추구하는 것인데, 이 두 가지는 엄연히 다르다.[23)]

프로젝트의 동료 평가에 근거한 협력 모델과 그룹 토론에서 데이터를 이용한 프로젝트의 지지 혹은 거부는 구글러들에게 힘을 부여하고 필요한 경영자 수를 줄여준다.

각 팀은 멘토 역할을 하는 프로젝트 매니저에 의해 아이디어를 키운다. 현재 검색 제품 및 사용자 경험 부문의 부사장인 메이어(Marissa Mayer)는 1999년에 첫 여성 엔지니어로 입사했다. 그녀는 검색 분야의 혁신을 관장한다. 정해진 업무 시간에 그녀를 방문하는 프로젝트 팀들은 그녀가 스탠포드에서 컴퓨터 공학 강의를 하던 시절을 떠오르게 한다. 그녀는 문제 해결, 브레인스토밍, 코딩 등 프로젝트 진전에 필요한 무엇이든 도움을 줄 준비가 되어 있다. 그녀는 새로운 아이디어를 검열하고 이것이 래리와 세르게이에게 선보일만한 것인지, 그렇다면 언제 할 것인지를 결정한다.

메이어, 검색 제품 및 사용자 경험 부문 부사장

메이어는 23살 되던 해 스탠포드 대학원에서 구글을 처음 접했다. 그녀는 위스콘신의 작은 마을에서 스탠포드에 진학했다. 그녀의 어머니는 미술 교사였고 아버지는 엔지니어였다. 고등학교 시절 메이어는 토론 팀과 자동 기관총 팀에서 모두 뛰어난 활약을 했다. 그녀는 상징통계학으로 학사 학위를 받고 컴퓨터 공학 인공 지능 분야로 석사 과정을 우수 졸업하려던 참이었다. 구직 중이었던 그녀는 아직 초창기였던 구글에는 별 관심이 없었다. 그녀는 『비즈니스 위크(*Business Week*)』와의 인터뷰에서 이미 래리와 세르게이 같은 스탠포드 박사 과정 학생들을 알고 지냈으며 그들과 일하는 것을 탐탁치 않게 여겼던 이유는 다음과 같다고 했다. "그들은 롤러블레이드 타기를 좋아합니다. 아침을 피자로 먹고요. 샤워도 별로 하지 않죠. 복도에서 부딪혀도 '미안하다'고 하지 않습니다."[24]

그러나 그녀는 스위스에서 아홉 달간 30명의 연구원들과 참여했던 컴퓨터 프로젝트가 끝난 후 채용 담당자로부터 구글 일자리와 관련된 이메일 한 통을 받았다. 그녀는 문득 페이지와 브린이 하고 있던 일에 대해 그녀의 지도교수가 열광했던 것이 떠올랐다. 그녀는 면접을 보기 위해 팔로 알토 시내에 위치한 작은 구글 사무실을 방문하기로 결심했다. 몇 차례의 엄격한 면접을 거친 그녀는 구글 팀의 우수한 두뇌와 그들이 달성하고자 하는 바에 깊은 인상을 받았다. 메이어는 엔지니어 자리를 수락했고 마침내 구글의 첫 여성 엔지니어가 되었다. 그녀는 모든 신제품에 영향을 끼칠 뿐 아니라 기존 제품의 향상에도 힘쓰며 150명의 제품 매니저들을 관리한다. 그녀는 오전 9시부터 저녁 12시까지 매우 오랜 시간 일한다. 그러나 이러한 노력은 구글의 성공에 기여했을 뿐 아니라 개인적 보상과 인지도 면에서도 성공했다. 회사의 폭발적 성장과 함께 그녀 또한 수백만 달러의 부자 대열에 올랐으며, 『뉴스위크(*Newsweek*)』가 선정한 미래를 이끌어 갈 테크 리더 10위 안에 선정되기도 했다.

구글 3인조와 기업 구조

래리의 기업공개 서한에서 경영자 역할 부분은 다음과 같이 시작한다.

> 우리는 구글을 3인조 체제로 경영한다. 세르게이와 나는 지난 8년간 가까이서 함께 일해 왔으며 그 중 5년은 구글에서 보냈다. 우리의 CEO인 에릭은 3년 전에 구글에 합류했다. 세르게이와 나를 사장으로 하여 우리 셋은 협력 하에 회사를 경영한다. 일반적인 구조는 아니지만, 우리는 이 방식으로 성공적으로 일해 왔다.[25]

그는 또한 이 협력이 '서로에 대한 신뢰와 존경'에 바탕을 둔다고 밝혔다. 그들은 매일 만나지만 결정은 단독으로 내린다. 더 광범위한 경영팀과의 논의 역시 의사 결정에 영향을 미친다.

래리는 슈미트가 풍부한 비즈니스 경험의 제공을 위해 고용되었다고 말했다. 슈미트는 CEO로써 부사장들과 영업 그룹을 관리한다. 세르게이의 집중 분야는 엔지니어링과 비즈니스 계약이다. 래리는 제품을 관리하며 엔지니어링에도 초점을 둔다.

구글의 더욱 광범위한 경영팀은 기능에 의해 조직화되고, 여기에는 최고 경영진, 엔지니어링, 제품, 영업, 법률, 재정, 비즈니스 운영, 박애주의 부문인 구글닷오르그(Google.org)가 포함된다. 이사회는 래리, 세르게이, 에릭을 포함한 10명으로 이뤄져 있다.

래리는 기업 공개 서한에서 구글 기업 구조의 원리를 아래와 같이 설명한다.

> 우리는 장기간에 걸친 안정성을 위해 설계된 기업 구조를 형성하고 있다. 구글에 투자함으로써 당신은 우리 팀, 특히 세르게이와 나, 그리고 우리의 혁신적인 접근에 보기 드문 장기적인 베팅을 한다.[26]

구글의 기업공개 이후 효력을 갖게 된 이원적 소유권 구조는 래리와 세르게이에게 구글의 전략 및 문화에 대한 관리권을 부여했다. 그들은 또한 이 구조가 구글의 전략과 문화를 외부 세력으로부터 더 잘 보호할 수 있게 해 주고 경영 구조, 기업 문화, 장기적인 혁신과 성장을 위한 풍토를 조성해 시간이 지나면서 구글의 사명을 완수할 수 있도록 한다고 믿었다.

구글러 채용

구글이 여전히 민간 기업이었을 당시, 두뇌 명석한 젊은이들에게 주식, 독특한 일터, 유연성과 격려를 제공하여 이들이 구글의 고결하고 도전적인 사명의 달성을 돕는 과정에서 실험을 할 수 있도록 함으로써 최고의 인재들을 유치했다. 구글은 증대하는 컴퓨터 네트워크를 계속

구글의 이중 주식 구조

구글의 주식에는 두 종류가 있다. 구글이 민간 기업에서 공개 기업이 되었을 때, 잠정 주주들에게는 1주당 하나의 투표권을 행사할 수 있는 A 주식을 발행했다. B 주식은 1주당 10개의 투표권을 행사할 수 있으며 세르게이, 래리, CEO 슈미트가 소유한다. 구글 주식의 기업공개 당시, 위 세 명이 전체 주식의 3분의 1을 소유했으나, 투표권은 80%에 해당했다. 이러한 구조를 주주들이 달가워하지는 않았으나 래리와 세르게이는 자신들의 방식이 이치에 맞다고 생각했다. 그들은 구글에 대한 관리권을 유지하여 적대적 인수합병의 가능성을 사전에 예방하고, 향후 원하는 방향으로 구글을 이끌 수 있는 자유를 지키고자 했다. 구글의 경우, 두 종류의 주식 간의 배당금의 차이는 없으며, 회사가 매각될 경우에도 동등하게 이익을 본다.[27]

만들고 구글을 매우 신속하고 효율적으로 만들어준 기술 인프라를 더욱 공고히 할 엔지니어들을 필요로 했다. 그들은 또한 사용자의 필요를 평가하고 경쟁업체보다 한발 앞선 서비스를 개발할 수 있는 창의적인 엔지니어들이 필요했다. 당시 많은 닷컴 기업들이 철수 중이었으므로 구글의 인재 선택권은 비교적으로 풍부한 편이었다.

그러나 현재 특히 구글과 야후!, 마이크로소프트는 최고의 엔지니어 유치를 두고 심각한 경쟁을 벌이고 있다. 구글의 눈부신 성장가도를 이어나가기 위해서는 공격적, 체계적, 성공적인 채용과 고용이 필수적이다. 2007년 5월의 온라인『뉴욕 타임즈(New York Times)』 기사에 따르면 구글은 지난 3년 동안 매년 직원 수를 두 배로 늘려 전 세계에 총 12,000명 이상의 직원을 고용하고 있다. 현재 구글은 성장을 뒷받침하기 위해서 매달 500명의 직원을 고용해야 한다.[28]

구글은 위와 같은 채용의 어려움을 일부는 일반적인 방법이고 일부는 좀 더 창의적인 여러 가지 방법으로 해결하며, 그 중 한 가지는 웹 사이트에 구글 근무의 가시적, 비가시적 혜택을 공시하는 것이다. 웹 사이트에 게시된 구글에서 일해야 하는 10가지 이유에는 특별한 일터의 편리함과 서비스 같은 가시적 혜택 뿐 아니라 구글의 명분인 '세상을 더 좋은 곳으로 만드는 것'에 동참하도록 초청된다는 비가시적인 혜택도 포함된다.

샌프란시스코 주립 대학교의 교수 겸 인사과장이면서 세계적 기업들의 인사 고문을 맡고 있는 설리번(John Sullivan)은 2006년 7월 호주『휴먼 리소스(Human Resources)』지의 온라인 기사를 통해 구글의 채용에 대해 상세히 설명한다. 설리반은 채용에 대한 구글의 투자가 '모든 제품기반 대기업'을 뛰어넘는다고 말한다. 그의 계산에 따르면 '때때로, 구글 채용은 채용인 1명당 직원 14명의 비율'이 되기도 한다. 그는

구글에서 일해야 하는 10가지 이유

1. '도움의 손길을 내민다.' 매달 수백만 명의 방문자를 기록하는 구글은 마치 좋은 친구처럼, 멋진 인생을 사는데 필요한 정보를 통해 사람들을 연계하며 일상의 중요한 일부가 되었다.
2. '인생은 아름답다.' 중요한 무언가의 일부가 되고 믿을 수 있는 제품을 위해 일하는 성취감은 매우 크다.
3. '감사함은 최고의 동기다.' 따라서 우리는 당신이 일부임을 기뻐할 만큼 즐겁고 고무적인 일터를 조성했고 여기에는 사내 의사 및 치과 의사, 마사지, 요가, 전문적인 개발 기회, 사내 육아 보호 시설, 해변가의 조깅 트레일, 하루 종일 즐길 수 있는 넉넉한 간식 등이 포함된다.
4. '일과 놀이는 불가분의 관계이다.' 부호를 만들면서 동시에 하키 게임을 즐기는 것이 가능하다.
5. '우리는 직원들을 사랑하며 그들이 이 사실을 알기를 바란다.' 구글은 다양한 의료 프로그램, 기업 은퇴 플랜, 스톡 옵션, 출산 및 육아 휴직 등 풍성한 복리 후생 혜택을 제공한다.
6. '혁신은 우리의 혈통이다.' 최고의 기술조차도 개선될 수 있다. 우리는 사용자를 위해 더 관련되고, 유용하고, 신속한 제품을 개발할 수 있는 무한한 가능성을 본다. 구글은 세계의 정보를 체계화하는 데 있어 기술 리더이다.
7. '사방에 좋은 동료들이 있다.' 구글러는 전직 신경외과 의사, CEO, 미국 퍼즐 챔피언에서 악어 레슬러와 전직 해병에 이르기까지 다양한 이들로 구성되어 있다. 구글러들은 배경과 관계없이 흥미로운 동료가 된다.
8. '한 번에 한 명의 사용자씩 세계를 연결한다.' 세계 어느 국가에서 어떤 언어를 사용하는 사람이던지 우리 제품들을 사용한다. 따라서 우리는 세계적으로 생각하고, 행동하고, 일하며, 이러한 노력은 세상을 더 나은 곳으로 만드는 데 작게나마 보탬이 된다.

9. '아무도 가 본 적이 없는 곳을 과감히 간다.' 해결할 숙제들이 수백 가지도 넘는다. 이곳에서 당신의 창의적인 아이디어는 존중받고, 탐구해 볼 가치가 있는 것으로 여겨진다. 당신은 수백만 명의 사람들이 유용하게 여길 혁신적인 신제품을 개발할 기회를 갖게 될 것이다.
10. '무료 식사가 제공된다.' 실제로 우리는 건강하고, 맛있고, 사랑을 듬뿍 담은 식사를 매일 제공한다.[29]

"얼핏 봐서 이 비율이 별로 대단히 보이지 않는다면 … 일반적으로 직원 대 모든 인사 전문가 사이의 훨씬 더 높은 비율인 100:1과 비교해 보라"고 했다.

그는 또한 구글의 채용 조직은 중앙화되었으며, '명백한 역할'과 '세분화된 전문 지식'을 갖춘 채용 전문가들로 이뤄져 있다고 덧붙였다. "이러한 채용 모델에 지불하고자 하는 의지는 구글이 다른 어떠한 요소보다 인재를 더욱 중시한다는 사실을 입증하고, 많은 기업에서는 이 부분에 대해 말로만 할 뿐 실행에 옮기는 경우는 거의 없다"고 했다.[30]

구글의 채용에 대한 의지는 채용 전문 인력의 숫자와 그들의 수준, 그리고 구글 조직의 이 일부를 유지하기 위해 구글이 투자하는 자금 규모를 통해 분명히 드러난다. 구글은 성장을 계속 뒷받침하고 씽크탱크에 지속적으로 연료를 주입할 수 있도록 체계적이고, 철저하며, 성공적으로 세계 최고의 엔지니어를 유치해야 한다는 사실을 잘 알고 있다.

구글에 입사해야 하는 더 많은 이유들

구글의 연봉은 기밀이지만, 경쟁력이 있다고 가정해도 무리는 아닐 것이다. 게다가 바이스(David Vise)는 『워싱턴 포스트(*Washington Post*)』 기사에서 세르게이가 혁신적인 아이디어를 생산하는 팀을 위해 수백만 달러에 이르는 주식 보상제를 만들었다고 밝혔다.31) 이러한 보상은 건강과 행복의 증진을 위해 설계된 일터에서 개인의 관심사항을 추구하도록 격려하는 분위기에 더해져 기존의 구글러와 향후 새로운 인재 유치에도 아주 좋다. 미국에서 가장 일하기 좋은 기업에 2년 연속 선정된 것은 분명 매우 만족해하는 구글러들에게 실시한 설문 조사 결과에 상당 부분 기인하며 인재 채용에도 힘을 실어준다.

창의적인 채용 전략들

세르게이와 래리의 장난스러움와 구글 문화 전체를 고려해 볼 때, 채용에도 범상치 않은 전략을 사용한다는 사실이 그리 놀랍지는 않다. 한 예가 실리콘 밸리와 샌프란시스코 간 통근자들이 볼 수 있는 광고판에 방정식 하나와 닷컴이란 단어 외에는 아무것도 싣지 않은 광고를 게재한 것이다. 궁금증을 유발하는 이 방정식은 하버드 스퀘어 지하철역의 배너에도 등장했다. 이 방정식을 풀어 브라우저에 답을 올린 이들은 더 어려운 문제를 받았다. 이 문제를 풀면 구글 면접 초대장이 날아왔다.

구글은 또한 2007년에 마운틴 뷰 캠퍼스에서 구글 게임대회(Google Games)를 개최해 스탠포드와 버클리대에서 컴퓨터 과학과 공학을 전공하는 대학생들이 비디오 게임과 복잡한 퍼즐 대결을 하도록 했다. 이 행사는 학생들에게 구글 문화를 배울 수 있는 기회를 마련해 줌과 동시에 즐거운 시간을 보내게 해 주었다. 구글은 또한 전국 200여개의 대학 캠퍼스에서 직접 채용을 실시한다.

구글 코드 잼은 미국, 유럽, 남미, 중국, 인도에 있는 세계 소프트웨어 엔지니어 커뮤니티에 가까이 다가가기 위해 후원한 대회이다. 우승자들은 현금을 부상으로 받았으며 구글은 향후 채용을 위한 인재들을 미리 만날 수 있는 기회를 갖는 셈이다. 이 대회를 향한 열기는 뜨겁다. 2006년 유럽 코드 잼은 15개국 출신의 만여 명이 등록했다. 이 방식은 채용에 좋을 뿐 아니라 홍보에도 효과적이고, 구글이 커뮤니티를 형성하는 또 하나의 방법이다.

구글에 채용되기

구글의 웹 사이트는 엄격한 고용 절차에 관한 분명한 정보를 제공한다. 지원자들은 지원서를 제출한 후, 채용팀에 의해 연락을 받는다. 이제 다음 단계는 지원한 업무와 비슷한 업무를 하는 이가 실시하는 3, 40분에 걸친 전화 면접이다. 이 면접의 목적은 지원자의 기술적 수준이 대면 면접을 실시할만큼 충분한지를 결정하는 것이다.

실제 면접은 최소 4명의 면접관에 의해 이뤄진다. 몇몇 엔지니어들이 지원자의 기술을 평가하는데 즉석 문제 해결을 지시하기도 한다. 또한 매니저들과도 면접을 해야 한다. 고용될 경우, 이는 어느 한 개인이 아닌 '위원회'에 의해 된 것이다. 웹 사이트에 공시된 면접 비결은 사전에 구글의 제품과 서비스를 숙지하고 코드 잼 대회 개최를 후원하는 기관인 탑코더닷컴(TopCoder.com)에서 문제 해결을 연습하고, 자신이 구글의 어떤 부분에 흥미를 느끼는지 검토해 보는 것이다.

한 개인을 고용하는 문제는 구글에게 매우 중요하므로 결정을 내리는 데 2주가 걸리기도 한다. 고용 절차의 가장 큰 특징은 인사과 직원들이나 간부만이 아닌 구글러들로 이뤄진 위원회의 참여 범위이다. 2007년 초가 되자, 구글은 매달 10만여 건의 구직 지원을 받았다. 처리할 지원의 양이 과다해지고, 업무 문화와 환경에 잘 맞을 뿐 아니라 그 환경에서 번성할 사람을 찾는 일에 구글이 부과하는 중요성 때문에, 지원자가 구글 문화와 잘 맞는지 사전에 결정할 수 있도록 광범위한 온라인 설문지를 개발했다. 구글은 퇴사율이 실리콘 밸리 기업 평균보다 낮은 연 4%라는 사실을 자랑스럽게 여긴다. 퇴사한 직원을 대체하려면 많은 비용이 소요되고 생산 속도가 저해되므로, 고용할 때부터 최고의 결정을 내리는 것이 현명한 전략이다.

구글의 엄격한 고용 관례는 구글의 제품 개발 및 서비스에 기여할 능력이 있을 뿐 아니라 구글 문화와 잘 맞는 신입을 구글 세계로 맞이하게 해 주었다.

검색 결과와 기타 구글 툴 및 서비스의 품질은 세계적으로 거대한 사용자 그룹을 형성하며 이는 다시 광고비 유치로 이어진다. 구글이 홍보하는 기업용 제품과 서비스는 더 높은 매출을 창출한다. 구글은 새로운 제품 및 서비스를 개발하고 기존의 것들을 향상시키고 다듬을 수 있도록 씽크 탱크를 형성할 명석하고, 에너지 넘치며, 혁신적이고, 헌신적인 엔지니어들을 필요로 한다. 래리와 세르게이가 가장 중요한 자산으로 구글러를 꼽는 것은 옳은 선택이며 이를 입증하기 위해 최고의 인재를 유치, 유지할 수 있는 기업 문화를 조성했다.

주

1) "구글에 입사하기: 채용 과정," 구글 채용, http://www.google.com/support/jobs/bin/static.py?page=gettingintogoogle.html&sid=hiringprocess (2008년 2월 16일 접속).

2) http://money.cnn.com/galleries/2007/fortune/0701/gallery.Google_life/ (2008년 1월 27일 접속).

3) "포춘: 일하기 좋은 100대 기업," CNN 머니닷컴, http://money.cnn.com/element/ssi/sections/mag/fortune/bestcompanies/2007/box_how.popup.html (2008

년 2월 20일 접속).
4) 래리와 세르게이, "창업자로부터의 서한: 구글 주주들을 위한 소유주 매뉴얼," 구글 투자자 관계, http://investor.google.com/ipo_letter.html (2008년 4월 12일 접속).
5) "기업 개관," 구글 기업 정보, http://www.google.com/corporate/ (2008년 3월 28일 접속).
6) "우리의 철학," 구글 기업 정보, http://www.google.com/corporate/tenthings.html (2008년 4월 12일 접속).
7) http://www.sec.gov/Archives/edgar/data/1288776/000119312504139655/ds1a.htm#toc59330_25b (2008년 3월 7일 접속).
8) "구글 행동 강령," 구글 투자자 관계, http://investor.google.com/conduct.html (2008년 4월 10일 접속).
9) Vikram Khanna, "The Voice of Google; CEO Eric Schumidt Talks to Vikram Khanna about What Powers the Search Engine Icon," *Business Times Singapore*, January 12, 2008 (LexisNexis에서 발췌).
10) 밀즈(Elinor Mills), "뉴스메이커: 구글 문화의 황제를 만나자," CNET News.com, 2007년 4월 27일, http://www.news.com/Meet-Googles-culture-czar/2008-1023_3-6179897.html (2008년 2월 18일 접속).
11) 밀즈(Elinor Mills), "뉴스메이커: 구글 문화의 황제를 만나자," CNET News.com, 2007년 4월 27일, http://www.news.com/Meet-Googles-culture-czar/2008-1023_3-6179897.html (2008년 1월 30일 접속).
12) 프라소(Sheridan Prasso), "구글 인도에 가다,"『포춘(*Fortune*)』, 2007년 10월 23일, http://money.cnn.com/2007/10/18/news/international/google_india.fortune/index.htm (2008년 4월 27일 접속).
13) 아이어스, http://www.chefcharlieayers.com/ (2008년 6월 26일 접속).
14) 클라우드(John Cloud), "유기농보다 더 잘 먹기,"『타임(*Time*)』, 2007년 3월 2일, http://www.time.com/time/magazine/article/0,9171,1595245-4,00.html (2008년 5월 25일 접속).
15) 우(Olivia Wu), "이제 구글의 요리," SF Gate, 2006년 3월 1일, http://www.sfgate.com/cgi-bin/article.cgi?f=/chronicle/archive/2006/03/01/FDG32H9OF61.DTL (2008년 5월 26일 접속).
16) 맥클램로쉬(Diane McClamroch), "식품의 연계 증가, 구글 공식 블로그," 2008년 5월 9일, http://googleblog.blogspot.com/search/label/innovation (2008년 5월 26일 접속).
17) 연계의 증가, http://www.thegrowingconnection.org (2008년 5월 28일 접속).
18) 래리와 세르게이, "창업자로부터의 서한: 구글 주주를 위한 소유주 매뉴얼," 구글 투자자 관계, http://investor.google.com/ipo_letter.html (2008년 4월 4일 접속).
19) 구(Sara Kehaulani Goo) "구글스러운 인력 만들기,"『워싱턴 포스트(*The Washington Post*)』, 2006년 10월 21일, http://www.washingtonpost.com/wpdyn/content/article/2006/10/20/AR2006102001461_2.html (2008년 4월 7일 접속).
20) "혜택들," 구글 채용, http://www.google.com/support/jobs/bin/static.py?page=benefits.html (2008년 2월 16일 접속).

21) Arie de Geus, "The living company," *Harvard Business Review*, Vol. 75, No. 2, 58
22) http://www.sec.gov/Archives/edgar/data/1288776/000119312504139655/ds1a.htm#toc59330_25b (2008년 3월 28일 접속).
23) Vikram Khanna, "The Voice of Google; CEO Eric Schumidt Talks to Vikram Khanna about What Powers the Search Engine Icon," *Business Times Singapore*, January 12, 2008 (LexisNexis에서 발췌, 2008년 4월 10일 접속).
24) "구글의 아이디어 공장을 경영: 메이어는 검색 제왕이 경쟁 업체를 뛰어넘는 사고를 하도록 돕다," 『비즈니스 위크(*Business Week*)』, 2005년 10월 3일, http://www.businessweek.com/magazine/content/05_40/b3953093.htm (2008년 4월 15일 접속).
25) 래리와 세르게이, "창업자로부터의 서한: 구글 주주들을 위한 소유주 매뉴얼, 구글 투자가 관계," http://investor.google.com/ipo_letter.html (2008년 3월 7일 접속).
26) Ibid.
27) 아이젠만(Thomas Eisenmann), "구글의 미래에 내기를 걸다," 『월스트리트 저널(*Wall Street Journal*)』, 2004년 8월 24일, http://online.wsj.com/article/SB109330251535299069.html?mod=COLUMN (2008년 4월 16일 접속).
28) 헬프트(Miguel Helft), "극심한 경쟁구도 속에서 구글은 채용 기계를 돌아가게 할 새로운 방법을 찾다," 『뉴욕 타임즈(*New York Times*)』, 2007년 5월 28일, http://www.nytimes.com/2007/05/28/technology/28recruit.html?_r=2&sq=In%20Fierce%20Competition,%20Google%20Finds%20Novel%20Ways%20to%20Feed%20Hiring%20Machine&st=nyt&adxnnl=1&oref=slogin&scp=1&adxnnlx=1203831135-1aUfJ5Z8W0C-1QWFE3kEpTA (2008년 4월 5일 접속).
29) "구글에서 일해야 하는 10가지 이유," 구글 채용, http://www.google.com/support/jobs/bin/static.py?page=about.html&about=top10 (2008년 2월 18일 접속).
30) 설리번(John Sullivan), "구글의 인재 기계를 들여다보다," 휴먼 리소스, 2006년 7월 25일, http://www.humanresourcesmagazine.com.au/articles/B1/0C0429B1.asp?Type=60&Category=1223 (2008년 2월 12일 접속).
31) 바이스(David Vise), "이들의 영혼에 잠재된 것은 무엇인가?," 『워싱턴 포스트(*Washington Post*)』, 2005년 11월 13일, http://www.washingtonpost.com/wpdyn/content/article/2005/11/11/AR2005111101644.html (2008년 4월 2일 접속).

제6장
구글이 고객 유치를 위해 즐거움을 활용하는 방법

구글은 웹 사이트로의 사용자 유입을 증대시키기 위해 즐거움을 활용한다. 사이트 트래픽이 높을수록 광고 수입 증대에 도움이 된다. 그 뿐 아니라 구글러는 원래 즐기는 것을 좋아하는 것처럼 보이기도 한다.

물론 구글에서의 재미는 그 정의가 무엇이냐에 따라 달라지지만 구글에는 모두를 위한 무언가가 있다. 재미와 더불어 때로는 배움의 기회도 있다. 우리가 살펴볼 무료 툴에는 기업용 버전도 있다.

래리와 세르게이 그리고 구글러들은 구글 사용자에게 우수한 서비스를 제공하는 일과 새로운 제품 및 서비스를 개발하기 위한 연구에 매진하는 동시에 그들의 일터가 즐겁기를 바란다. 이 같은 사실은 업무 공간에서 흔히 볼 수 있는 운동용 공, 라바 램프, 전기 스쿠터, 게임방, 사무실에 함께 있는 애완견, 구글플렉스 주차장에서 매주 열리는 스케이트 하키 게임에 잘 드러나 있다. 그들은 또한 자신들의 즐거움의 의미를 다양한 방법으로 세상과 공유한다. 그 방법이 무엇인지 이번 장에서 살펴보고, 구글은 어떻게 우리가 구글 툴을 통해 즐기는 가운데 생산성을 제고하고, 매출과 순익까지 증대시킬 수 있는지에 대해 알아보겠다.

구글 두들스(Google Doodles)

구글 검색을 즐겨 사용하는 이라면 구글 홈페이지에서 구글 두들을 만나는 것이 언제나 즐거울 것이다. 하루 동안 사용되는 구글 두들은 구글의 로고인 'Google' 자체를 이용해 만든 예술 작품이다. 로고에 사용하는 색의 순서는 알파벳 별로 파랑, 빨강, 주황, 파랑, 초록, 빨강이다. 구글 두들은 공휴일에 등장하고, 가끔은 시사 현황이나 역사적 사건을 기념하기 위해 쓰이기도 한다.

구글 두들을 만드는 아티스트는 데니스 황(Dennis Hwang)이다. 그는 해외 사이트 컨텐츠를 관리하는 구글 글로벌 웹 마스터이기도 하다. 최초의 두들은 래리와 세르게이가 만들었으나 2000년부터는 데니스가 100개 이상의 구글 두들을 만들어 왔다. 그는 대학 시절 인턴으로 구글에서 근무를 시작했다. 래리와 세르게이는 데니스의 입사 전부터 공휴일에 등장하는 특별 로고의 아이디어에 매료되어 있었다. 데니스가 입사한 후에는 예술을 전공한 데니스에게 몇 개의 공휴일 로고 제작을 맡겼다. 데니스는 블로그를 통해서 그의 20% 프로젝트로 구글 두들 작업을 진행하고 있으며 그의 업무 중 가장 좋아하는 부분이라고 밝혔다.

> 제작한 모형을 들고 숨죽여 기다리는 동안 래리와 세르게이가 마치 황제처럼 '엄지손가락을 들거나 내려서 맘에 드는지 결정하는 일'은 지루한 법이 없고, 회사 내 나의 작은 틈새가 멋지고 창의적이고, 무엇보다 구글스러운 것이 되었다는 사실이 무척 기쁘다.[1]

데니스는 그의 창의적인 작업을 위해 먼저 브레인스토밍을 시작한다. 그리고 구글 이미지를 사용해 이미지들을 검색한다. 이미지가 충분하다 싶으면 그가 제일 좋아하는 디자인 작업을 시작하는데, 그것은 바로 이미지들과 다른 두들 예술작품들이 구글 글자와 어우러지도록 연결하는 것이다. 그는 자신이 가장 좋아하는 주제인 예술가의 탄생일에는 특별히 더 공을 들인다고 말한다.

데니스는 구글 두들에 대한 제안을 환영한다. 휴일은 항상 같은데 매년 새로운 아이디어를 짜내야 하니 말이다. 그는 블로그에 그의 고충에 대해 "칠면조나 호박을 그리는 방법이 이렇게 많아서야 원!" 이라고[2] 쓰고 있다. 데니스는 실제로 많은 제안들을 받는데, 구글은 새로운 제안에 진정으로 열려 있으며 이 제안들이 두들이 탄생한 배경이기도 한 창의성에 보탬이 된다는 사실을 인정하기 때문이다.

데니스는 구글 웹 사이트에서 매년 초, 중, 고생을 상대로 개최하는 구글을 위한 두들(Doodle 4 Google) 경진 대회를 통해 아이디어를 많이 얻는다. 구글은 특정 주제를 발표하고 참가 학생들이 주제에 어울리는 구글 두들을 만들게 한다. 2008년 대회의 주제는 '만약 … 라면?'이었다.

구글은 웹 사이트를 통해 교사들이 이 대회와 수업 과정을 통합할 수 있는 수업 계획안을 제공한다.

만우절 거짓말

구글은 2000년에 멘탈플렉스(Mentalplex)를 도입했다. 멘탈플렉스에 로그인하려는 사용자는 먼저 모자나 안경을 벗어야 한다는 안내문을 받는다. 그리고 머리를 움직이지 말라는 대문자로 된 지시문과 함께 빨강과 파랑이 소용돌이치는 원을 바라보라는 지시가 나온다. 그 다음의 지시는 찾고자 하는 것을 "마음 속에 그려보라"는 것이다. 마지막으로, 소용돌이치는 멘탈플렉스 원 안을 클릭하거나 "클릭하는 모습을 상상하시오"라는 말을 듣는다. 사람들은 이런 검색 과정도 나

름대로 괜찮을 것 같다고 생각한데다, 구글이 개발하고 이를 무료로 제공할 만한 가능성도 있어보였기 때문에 완전히 속을 뻔 했다.

멘탈플렉스는 자주 묻는 질문란까지 갖추었고 다음과 같은 문제와 해결법들이 제시되었다.

문제: 멘탈플렉스가 자꾸 고무로 된 장난감, 젖꼭지, 귀저기가 있는 사이트로 갑니다.
답: 당신의 갓난아기가 모니터에 너무 가까이 있습니다. 아이가 없다면 상담을 고려해 보셔야 할 겁니다.
문제: 클릭을 상상하기가 어렵고 마우스를 움직이려면 손가락으로 눌러야 합니다.
답: 클릭 상상에도 연습이 필요합니다. 마우스 버튼을 눈썹으로 누르는 것을 시도해 보고 눈과 마우스 사이의 거리를 점점 넓혀 보십시오.
문제: 원하는 것의 명확한 이미지가 있지만 결과가 나오지 않습니다.
답: 당신이 원하는 것이 웹에 존재하지 않을 수도 있습니다. 당신이 찾고 있는 것이 아틀란티스 섬(바다 밑으로 가라앉았다고 알려지는 전설 속의 섬 – 역자 주)이나 이어하트(Amelia Earheart: 대서양을 단독횡단한 최초의 여류비행사 – 역자 주), 혹은 자동차 열쇠의 위치라면 멘탈플렉스가 도와줄 수 없습니다.[3]

2002년 4월 1일, 구글은 검색 엔진의 속도와 정확성의 비밀이 피전랭크(PigeonRank: 비둘기 순위)라는 페이지 랭킹 시스템이라고 밝혔다. 래리와 세르게이는 '저비용의 비둘기 사단(컴퓨터)'이 인간이나 기계보다 웹 페이지 간의 관련성을 더 신속하게 결정할 수 있다고 했다. 웹 사이트에서 이 시스템을 다음과 같이 설명한다.

관련성 순위를 위해 비둘기 떼를 빽빽이 모은 구글은 맹금류(육식성의 사나운 조류, 매나 올빼미 등이 포함됨 – 역자 주), 알 낳는 암탉,

느릿느릿한 물새를 사용하는 기존의 검색 엔진들보다 더 빠른 속도로 검색 질문을 처리할 수 있다.4)

결국 이 발표는 데이터와 도형, 자주 묻는 질문란까지 동원한 대규모 장난이었다. 풍부하고 기발한 발상이 가득한 장난을 만들어내고 발표하기까지 구글이 얼마나 즐거워했을지 짐작할 수 있다. 읽기에도 아주 재미있고 말이다. 다음과 같은 문단을 통해 구글은 피전랭크의 원리를 설명한다. 실제로 페이지랭크를 간략히 설명하긴 하는데,… 비둘기들에게는 간단하지 않겠지만.

검색어가 구글에 접수되면, 결과 페이지를 빛의 속도로 보여주는 모니터가 있는 데이터 새장까지 번개 같은 속도로 전달된다. 무리 중에서 비둘기 한마리가 관련된 결과를 찾으면 고무를 감싼 철 막대를 부리로 두드리고 이것은 이 페이지에 피전랭크 하나의 가치를 부여함을 의미한다. 한 번 두드릴 때마다 피전랭크가 상승하고 가장 많이 두드림을 받은 페이지는 사용자 결과 페이지의 맨위에 등장하고 결과에 따라 그 순위 결과가 제공된다.5)

피전랭크에는 사용자들이 구글에 기대하게 된 정직성이 있다. 우리는 '비둘기에 의한 방식은 검색 결과 바꿔치기'를 어렵게 한다는 사실을 확실히 알 수 있다. 어떤 웹 사이트에서 각종 음식 사진들로 비둘기들을 현혹해 부당하게 순위를 올리려 할지라도, 비둘기들은 결코 속지 않는다.

2004년 우리는 달 위의 호스팅(hosting: 개인과 단체가 월드 와이드 웹을 통하여 웹사이트를 제공하는 것 - 역자 주) 및 연구 센터인 구글 코페르니쿠스 센터(Google Copernicus Center)에서 직원을 채용한다는 소식을 들었다. 실제로 구글이 벌일만한 일의 범주에 있는 일처럼 여겨졌다. 사실 구글은 그 어떤 것도 가능할 듯하지 않은가?

구글 코페르니쿠스 검색 엔지니어링 실험 호스팅 환경 및 실험 (G.C.H.E.E.S.E: Google Corpernicus Hosting Environment and Experiment in Search Engineering)은 통합 연구, 개발, 기술 센터로, 구글은 산소가 부족한 칸막이 환경에서 정보 필터링, 고밀도, 고전달 호스팅(HiDeHiDeHo: high-density high-delivery hosting) 실험을 할 것이다.6)

우리는 또 한 번 완전히 속을 뻔 했다는 것을 알게 되었다.

그러나 같은 날 구글은 지메일(Gmail)이라는 무료 웹 메일 서비스를 시험하고 있으며 경쟁 업체가 제공하는 메일 용량의 100배가 넘는 전례 없는 1기가바이트의 저장 용량을 무료로 제공할 것이라고 발표했다. 래리는 보도 자료에서 구글 사용자들이 호소하는 기존 이메일 프로그램들의 허점과 불편한 점을 개선하기 위해 이 시스템을 개발했고 테스트 중이라는 사실을 간단히 밝혔다. 의심 많은 언론과 능숙한 구글 사용자들은 이 발표도 만우절 거짓말쯤으로 여겼다. 그러나 이 발표는 사실이었다.

2005년에는 구글 사용자의 지능을 높여 구글 검색 엔진 사용을 최적화할 수 있다는 구글 걸프(Google Gulp: 음료수)를 도입했다. 구글은 구글 걸프를 어떻게 손에 넣을 수 있는지를 설명하면서 즐거워했고 초대에 의해서만 받을 수 있는 초기의 지메일 제공에 대해서도 매우 즐거워했다.

어떻게 걸프를 마실 수 있을까?

이 '한정판' 음료를 구하고 싶다면 음료의 병뚜껑을 가까운 식료품점에 제시하면 된다. 그렇다면 병뚜껑은 어떻게 구하냐고? 음료를 '꿀꺽꿀꺽 마신' 사람을 알면 그 사람에게 받으면 된다. 그럴만한 사람을 모른다 해도 당신이 그다지 멋지지 않다는 것을 의미할 뿐이니 걱정하지 말라. 그렇지만 아주, 아주, (아주!) 곧 멋져질 것이다.[7]

2006년 4월 1일에는 온라인 데이트 서비스를 패러디한 구글 로맨스(Google Romance)를 발표했다. "구글이 구글 로맨스로 세계의 연애 정보를 체계화한다"라는 제목의 보도 자료를 통해 구글 로맨스가 "저녁 데이트 내내 문맥 연관형(contextually relevant) 광고를 체험하기로 동의한 커플들에게 고객생활양식 측정(psychographic) 중매 서비스와 비용이 사전에 지불된 데이트를 제공한다"고 밝혔다. 구글의 제품 경영 부사장인 로젠버그(Jonathan Rosenberg)는 보도 자료를 통해 다음과 같이 말했다. "한번 생각해 보자. 우리 인생에서 정보의 체계화가 연애보다 더 허술한 부분이 또 있을까? 우리가 검색 기술을 사용해서 당신의 짝을 찾아 주고 데이트를 시켜주고 문맥 광고를 통해 분위기를 살려주면 잘 될 것이라고 생각했다." 자세한 내용을 위해 클릭을 하면 사용자 A와 B의 데이트를 사례로 한 연구에서 그들이 저녁식사 동안 들었던 개인 문맥 연관형 광고가 그들의 과거 데이트 내력에 기인했다는 것을 알 수 있었다. '끊임없이 귓가를 맴도는' 잠재의식작용(subliminal) 광고는 그들이 데이트 도중 나눈 대화에도 영향을 미쳤고 그들은 서로가 사회경제적으로 어울린다는 결론을 내리도록 이끌었다.[8]

2007년 만우절 하루 전날 저녁에 지메일 페이퍼라는 새로운 서비스가 구글의 무료 이메일 서비스인 지메일의 로그인 페이지에 등장했다. 구글은 사용자가 요구한 원하는 부수만큼의 이메일을 인쇄해 줄 것이라고 했다. 배송비 조달을 위해 장마다 찍힌 36 포인트의 굵은 빨간색 글씨로 된 관련 광고를 감수할 수 있다면 어마어마한 양이 될 수도 있는 종이 인쇄 메일을 무료 배송해주겠다고 했다. 종이 매체의 특성상 어쩔 수 없으므로 팝업 광고나 동영상 등은 없을 것이라고 다시 한번 사용자들을 안심시켰다. 게다가 나무를 해칠 걱정도 없다. 지메일 종이는 '사용 후 유기농 콩즙 성분이 96%를 차지'하기 때문에 실제로 환경 개선에 크게 이바지했다.9)

지메일 종이로는 부족했는지, 다음날인 2007년 4월 1일에는 '자가 설치가 가능한 하수구 기반 인터넷 접속'을 제공하는 가정용 무료 무선 광대역 서비스를 발표했다. 산간벽지에 살아 초고속 인터넷이 없는 이들은 애석해하며 도시 하수시설 대신 정화조로도 이용이 가능한지 궁금해했다.

화장실 인터넷 서비스 제공자(Toilet Internet Service Provider: TiSP) 프로젝트는 "자가 설치가 가능한 광고 기반의 완전 무료 온라인 서비스로 와이파이(WiFi: 무선랜, 무선 데이터 전송 시스템 – 역자 주)가 되는 PC와, 도시 하수 시스템에 연결된 화장실만 있으면 사용이 가능하다"고 소개되었다. 래리는 보도 자료를 통해 다음과 같이 말했다.

"우리는 세계의 정보를 체계화하는 작업을 어느 정도 조종하고 있다"라고 구글의 공동 창립자이자 사장이며, 코드명이 소위 '어두운 도자기'인 연구개발의 오랜 지지자인 페이지가 말했다. "흥미로운 것은 당신으로부터는 말할 것도 없거니와 당신에게 수많은 정보를 전달하는 방법도 너무나 많다는 점이다."10)

TiSP 웹 페이지는 설치가 얼마나 쉬운지를 보여주기 위해 설치 단계 사진을 올려놓았다. 자가 설치 외에도 전문가 설치 서비스가 가능하다. 이 서비스는 "공장에서 훈련을 받고, TiSP 접속 노드로부터 계약직으로 파견된 나노봇들을 보낸다. 나노봇은 설치 서비스 제공을 위해 하수 시스템을 통해 눈부신 나노 스피드로 당신의 집까지 갈 것이며 설치는 15분 만에 이뤄진다."11)

만우절은 구글 사용자들을 매우 설레게 한다. 구글러들이 이 기막힌 날에 또 무엇을 들고 나와 우리들을 웃게 할지 알 수 없을 뿐이다.

구글 루너 X 대회

우주 탐사광이라면 구글이 3,000만 달러의 상금을 내건 구글 루너 X 대회(www.googlelunarxprize.org)의 결과를 지켜보는 것이 흥미로울 것이다. 이 국제 대회에서 우승하기 위해서는 로봇을 달에 안착시켜야 한다. 그리고 로봇은 달 표면 위에서 500미터를 이동하며 사진과 데이터를 지구로 전송해야 한다. 참가를 위해서는 90%의 자금을 사적으로 충당해야 하고 2010년 12월 31일까지 등록해야 한다. 가장 먼저 착륙해 대회 미션을 성공하는 팀이 2,000만 달러의 상금을 받는다. 2등의 상금은 1,500만 달러고 나머지 500만 달러는 기타 상금으로 쓰인다.

이 대회를 향한 세르게이의 열정은 『뉴욕 타임즈(*New York Times*)』 기사에 잘 드러난다. "달 재탐사를 촉발시키고 심지어는 국가 계획보다 더 빨리 이룰 수 있다는 생각이 나를 들뜨게 한다."[12] 세르게이는 또한 구글의 이번 대회 후원은 일부 기업들이 요트 대회를 후원하는 것에 견줄 수 있다고 덧붙였다.

친구를 사귀고 만남 이어가기

2004년 1월에 도입된 오컷(orkut.com)은 구글의 소셜 네트워크(social network: 온라인 인맥구축 – 역자 주) 툴이다. 프로그램의 명칭은 개인 관심분야에 업무 시간의 20%를 할당하도록 한 구글의 20%

시간에 프로그램을 개발한 구글 엔지니어 오컷 바요콕텐(Orkut Buyukkokten)의 이름을 따서 지었다. 이 프로그램은 글, 사진, 비디오를 올려서 친구들이나 가족과 연락할 수 있는 방법이다. 또한 비슷한 관심 사항을 가진 새로운 사람들을 만나는 방법이기도 하다. 오컷 안에는 시사 같은 다양한 주제에 대한 토론을 벌일 수 있는 온라인 커뮤니티들이 존재하며 누구나 커뮤니티를 개설할 수 있다. 오컷의 규모는 기하급수적으로 성장했다. 사용자의 수도 1,000만 명을 넘었다. 본래는 미국 시장을 염두에 두고 만들어졌으나 브라질과 인도에서 엄청난 인기를 누리고 있다. 인도에서는 가장 많이 방문하는 사이트이며, 브라질에서는 인기 웹 사이트 순위 2위에 오르기도 했다. 2008년 3월, 오컷 트래픽의 약 70%는 브라질이, 15%는 인도가 차지한다.

구글 비디오

구글의 비디오 색인(www.video.google.com)은 웹에서 가장 종합적이다. 방문자는 구글의 유투브(YouTube), 구글 비디오, 기타 제 3 사이트를 통해 수백만 개가 넘는 영화 장면, 다큐멘터리, 아마추어 작품, TV 쇼, 뮤직 비디오 등을 포함한 색인된 동영상을 검색할 수 있다. 구글은 출처를 검색할 뿐 아니라 당신의 검색어에 관련된 동영상을 찾기 위해 세계에서 가장 우수한 검색 엔진을 사용해 수십억 개가 넘는 페이지를 크롤링한다.

　동영상을 향한 구글의 식지 않는 애정은 2006년, 공식 출범한지 1년밖에 되지 않은 유투브를 인수했을 때 잘 드러났다. 유투브는 단기간 내에 전 세계 사용자들이 웹에서 동영상을 공유하고 보기 위해 가장 먼저 찾는 곳으로 빠르게 자리 잡았다. 또한 웹 사이트, 블로그, 이메일, 휴대용 기기 등을 통한 다양한 방식으로 동영상을 공유하게 한다. 블로그가 개인의 생각을 공유할 수 있도록 글을 사용했다면, 유투브는 사람들로 하여금 동영상 제작자가 되어서 그 목적이 정보 제공이건 창의적인 것이건 간에 직접 동영상을 만들고 세상에 공개할 수 있게 했다. 또한 유투브는 CBS, BBC, 워너 뮤직 그룹 같은 전문 영상 제작자들과 협력 관계를 맺기도 했다. 이 사이트에서는 매일 수억 개의 동영상을 볼 수 있다. 2007년 12월 넬슨/넷레이팅(Nelson/NetRatings)에 따르면 유투브는 인터넷 엔터테인먼트 사이트 1위를 기록하며 인터넷에서 6번째로 많은 방문자를 거느리고 있다.

쇼핑

어떤 이들은 온라인 쇼핑의 편리함을 즐긴다. 구글은 홈페이지 상단에 쇼핑 링크를 만들어 쇼핑을 쉽게 해 주었다. 이 링크를 클릭하면 아직 베타 상태인 구글 제품 검색으로 넘어간다.

제품 검색을 사용하기 위해 무료로 구글에 등록했다면 쇼핑 목록을 만들고 공유할 수 있게 해 주는 몇몇 쇼핑 툴을 이용할 수 있다. 즉, 관심 상품에 대해 메모를 하거나 품목, 날짜, 가격대별로 제품을 분류할 수도 있다. 구글은 웹에서 가장 많은 제품과 판매자를 보유하고 있다고 말한다. 그리고 구글이 업자들에게 검색 결과를 판매하지 않기 때문에 검색 결과는 객관적이다. 모든 광고는 스폰서 링크라고 명시된다. 따라서 제공되는 검색 결과는 검색에 가장 관련된 제품을 보여주고자 하는 구글의 노력에 바탕을 둔다.

구글 제품 검색은 '검소한(frugal)'이란 단어를 사용해 만든 명칭인 프루글(Froogle)로 시작했다. 그러나 이름이 기능을 정확히 대변하지

베타 상태

어떤 서비스나 기술 툴이 '베타 상태(In Beta)'에 있다는 것은 아직 시험 중임을 의미한다. 베타 제품의 제공자는 노골적이지 않고 은연중에 사용자들로 하여금 인내심을 갖고, 제품이 잘 작동하지 않더라도 눈감아 달라고 말한다. 회사에서 문제를 아직 해결 중에 있으니 말이다. 기업들은 종종 문제 해결에 도움을 받기 위해 제품, 툴, 서비스에 대한 피드백을 제공해 줄 사용자들을 초청한다. 그러나 새로운 제품이 베타 상태에만 수년간 머무르거나 개선이나 향상이 거의 없는 채로 베타를 벗어나기 때문에 용어의 의미도 일부 퇴색되어 가고 있다.

못한다고 하여 2007년에 변경했다. 구글 체크아웃(Google Checkout)은 빠르고 안전한 구매를 위해 추가된 기능이다.

구글 스케치업(Google Sketchup)

3D 모델링에 관심이 있다면 무료 스케치업 소프트웨어 툴(www.sketchup.google.com)이 당신에게 딱 맞는 구글 장난감일 것이다. 만약 부엌 리모델링 공사를 하고 싶다면 어떤 결과가 나올지 3D로 미리 볼 수 있다. 지역 역사광이라면 화재로 소멸된 18세기의 법원을 재건할 수도 있다. 정원 가꾸기를 좋아할 경우 삽으로 땅을 파기 전에 스케치업을 이용해 새로운 정원의 모습을 만들어 볼 수도 있다. 새로 구입한 땅에 지을 시골 별장을 계획하기 위해 스케치업으로 3D 모델을 만들고 구글 어스를 이용해 그 별장이 실제로 어떤 모습일지 위성사진에 얹어 볼 수도 있다.

블로깅과 웹 페이지 만들기

웹 페이지를 개설해서 다른 이들이 읽고 평가해주기를 바라는가? 그렇다면 블로그를 시작하는 것이 무척 즐거울 것이다. 블로거(www.blogger.com)는 세 명의 친구들이 모여 1999년에 설립한 피라 랩(Pyra Labs)이라 불리는 작은 회사에서 시작했다. 구글은 2002년에 이 회사를 인수했다. 웹 사이트를 통해 블로거의 창업자들은 구글의 일부가 된 후의 삶에 대해 밝혔다. "이제 우리는 구글 내의 작은(이전보다는 조금 더 커진) 팀이 되었으며 사람들이 온라인에서 자신만의 목소리를 갖고, 세상의 정보를 개인적 관점에서 체계화하도록 돕는다. 이는 언제나 우리의 일이였다."[13]

블로거에서 블로그를 시작하려면 무료 구글 계정부터 개설해야 한다. 나만의 블로그 만들기는 쉬우며, 읽고 답해줄 다른 블로그들도 수천 개나 존재한다.

동일한 무료 구글 계정으로 다른 사람들과 당신의 생각, 사진, 짧은 동영상 등을 공유할 수 있는 웹 페이지를 제작할 수도 있다. 구글 페이지 크리에이터(Google Page Creator)는 아직 시험 중임을 의미하는 구글 실험실 프로젝트로, 구글 실험실은 이 툴을 이용한 사람들이 그들의 경험에 대해 제안이나 의견을 내는 것을 환영한다. 어떤 특정 기술이나 HTML 지식 없이도 이 툴을 이용해서 나만의 웹 페이지를 만들 수 있다.

구글 실험실

다른 사람들이 사용해 보기 전에 새로운 웹 기반 툴을 먼저 시험해보고 싶다면 구글 실험실(Google Labs, www.labs.google.com)이 제격이

블로그

블로그는 본래 뉴스 같은 다양한 주제에 대한 대안 의견을 제공하는 사이트였다. 블로그는 웹 로그(Web log)의 줄임말이며 '내 블로그에서 확인'에서처럼 명사형으로, "두 대선 후보에 대한 의견을 블로그할거야"에서처럼 동사형으로 사용된다. 블로거처럼 사용이 쉬운 툴이 수백만 명의 사람들에게 기자, 해설가로서의 길과 여가 생활을 위한 블로그의 문을 열어 주었다. 블로그에는 사진이나 다른 블로그, 웹 사이트로 가는 링크를 올릴 수 있다. 블로그 독자들이 댓글을 달 수 있기 때문에 블로그에서 상호작용은 매우 활발히 일어날 수 있다.

2007년 12월이 되자 블로그 전용 검색 엔진인 테크노라티(Technorati)의 검색 블로그 수가 1억 개를 초과했다.

블로깅은 새로운 정보에 대한 대중의 관심을 불러일으킴으로써 주요 언론에 영향을 미치고, 그들이 특정 사안에 관심을 갖도록 하기도 한다. 2004년까지 블로그는 블로거들이 새로운 소식, 정권 후보, 비즈니스, 연예 등에 대한 실시간 댓글을 달기 시작하면서 일반화되었다. 정권 후보나 뉴스 매체들도 대중에게 더욱 가까이 다가가기 위해 블로그 사용 대열에 합류했다.14)

다. 이곳은 구글 웹 사이트의 일부로, 연구원들과 소프트웨어 엔지니어들이 대중이 새로운 프로젝트를 사용해 보고 피드백을 줄 수 있도록 그들을 초대하는 곳이다. 그러나 구글 문서와 스프레드시트, 구글 지도, 구글 비디오, 구글 뉴스 알리미 같은 프로젝트들은 이미 구글 실험실을 졸업하여 일반인들이 사용할 수 있도록 제공되었다. 구글은 실험실 자주 묻는 질문 코너를 통해 일부 시제품들은 엔지니어들이 겨우 짬을 내서 만들었으므로 그중 일부가 '달리기는커녕 빨리 걷지도 않을 경우' 인내심을 가져 달라고 당부한다. 구글은 사용자와 상

호 작용하여 프로젝트를 개발하는 것을 환영한다고 밝히며 다음과 같이 말했다. "구글 실험실의 제품에 대한 의견이 있을 경우 아이디어나 평가, 제안, 어려운 점 등을 이메일로 보내주시거나 토론 그룹에 올려 주시기 바랍니다."15)

순수한 검색의 즐거움

질문에 대한 답을 신속히 검색하거나 관심 사항에 대한 일련의 정보를 찾기 위해 구글을 사용하는 것은 많은 이들에게 큰 즐거움이다. 노래의 몇 소절이 계속 맴돌지만 정작 가수나 노래 제목은 기억이 안 난다면? 구글 검색 창에 생각나는 소절만 치면 된다. 또 봄철 채소를 심으려 하는데 너무 이른 것은 아닌지 걱정된다면? 필요한 정보를 구글에서 빨리 찾아본다.

뉴스광은 구글 홈페이지에 있는 뉴스 링크를 클릭해서 전 세계 4,500개 이상의 영문 뉴스 출처의 헤드라인에 접속할 수 있다. 각 뉴스 기사마다 여러 개의 기사로 가는 링크가 제공되어 사용자들은 하나의 뉴스에 대해 다양한 언론사가 작성한 여러 개의 기사를 검색할 수 있다. 또한 관심분야에 해당하는 기사들이 뜨도록 맞춤형 뉴스를 설정할 수도 있다. 사용자들은 관심사와 관련된 뉴스 알리미를 받을 수 있고 휴대폰으로도 뉴스를 검색할 수 있다. 역사광이라면 200년이 넘는 과거의 뉴스 목록을 검색할 수도 있다.

구글에서 원하던 답이나 정보를 신속히 찾았을 때 우리가 느끼는 즉각적인 희열을 이제는 당연하게 여기게 되었다. 이를 당연시 하지 않기 위해서 구글이 신속하고 관련된 검색 결과를 찾아주지 않았더라면 우리의 삶은 어떠했을지 기억하자.

구글 어스

우리는 우주에서 촬영한 지구의 환상적인 모습을 봐 왔다. 머리속에서 조차 모든 도시, 마을, 자연과 전 세계의 모든 사람들을 다 상상하기는 어렵다. 그러나 우리가 멀리 은하수에서 온 손님이고 지구를 탐험하기 위해 구글 어스(Google Earth, www.earth.google.com)를 사용한다고 가정해 볼 수는 있다.

2005년에 처음 출시된 구글 어스는 인공위성 사진, 공중 사진, 지형 정보 시스템을 이용해 탐험가들이 책상에 편히 앉아 지구를 돌아다닐 수 있게 만들었다. 지구 어디든 사용자가 지정하고 확대해 볼 수 있는 매우 간단한 인터페이스를 갖추고 있다. 정확한 장소를 원할 경우 주소만 치면 지구 거의 모든 곳을 구글 어스가 데려가 준다.

이렇게 해 보자. 당신의 집 주소를 치면 구글 어스는 지구 상공을 날아가 적당한 높이에서 확대해 당신 위를 맴돈다. 그렇지만 보통 다른 사람 사는 곳이 더 궁금할 법이지 않겠는가. 구글 어스의 데이터베이스는 워낙 방대하기 때문에 어떤 곳을 검색해도 찾을 수 있다. 아일랜드의 아란(Aran) 섬은 어떨까? '목적지'창에 섬 이름을 치고 구글 어스가 데려가는 것을 지켜본다. 그곳에 사는 친척을 방문하고자 할 경우에는 심지어 상세한 방향까지 알려준다.

구글 레이어(Google Layer)는 구글 어스의 또 다른 기능으로, 지형의 느낌을 느낄 수 있도록 땅에 가깝게 비행하기도 하고, 시골의 언덕과 강, 도시의 건물, 거리의 3D 이미지를 제공하기도 하는 등 사용자가 원하는 모든 것을 할 수 있게 해 준다. 위키디피아, 파노라미오, 전 세계 지역 사회 일원들과 연계된 정보 레이어들은 당신이 가고자 하는 곳의 정보나 흥미로운 사실들을 알려준다. 컨텐츠 레이어는 내셔널 지오그래픽, NASA,

국제 연합, 디스커버리 채널 등에서 제공하는 정보를 표시한다. 여기에서는 특정한 장소와 관련된 모든 과학과 역사를 찾을 수 있다. 심지어는 음식점 평도 볼 수 있다. 한 가지 재미있는 사례는 럼지 역사 지도(Rumsey Historical Maps) 레이어이다. 이 레이어를 통해서는 빅토리아 시대의 런던과 1790년 지구의 모습은 어떠했을지도 살펴볼 수 있다.

구글 어스 블로그(www.gearthblog.com)로 불리는 웹 사이트는 구글 공식 블로그는 아니지만 구글 어스에 관한 다양한 소식과 실제 사용 사례들을 싣는다. 또한 구글 어스의 초보자와 능숙한 사용자 모두에게 유용한 사용방법을 제공한다. 이 사이트의 구글 어스 커뮤니티는 포럼 내에서 비슷한 생각을 가진 탐험가간의 토론을 열기도 한다. 구글도 구글 어스 블로그를 통해 새로운 기능이나 주목할만한 행사가 있을 경우 활발한 활동을 벌인다.

매력적인 툴인 구글 어스는 구글 사이트로 전 세계 수천 명의 방문객들을 모은다. 구글의 키홀(Keyhole) 인수를 통해 만들어졌고 사이트 트래픽 증대 뿐 아니라 정보기관과 기업을 위한 엔터프라이즈 버전을 개발할 수 있게 한 점을 인정받아 성공적인 인수로 평가받고 있다.

미국 삼림청은 직원들과 다른 정부 기관 직원들이 화재 예방 활동에 사용하도록 엔터프라이즈 버전을 구입했다. 델(Dell)은 기업의 글로벌 웹 사이트 트래픽을 시각화하기 위해 엔터프라이즈 버전을 활용하며 이를 통해 협력 업체들과의 공동체 의식을 공고히 해 왔다. 델의 글로벌 엔터프라이즈 지시 센터는 세계 소비자 활동을 한 눈에 볼 수 있게 하며, 이는 소비자에 효율적으로 대응하게 해주는 수단이다.

알라바마 국토 안보부(DHS: The Alabama Department of Homeland Security)의 구글 어스 엔터프라이즈 버전 활용은 흥미로울 뿐 아니라, 시장이 구글 제품에 얼마나 개방되어 있는지와, 미국 내 다른 주 뿐 아니라 다른 국가에서도 안보 및 비상 대응 체제를 위해 사용될 수 있다는 점을 잘 보여 준다. 구글 어스 엔터프라이즈로 안전한 시스템을 구축할 수 있었기 때문에, 알리바마 DHS 프로그램이 운영될 수 있도록 정보를 제공해야 하는 관련기관과 업체들은 엔터프라이즈 버전을 구입하였다. 또한 공통 플랫폼을 사용함으로써 각기 다른 기관의 수고가 중복되는 것을 예방하고 비용도 감축시켰다.

이 국토 안보 프로젝트 실행에 중요한 역할을 담당했던 미국 우주 로켓 센터 GTAC의 공간정보 기술 부사장인 존슨(Chris Johnson)은 제품의 편리함에 대해 다음과 같이 말했다. "우리는 이 프로그램의 중추 역할을 하는 구글 어스 엔터프라이즈를 12세 프로그램이라고 한다." 그녀는 이어서 "12세 아동이라면 누구나 사용할 수 있기 때문이다"고 했다.[16]

알라바마 주에서는 구글 어스 엔터프라이즈 버전을 사용해서 주 전역의 비상사태 대비 인력에게 유용한 공동 작전 사진을 제작했다. 이 주에서는 비상 대피로, 주요 인프라 지도, 위험의 시각화, 효과적인 재난 대비 시나리오 구축을 위해 구글 어스를 사용한다. 구글 어스 엔터프라이즈 버전은 알라바마 주가 인재, 혹은 자연 재해에 대한 비상 준비 태세와 대응 체계의 수준을 제고하는 데 기여했다.

구글은 직장을 즐기는 동시에 돈까지 버는 것이 가능하다는 개념의 산 중인과 같다. 구글러들은 코딩과 롤러 블레이드 모두에 매료된 만큼, 그들이 구글에서 일해야 할 10가지 이유 중에 다음과 같은 사항을 포함한다. "일과 놀이는 불가분의 관계이다. 부호를 만들며 동시에 하키 게임을 즐길 수 있다."[17]

구글은 웹 사이트를 통해 유머가 있는 동영상과 재미를 위한 도구들을 동시에 제공함으로써 세계적인 커뮤니티를 형성해왔다. 이 커뮤니티는 구글 수입의 주요 원천인 광고의 향후 독자층이기도 하다. 따라서 아

구글 어스의 사용

필자가 친구이자 동료인 언론 전문가 캐논(Tim Cannon)에게 이메일을 보내 그는 구글 어스를 사용하는지, 그리고 어떻게 생각하는지를 물었다. 영국인인 팀은 미국인 아내 레베카(Rebecca Cannon), 코기견(Corgi) 두 마리, 고양이들과 미국에 살고 있으나 그의 가족과 친구들은 아직 영국에 산다. 그는 다음과 같이 답장을 보내왔다.

구글 어스, 이것이 없었다면 내 세상은 더 작고 훨씬 심심했을 것이다. 구글 어스를 컴퓨터에 설치하면 나만을 위해서 밤과 낮, 전 세계 어디든 가리지 않고 가장 오지인 곳까지 찾아가 줄 나만의 인공위성을 갖고 있는 듯한 기분이다. 내 인생의 훌륭한 보조도구이자 세계에 대한 지식을 향상시켜 줄 도구이고, 이미 호기심 많은 내 성격을 더욱 채워준다.

예를 들어, 20년 전 영국에서 미국으로 건너온 이후 영국을 방문할 기회가 많았지만 고국에 대한 그리움을 주체할 수 없을 때가 있다. 구글 어스가 있으면 순식간에 고향 상공으로 날아가 내게는 여전히 세상에서 가장 아름다운 경치를 자랑하는 그 곳에 들른다. 가끔은 예전에 자주 갔던 북 웨일즈의 황무지나 스코트랜드 산간 지방을 그리워하는데, 구글 어스가 추억까지 재생하기는 아직 어렵겠지만 다른 웬만한 것은 다 가능하다.

구글 어스는 스코트랜드의 포트 윌리엄이나 웨일즈의 포스매덕(Porthmadog)으로 데려가 산, 그곳에 핀 히스꽃(heather)과 풀, 시냇물, 호수를 보여주고, 사진들과 당신이 잊고 지내던 아주 세세한 것들까지 보여줄 것이다. 어느 순간, 내 기억들이 되살아나고 더 메마르고 따뜻하긴 해도 마치 거기 있는 듯한 착각이 든다.

물론 다른 용도로도 사용한다. 최근에 남동생이 요크셔로 이사했다. 사진을 보내주기도 했지만 나는 언제나 그곳의 환경을 직접 확인하길 좋아한다. 그가 사는 동네는 어떤지, 가까운 도시는 어디고 강아지는 어디에서 산책시키는지 보고 싶다. 그래서 구글 어스에서 남동생이 이사한 동네를 찾고, 그곳이 얼마나 멋진 곳인지 본다. 새로운 집은 산책하기에 매우 좋은 요크셔 데일을 마주한 곳으로, 낡고 허물어진 고성이 자리한 유서 깊은 작은 마을이 내려다보이고 가까운 도시인 뉴캐슬로 가는 기차를 탈 수 있는 기차역까지 있다. 무척 멋져 보이는데, 직접 갈 수 있다면 얼마나 좋을까! 만약 원할 경우 기차역을 클릭하면 그곳으로 가는 표를 구입할 수 있다.

또 다른 경우, 구글 어스를 통해 지금 읽고 있는 책을 더욱 풍부하게 할 수 있다. 예를 들어 요즘 읽는 유럽 여행에 관한 책은 저자가 새 천년을 맞이해 모든 역사 '유적지'를 직접 방문하며 지난 1세기 동안 유럽이 경험한 급격한 변화를 적었다. 책의 앞부분에 등장하는 제1차 세계대전 부분에서 저자가 방문하는 곳들은 어릴 적 할아버지로부터 얘기를 많이 들었기 때문에 내게도 낯설지가 않았다. 저자가 방문한 이프르(Ypres)는 세계대전의 최대규모 전투지로, 할아버지의 경험을 직접 들었던 것이 여전히 생생히 기억이 났고, 나는 구글 어스와 손에 든 책을 번갈아가며 작가와 할아버지가 벨기에와 북프랑스를 다녔을 모습을 따라갔다. 구글 어스는 전투지의 실제 모습을 보여줄 뿐 아니라 사진과 위키디피아 링크로 연결해 주기 때문에 매우 유용하다. 갑자기 책의 감동이 열배는 더 깊어진 듯한 느낌을 받았다. 구글 어스를 통해 그곳들을 보고, 이프르, 베르됭(Verdun), 솜(Somme)에 이르기까지 가상 여행을 하면서 책 속으로 더욱 빠져들었고 할아버지를 더 가까이 느낄 수 있었다. 이는 특정한 책 한권에 대한 예일 뿐, 구글 어스는 다른 여러 책들을 읽는 데에도 많은 도움이 되었다.

나는 시사나 잡지 기사, 논문, 프로젝트를 위해서도 같은 방법을 사용하고, 세계에서 일어나는 일들에 대한 식견을 넓힌다. 구글 어스를 사용해 티베트의 수도인 라사(Lhasa)와 비교적 덜 알려진 시위 장소인 간수(Gansu)에서 진행 중인 시위대의 발자취를 따라갈 수 있다. 그리고 다른 사용자들에 의해 제공되는 링크를 클릭해서 시위에 관여해 온 수도원의 사진을 볼 수 있다. 갑자기 이 뉴스는 더 이상 타인에게 일어나는 일이 아닌 나와 관련된 일이라는 느낌을 준다. 구글 어스는 우리가 서로 어떻게 연계되어 있는지를 알게 해주었다. 뉴스나 책, 잡지에서 무언가를 보고, 어렸을 때 가보았던 곳들이 떠오를 때 구글 어스를 실행해 그 곳으로 간다. 구글 어스는 어쩌면 우리 모두를 잠재적인 탐험가로 만들었는지도 모른다. 할 얘기가 더 많지만 구글 어스가 기다리고 있고 봐야할 것들이 아직 너무나 많다!

무런 피해를 주지 않으면서도 재미있고 동시에 돈까지 버는 것이 가능하다고 할 수 있을 것이다. 다른 시각에서 봤을 때, 이 모든 툴과 재미있게 놀 수 있는 방법들을 만드는 것이 현명한 마케팅 비용이기도 하다.

구글은 수익을 사업에 재투자하는 것 외에 어디에 사용할까? 언제나 다른 행보를 이어가는 구글은 수익의 일부를 자신의 독특한 자선 사업을 후원하기 위해 사용한다. 이제 우리는 구글이 사악하지 않을 뿐 아니라 선을 행해야 한다는 절대적인 좌우명의 절반을 어떻게 실행하는지 알아보겠다.

주

1) 황(Dennis Hwang), "두들의 우들," 구글 공식 블로그, 2004년 6월 8일, http://google-blog.blogspot.com/2004/06/oodles-of-doodles.html (2008년 3월 6일 접속).
2) Ibid.
3) "구글 멘털플렉스의 자주 받는 질문," 구글: 구글하는 법, http://www.google.com/mentalplex/MP_faq.html (2008년 3월 9일 접속).

4) "우리의 검색: 구글 기술," 구글, http://www.google.com/technology/pigeonrank.html (2008년 3월 10일 접속).
5) Ibid.
6) "구글 코페르니쿠스 센터는 채용 중," 구글 채용 기회, http://www.google.com/jobs/lunar_jobs.html (2008년 3월 10일 접속).
7) "지식을 향한 목마름을 채운다," 구글 걸프, http://www.google.com/googlegulp (2008년 3월 6일 접속).
8) 구글 로맨스, http://www.google.com/romance/tour.html (2008년 3월 11일 접속).
9) "지메일 페이퍼에 관해," http://mail.google.com/mail/help/paper/more.html (2008년 3월 11일 접속).
10) "구글이 무료 가정용 무선 광대역 서비스를 제공한다," http://www.google.com/tisp.press.html.
11) "TiSP: 하수를 타고 옴," 구글 TiSP, http://www.google.com/tisp/install.html (2008년 3월 9일 접속).
12) 스톤(Brad Stone), "구글 대회, 로봇의 달착륙이 목표," 『뉴욕 타임즈(*New York Times*)』, 2008년 2월 22일, http://www.nytimes.com/2008/02/22/business/22space.html?_r=1&oref=slogin (2008년 4월 29일 접속).
13) "블로거 이야기," http://www.blogger.com/about (2008년 3월 7일 접속).
14) "블로그," http://www.techweb.com/encyclopedia/defineterm.jhtml?term=BLOG (2008년 3월 6일 접속).
15) "구글 랩: 자주 묻는 질문," http://labs.google.com/faq.html (2008년 3월 10일 접속).
16) "알래바마 국토 안보부," 구글 어스, http://earth.google.com/enterpriese/virtual_alabama.html (2008년 3월 11일 접속).
17) "구글에서 일해야 하는 10가지 이유," 구글 채용, http://www.google.com/support/jobs/bin/static.py?page=about.html&about=top10 (2008년 4월 4일 접속).

제7장

Google

구글 박애주의

> 구글은 이미 세계적인 영향력을 행사하고 있지만 우리는 Google.org (구글의 박애주의 조직)가 세계에서 가장 중요한 사회 문제의 해결을 위해 우리의 자원을 적극 활용함으로써 언젠가는 모회사의 세계적 영향력을 능가하기를 바란다. 우리는 세계 빈곤, 기후 변화, 공중 보건 같은 사안에 대한 혁신적인 해결책과 기업가적인 접근을 찾는 데 깊은 열정을 품고 있다.[1]

래리와 세르게이는 세계 최고의 검색 엔진을 만들어 세계에 존재하는 모든 정보를 모두에게 제공하겠다는 특별한 비전을 갖고 구글을 시작했다. 그들은 이 비전을 토대로 질문과 가장 관련된 검색 결과와 특정 검색과 가장 관련된 겨냥 광고를 연계함으로써 세계에서 가장 부유한 기업을 창조했다. 그들의 독특한 비전, 구글의 인적, 기술적 자원, 부, 사회 철학이 박애주의에 대한 혁신적인 접근을 낳았다는 사실은 그리 놀랍지 않다.

래리와 세르게이는 이미 2004년에 기업공개 당시 잠재 주주들에게 발송한 서한을 통해 박애주의 비전의 윤곽을 설명했다. 구글은 Google.org 설립 초기 단계에 펀드를 형성했는데 그 가치는 기업공개 당시 300만 주 가치의 10%에 해당했다. 이 펀드는 2005년, 비과세 구글 재단(Google Foundation) 설립에 사용되었다. 구글 재단은 별도의 501(c)(3) (미국연방세법의 코드상 비영리단체 – 역자 주) 사모 펀드이다. Google.org가 구글 재단을 관리한다. 그리고 구글 재단은 Google.org의 사명과 핵심 구상들을 지지한다. 그러나 이 재단은 Google.org가 기부 활동 및 투자를 위해 사용하는 펀드의 유일한 출처이기도 하다. 2008년 1월이 되자 Google.org의 기부금과 투자의 총액은 7,500만 달러를 상회했다.2)

래리와 세르게이가 Google.org를 보조금을 후원하는 기부와 이윤을 추구하는 투자를 결합한 '혼합형 박애주의 형태'로 만들기로 한 결정은 자칫 이상해 보일 수도 있으나, 실제로는 복잡한 세계 문제들의 해결책을 모색하는 과정에서 더욱 다양한 선택권과 자유를 부여한다. 또한 시장 가치가 높은 해결책을 발견할 경우, 협력 업체 투자에 대한 수익을 낼 기회를 제공하기도 한다. 이윤을 추구하는 기업에 대한 투자에서 수익이 발생할 경우, 그 수익금은 Google.org의 다른 활동을 후원할 수 있도록 Google.org에게 돌아간다.3)

Google.org가 이윤 추구 기관이기 때문에 갖는 유연성은 여러 가지 방식으로 해결책을 모색할 수 있게 해 준다. 예를 들어 구글은 더 우수한 플러그인 하이브리드 전기 자동차(가정에서 충전한 전기로 움직이는 자동차 – 역자 주)의 개발을 장려하는 과정에서, 플러그인 자동차에 대한 대중 인식제고 캠페인을 펼치는 플러그인 아메리카, 캘카스(CalCars)같은 비영리 단체들에 100만 달러의 지원금을 후원할 수 있었다. 이와 동시에 기업의 솔루션 개발을 촉진할 수 있는 1,000만 달러의 투자 제안을 요청할 수도 있었다. 그들은 문제의 해결책이 비영리 기관을 위한 보조금에서 나오건, 영리 기관에서 나오건, 아니면 일종의 혼합 형태에서 나오건 간에 무조건 최상의 해결책을 찾을 수 있는 위치에 있기를 원한다. 이런 측면에서 설립된 Google.org는 관심 있는 분야에서 정부 로비 활동을 전개할 수도 있다.

래리와 세르게이는 21세기의 가장 심각한 세계 문제들을 해결할 수 있는 박애주의 단체를 설립하고 싶었다. 그러나 그들은 그러면서도 문제 해결과정에 직접 참여하기 위해 구글의 장점인 정보 검색과 기술의 힘에 견줄 만한 대의를 선택하길 원했다. 그들의 강점은 파트너 업체들의 전문성과 지식과 결합해 심각한 사회 문제에 강력히 대응할 수 있게 해주었다. 구글은 도전 과제로 기후 변화, 빈곤, 신종 질병을 선정했다. 구글은 '기후 변화, 세계 보건, 빈곤이 서로 복잡히 연결돼 있고 가장 큰 부담을 지는 이들은 세계 빈곤층'이라고 믿는다. 구글은 Google.org과 함께 이 분야에서 이미 효과적인 연구와 활동을 벌이고 있는 단체들에 자금을 지원하길 원한다. 그리고 후원하는 시험 프로젝트들이 크게 효율적인 해결책을 도출하기를 희망한다.[4]

위의 도전과제에 대한 구글의 대응은 수백 개의 제안들로부터 추려낸 다섯 가지 구상에 담겨 있다. Google.org의 후원 및 커뮤니케이션 책임자인 풀러(Jacquelline Fuller)는 박애주의 가능성을 다섯 개의 구상으로 좁히는 과정을 표현하면서 "백지 위에 다섯 개의 구상이 채워지기까지 수많은 눈물과 고뇌가 있었다"라고 말했다.[5]

구글의 5가지 박애주의 구상

목표로 삼을 만한 대의들을 1년 이상 연구한 끝에 모습을 갖추게 된 구글의 다섯 가지 구상을 살펴보자.

1. 석탄보다 저렴한 재생 에너지 개발

Google.org는 사내 자체 연구 개발 그룹의 운영을 통해 이 문제에 맞서고 있다. 또한 태양열, 풍력, 지열 전문 재생 에너지 단체나 기업에 대한 투자, 보조금 후원을 통해 R&D를 지원하고 있다. 여기서 구글의 사명은 가장 저렴한 석탄을 사용하는 전력 발전소를 재생 에너지로 대체하는 것이다. Google.org는 또한 재생 에너지 개발을 가속화하는 공공 정책을 장려하고자 한다.

태양열을 이용한 전력생산은 1970년대 후반과 1980년대 초반의 석유파동 당시로 거슬러 올라간다. 태양열 발전의 개발은 석유 위기 이후 대형 발전소에 대한 정부의 지원과 보조금의 부재로 인해 주춤해 왔다. 그러나 최근 유가 상승과 기후 변화에 대한 우려 증가, 새로 제안되거나 이미 존재하는 미 연방법, 일부 주의 기존 재생 에너지 관련 주 법규로 인해 투자 자금이 재생 에너지로 다시금 몰리고 있다. 미국의 네바다, 아리조나, 뉴 멕시코, 콜로라도 주의 전력의 15%에서 20%를 태양열로 충당해야 한다는 규정처럼 재생 에너지에 대한 연방 및 주 정부 참여의 증대는 관련 R&D를 더욱 장려한다.

천연 가스와 석탄 가격의 상승으로 인해 태양열 업체들은 점차 경쟁력을 갖춰가고 있다. 일부 은행들은 기후 변화 법안의 위험을 일반 전력 발전소의 대출 비용에 포함시키고, 반면 이솔라(eSolar) 같은 태양열 업체들은 발전소의 부품 생산 비용을 절감하고 건설을 간략화하는 방법을 모색 중이다.[6]

구글은 태양열 집광 이행이 핵심 기술인 이솔라(eSolar)에 1,000만 달러를 투자했다. 태양열 집광의 원리는 다음과 같다. 일광 반사 장치(heliostat), 즉 태양열을 반사하기 위해 거울을 사용하는 도구들이 열 수신기로 열을 보낸다. 여기서 집중된 열은 열 수신기 내부에서 물을 끓인다. 이 때 발생한 수증기가 전력을 생산하는 터빈으로 보내진다. 냉각은 수증기를 다시 물로 만들고, 이 과정이 계속 반복된다.[7]

2008 재생 에너지 및 에너지 절약 세법, H.R. 5351

미 하원은 2008 재생 에너지 및 에너지 절약 세법, H.R. 5351을 2008년 2월 27일에 통과시켰다. 이 법안은 다음 날 상원에 넘겨졌고, 두 번 낭독된 후 상원 재정 위원회에 회부되었다. 법안의 주요 특징은 다음과 같다.

- 대형 석유 회사들에 대한 불필요한 보조금을 중단한다. 대신 이 보조금은 청정 재생 에너지 개발을 도모하는 장려책의 자금 충당을 위해 사용된다.
- 플러그인 하이브리드 자동차, 에너지 효율적인 가정, 건물, 가전제품에 대한 세제 혜택을 늘린다.
- 풍력, 태양열, 지열, 수력, 조력, 바이오매스, 매립지 가스를 포함한 재생 에너지로부터 생성된 전기에 대한 장기 세제 혜택 80억 달러 이상이 포함된다.
- 앞서 언급한 재생 가능한 자원에서 생성된 청정 재생 에너지 사용료를 20억 달러 상당의 채권으로 전기 공동 주택과 공공 전력 회사들에 제공한다.

하원 대변인인 펠로시(Nancy Pelosi)는 그녀의 웹 사이트를 통해 이 법안이 수천 개의 일자리와 1,200만 가구에 전기를 공급할 수 있는 계획된 재생 에너지 프로젝트를 생성할 것이라고 밝혔다.

그녀는 또한 이 법안의 혜택이 미 중산층에 미치는 영향을 다음과 같이 표현했다. "5개 대규모 석유 회사들이 2007년에 사상 최대 수익을 기록했다고 밝혔으며, 엑손모바일의 수익은 406억 달러로, 이는 미 역사상 가장 높은 기업 이익이다. 석유 회사의 이윤은 4배나 증가한 반면, 고유가는 계속해서 미국의 가정을 압박한다."[8]

현시점에서 이 법안이 통과할지는 미지수이나, 만약 통과한다면 어떠한 형태로든 미국의 석유 의존도에 문제가 있다는 사실과, 대체 가능한 청정 재생 에너지 자원의 개발이 시급함을 인정하는 것이다.

이솔라의 2008년 4월 보도 자료에 따르면, 그들은 "1기가와트(GW) 이상의 전력을 생산, 송달할 수 있는 미국 남서부 지역의 부지 권리를 취득했다. 이솔라는 올해 말 경 캘리포니아 남부 지역에 완전 가동이 가능한 발전소를 갖출 것이다." 구글의 이솔라 투자는 아이디어랩(Idealab), 오크 투자 파트너스(Oak Investment Partners), 기타 투자자들의 자금과 합해져 총 투자금이 1억 3,000만 달러를 웃돈다. 최초로 검색과 관련된 광고를 연계한 검색 업체인 오버추어(Overture)와 아이디어랩을 설립한 그로스(Bill Gross)는 이솔라의 이사이다.[9]

Google.org는 또한 태양열 관련 민간 기업인 브라잇 소스(Bright Source)에도 투자한다. 다른 투자자들에는 BP 대체 에너지(BP Alternative Energy)와 쉐브론 기술 벤처스(Chevron Technology Ventures)가 있다. 브라잇 소스의 창업자이자 이사인 골드만(Arther Goldman)은 전에 몸 담고 있던 루즈 인터내셔널 주식회사(Luz International Ltd., 사업을 중단함)와 함께 태양전기도 태양열로 합리적인 가격에 대량 생산이 가능함을 증명한 최초의 인물이었다. 루즈사는 1984년부터 1990년까지 캘리포니아의 모하비(Mojave) 사막에 9개의 태양 전기 생산 시설을 설립했다. 이 발전소들은 여전히 흑자 운영 중이다.[10]

Google.org가 마카니 파워(Makani Power)에 투자한 1,000만 달러는 고도 풍력 채취의 R&D 후원에 쓰였다.[11]

구글은 사내에서도 다양한 방식으로 재생 에너지에 대한 헌신을 입증하고 있다. 구글플렉스에 태양 전지판을 설치하여 건물 전력 소모가 최고조에 달하는 시간대의 전력 소비량 30%에 해당하는 1.6 메가와트의 전기를 생산한다. 이는 훌륭한 투자인데다, 7년 안에 비용을 자체 충당하게 될 것이다. 구글은 인도 하이데라바드(Hyderabad)의 사무실에도 건물에 온수를 공급할 태양 모듈을 설치하고자 한다. 미국 오레곤의 신규 사무실 역시 인접한 수력 발전소로부터 전기를 저렴하게 조달할 예정이다.

구글의 서버 발전소는 대량의 전력을 필요로 하는 대형 건물들이다. 동시에 가동되는 수만 대의 컴퓨터들은 전력 소모가 많은데다가, 스스로의 열에 녹지 않도록 에어컨으로 열을 식혀 주어야 한다. 어느 기업이건 일반 서버에 전력을 공급하는 비용 1달러 대비, 열을 식힐 에어컨 전력 소모비용 1달러가 추가된다. 따라서 이미 최소 50만 개 이상의 서버를 운영 중이고, 더 많은 서버를 수용하기 위해 데이터 센터 증축 계획을 갖고 있는 구글로서는 재생 에너지에 관심을 갖지 않을 수 없다. 재생 에너지를 개발하고 사용할 경우 직원들은 더 좋은 세계인이 되고, 구글은 운영비를 대폭 절감할 수 있다.

『가디언 언리미티드(*Guardian Unlimited*)』의 레이(Richard Wray)는 2007년 11월 세르게이와의 인터뷰에서 석탄보다 저렴한 재생 에너지 개발 구상에 대한 구글의 복합적인 동기에 대해 물었다. 레이는 구글이 석탄보다 저렴한 재생 에너지의 발견에 성공할 경우 그 자원을 공유할 계획인지, 아니면 막대한 부의 축적에 이용할 것인지 물었다. 세르게이는 다음과 같이 답했다. "우리의 접근 중 상당 부분은 협력 관계, 투자에 집중하며, 그들의 기술을 얼마나 광범위하게 사용하느냐의 결정은 그 기업들에 달려있다. 그러나 우리가 영향력을 행사하는 한 최대한 널리 사용되기를 바란다. 또한 기업들과 부서들이 혜택을 누려서 개발에 계속 투자하기를 바란다."[12]

구글은 자체적인 가치 사슬(value chain: 기업활동에서 부가가치가 생성되는 과정 – 역자 주) 활동을 통해 지구의 피해를 줄이고, 가능하다면 궁극적으로 근절하고자 하는 기업의 사회적 책임을 진지하게 수용한다. 구글은 대형 컴퓨터 인프라가 상당한 전력을 소비하며 그로 인해 온실 가스 생산에 기여한다는 사실을 인정하고 책임을 진다.

구글은 2007년에 탄소 중립적이 될 것임을 약속하고 그 약속을 이행했다. 앞으로도 그럴 것이라고도 약속하고 이를 달성하기 위해 기업 운영을 더욱 에너지 효율적으로 만들고 있다. 또한 재생이 가능하며 저렴한 청정 대체 에너지원에 대한 적극적인 연구와 투자를 감행한다. 배출된 탄소를 상쇄하는 프로젝트에 대한 투자는 아직 직접적인 수단으로 감소하지 못하는 탄소 배출 균형을 이루고자 한다. 예를 들어 구글은 멕시코와 브라질에서 축산 폐기물 관리 시스템의 개선을 위해 자금을 지원한다. 이전에는 축가에서 발생한 폐기물이 빗물을 타고 지면을 흐르면서 지구에 치명적인 영향을 미치고, 축가가 속한 지역의 대기 수준을 저하시키고 대기와 수질을 오염시키는 온실 가스를 배출했다. 구글도 탄소 감축만으로는 온실 가스 배출을 근본적으로 줄일 수 없다는 사실을 인정하지만 후원 프로젝트들은 가시적인 감소 실적을 내고 있다. 이러한 감축 프로젝트들은 다른 장기적인 구상들과 함께 구글로 하여금 탄소 감축의 책임을 다하도록 돕고 있다.

구글은 자체 데이터 센터들이 동종 업계의 다른 센터들과 비교해 에너지를 절반가량만 사용한다는 사실에 긍지를 느낀다. 이러한 성과는 효율적인 전력 공급과 증발 냉각 기술 덕분에 가능했다. 게다가 세계 각국의 사무실 조명을 에너지 효율적으로 만들고 있으며 에너지 사용을 감축할 수 있는 더 많은 방법을 찾기 위해 에너지 감사를 실시한다. 구글은 기후 구원자 컴퓨팅 구상(Climate Saver Computing Initiative)을 시작하고 업계의 다른 기업들과 전력 사용감축에 관한 정보를 공유한다.[13]

2. 플러그인 자동차 상용화의 가속화(RechargeIT)

리차지 IT(RechargeIT) 구상의 목표는 플러그인 자동차의 상용화를 통해 이산화탄소 배출과 석유 소비를 줄이는 것이다. 구글의 자체 차량들이 플러그인 기술을 입증하기 위해 사용된다.

    Google.org의 캘카스 투자와 플러그인 아메리카에 대한 보조금은 앞부분에서 Google.org가 목표 달성을 위해 투자와 보조금이라는 이중 전략을 활용하는 혼합형 박애주의 모델을 사용하는 사례로 언급되었다. 구글은 플러그인 자동차 발달을 후원할 플러그인 아메리카 보조금 외에도 브루킹스 연구소(Brookings Institution: 미국의 사회과학 연구소로 1927년에 로버트 브루킹스가 설립함 - 역자 주), 전력 연구소(Electric Power Research Institute), 록키 마운틴 인스티튜트(Rocky Mountain Institute), 델러웨어 대학교의 켐튼(Willett Kempton) 박사에게도 보조금을 지급한다.

    Google.org는 2008년 6월, 워싱턴의 브루킹스 연구소에서 '2008년 플러그인 전기 자동차 회의: 워싱턴의 역할은 무엇인가?'라는 주제로 회의를 개최했다. 이 회의는 플러그인 전기 자동차를 집중 조명하며 가능성과 타당성을 분석하고, 활성화를 장려하는 여러 연방 정책의 장단점을 논의했다.14) 패널에는 저명한 정치인, 업계 임원, 정부 규제 관계자, 비영리 단체 임원, 중재자 역할을 할 유명 언론인들이 참가했다. 이 회의에서 주목할 만한 것은 미국 자원부(DOE: Department of Energy)의 에너지 효율성 및 재생 에너지 담당 차관보인 카즈너(Andy Karsner)가 향후 3년간 3,000만 달러의 자금을 비용 공유 플러그인 하이브리드 전기 자동차(PHEVs: Plug-in Hybrid Electric Vehicles) 3대의 실험 및 개발 프로젝트에 사용하겠다고 발표한 것이다. 그는 회의에서 다음과 같이 말했다. "오늘 발표된 프로젝트들은 청정 자동차 기술을 발전시키고 석유 수입에 대한 의존도를 낮추며 심각한 문제인 기후 변화에 대응하는 민관의 공동 노력을 보여준다."15)

Google.org와 브루킹스 연구소가 플러그인 자동차를 둘러싼 영향력 있는 관계자들을 한 데 모아 의미 있는 대화 뿐 아니라 긍정적인 행동까지 이끌어냈다는 것은 놀랍고 인정받을 만한 일이다.

3. 예측 및 예상

전염병을 발병 이전에 예측하려는 Google.org의 노력은 흔치 않다. 구글은 전문 지식을 적용하여 지식을 전파하고 데이터 수집, 공유, 분석을 도와 세계에서 전염병에 특히 취약한 곳을 지도로 제작하고 '지역사회가 위협을 견디고 변화에 적응할 수 있는 복원력을 제고하는데 기여'하고자 한다. 구글은 스스로 '시의 적절하고 정확하며 접근 가능한 정보를 제공하여 국소적인 보건 위기가 지역적, 세계적인 위협으로 확대되는 것'을 예방할 수 있다는 입장이다.[16]

이러한 비전에서 탄생한 Google.org의 첫 번째 프로젝트는 비상사태, 질병, 재난에 대한 혁신적 지지(Instedd: Innovative Support to Emergencies, Diseases, and Disasters)로 불리는 신규 비영리 단체

하이브리드 자동차 매출

'2007년 4월~2008년 4월'

미국의 하이브리드 자동차 매출은 2007년 4월부터 2008년 4월까지 약 41% 이상 성장했다. 도요타(Toyota)의 하이브리드 전기 세단인 프리우스(Prius)의 매출은 동기간 61%나 증가했고 전기차 부문에서 계속 선두를 달리고 있다. hybridcar.com에 의해 2008년 올해의 하이브리드 자동차에 선정된 도요타 하이브리드 차량 캠리(Camry)는 매출액 2위이다.[17]

활동의 개시였다. Instedd는 과학자, 소프트웨어 엔지니어, 보건 및 구조 단체, 정부와 협력하여 발병 가능성이 높은 곳을 발견하고 인도주의 대응을 계획하기 위해 정보 공유 및 팀워크를 향상시킬 수 있도록 소프트웨어와 다른 기술들을 개발할 예정이다. Instedd의 첫 프로젝트는 20개의 협력사들과 함께 캄보디아, 라오스, 미얀마, 태국, 베트남, 중국 남부의 윤난성의 신규 전염병을 밝혀내고 대응 능력을 키우는 것이었다.

Instedd의 소프트웨어 엔지니어들은 기존의 기술들을 어떻게 재구성하여 질병을 추적하고 대응책을 계획할 수 있는지를 연구하고 있다. 그들은 이미 마이크로소프트, 구글, 페이스북의 기존 기술을 이용해서 다수의 도구를 만드는 데 성공했다. 신규 도구 중 한 예는 중요한 정보를 한 언어에서 다른 언어로 신속히 번역해야 하는 문제를 해결한다. 이 도구는 문자 시스템으로, 캄보디아의 공식 언어인 크메르어로 문자를 보내면 버마어로 받을 수 있다.

Instedd의 최고 경영자인 라스무센(Eric Rasmussen) 박사는 전염병의 조기 발견이 발병 지역 뿐 아니라 지구 전체에 중요한 이유를 다음과 같이 설명한다. "세계인들은 이제 여행과 무역으로 인해 하나로 연결돼 있다. (보건) 사건들을 조기에 진압하지 않으면 쉽사리 확산되기 쉽다."[18]

Google.org는 Instedd에 500만 달러의 보조금을 지원했다. 이 신설 단체는 록펠러 재단으로부터도 100만 달러의 기부금을 유치했다.

4. 공공 서비스 개선을 위해 알리고 권한을 부여함

Google.org는 개발도상국에서 공공 서비스의 개선과 물, 위생, 보건 서비스, 교육과 같은 삶의 기본 요소들의 수준에 대한 책임의식 고취가 신속히 이뤄지지 않음을 인정한다. 그러나 동아프리카 및 인도의 공동체, 정책 입안자들에게 관련되고 정확한 정보를 제공할 경우, 이 국가들의 공공 서비스를 개선하도록 공동체에 권한을 부여해 줄 것이라 믿는다. 이는 다시 공동체 보건을 증진하고 빈곤 퇴치에 기여할 것이다. 공동체들은 그들이 누리는 공공 서비스의 수준에 관한 권리와 자격에 대한 정보를 얻을 것이다. 구글은 정보를 전달하기 위해 무선 기기나 무인 전자 단말기 같은 다양한 방식과 매체를 시험할 것이다.

Google.org는 정보를 통해 시민들에게 권한을 부여하고자 하며, 동시에 정책 입안자들에게도 더 많은 우수 정보를 제공하여 서비스를 향한 요구 증대나 공공 서비스 공급에 내재된 문제에 대처하도록 할 것이다. Google.org는 다음과 같이 언급한다.

> 일반에 비공개된 기존의 자료를 '공개'하기 위해 우리는 정보가 접근, 입력, 저장, 분석, 의사소통되는 방식의 혁신을 모색하고 있다. Google.org는 공공 정보의 투명성이 시민, 지역사회, 정책 입안자 간의 견제와 균형을 증대시킬 것이라고 믿는다.

Google.org는 강력한 지역 리더십이 성공에 필수라는 사실과 또한 성공은 세대를 초월할 때에만 가능하다는 사실을 깨달았다. Google.org는 "우리는 이번 구상의 지속 가능성을 보장하기 위해 비즈니스, 정부, 시민 사회 지도자에 대한 투자에 심혈을 기울인다"고[19] 했을 때 분명 장기적인 노력을 할 준비가 되어 있다.

Google.org는 또한 정부 관리들을 향한 정보 흐름의 개선을 위해 노력하며 변화를 위해 그들에게 로비를 펼친다. 폴 뉴먼(Paul Newman: 미국의 유명 영화배우, 1986년 아카데미 남우주연상 수상 – 역자 주)의 기업 박애주의 장려 위원회(CECP: Committee Encouraging Corporate Philanthropy)의 대표이사인 무어(Charles Moore)는 이 접근에 대해 언급했다. "구글처럼 앞장서 정부를 상대하는 기업은 많지 않다."20)

Google.org는 인도에서 지역 고유의 개혁 노력을 지지하고 있으며, 이것이 시사하는 바는 기여하려는 공동체에 직접 권한을 부여하는 것이 외부 인사로부터 답을 구하는 것보다 낫다는 점이다. 구글은 방갈로의 분석 기관인 예산 및 정책 연구 센터(Centre for Budget and Policy Studies)에 76만 5,000달러를 수여해, 인도 지역 정부로 하여금 군 및 시 단위 계획이 더욱 활성화되도록 예산 정보 서비스를 구축하게 했다. 또한 인도의 정책 연구 센터(Center for Policy Research)에는 도시 지역 관리 및 도시 서비스 인도 문제에 연관된 연구와 토론을 장려하기 위해 66만 달러를 수여했다.

특히 이 기관의 전국적인 영향력으로 인해 더욱 주목받은 것은 바로 교육 개선을 위해 설립된 비영리 단체인 프라담(Pratham)에 수여한 200만 달러의 보조금이었다. 이 보조금은 각 기관이 인도의 전국 교육 현황 연간 보고서(ASER: Annual Status of Education Report) 같은 교육 프로그램의 대규모 평가를 진행하는데 쓰인다. 향후 목표는 다른 공공 서비스 분야까지 평가를 확대하는 것이다.

프라담의 설립자이자 프로그램 이사인 하버(Madhav Chava) 박사는 구글 보조금의 가치에 대해 다음과 같이 말했다. "구글의 도움으로 인해 우리는 자발적 정신과 행동하는 특성을 유지하면서도 ASER을 다양한 방식으로 강화하는 계획을 세우고 있다. 이러한 협력 관계는 더 우수한 데이터 조사, 접근, 분석 기술을 배우게 될 새로운 개인 및 기관의 네트워크 형성에 이바지할 것이다."21)

인도에서 문맹, 빈곤, 질병의 세대간 대물림의 악순환을 끊기 위해서는 교육 수준의 향상이 필수이다. 현재 인도의 1억 4,000만 명의 초등

학생 중 3,000만 명은 전혀 읽지 못하며 4,000만 명은 겨우 몇몇 알파벳만을 알아보고, 4,000만 명은 몇 개의 단어를 읽을 수 있으며 3,000만 명은 문단을 읽을 수 있다. 이들 중 5,500만 명 이상의 아이들이 4학년을 마치지 못한 채 중퇴한다.22)

인도의 상공 회의소 연합에서 실시한 2007년 설문 조사의 결과에 따르면 냉장 기계공, 전기공, 의사, 간호사, 응급 의료진 등 기술을 보유한 전문인들이 심각하게 부족한 것으로 나타났다. 직물 및 자동차 산업은 몇 년 내 신규 노동자 수요가 수백만 명에 이를 만큼 고속 성장을 보일 것으로 예측된다. 이러한 요구를 충족시킬 수 있느냐의 문제는 인도 교육 수준의 개선에 달려있다.23)

구글은 인도에서 이미 높은 궤도에 올라와 있고 광고 매출의 증대를 원하기 때문에 인도에서 박애주의 활동에 힘쓰는 것은 당연하다. 고학력의 취업자들은 제품 구매력도 더 뛰어나기 때문에 광고 매출을 증대시킨다.

구글은 인도에 여러 사무실을 운영하는 것 외에도 미국 외 지역 최초의 R&D 센터를 2004년 방갈로에 설립했다. 구글의 아시아 사업 책임자인 캐시디(Sukhinder Singh Cassidy)는 방갈로를 택한 이유 중 어느 정도가 "인도인 구글러 중 상당수가 다시 인도로 돌아가 인도의 성장에 참여하고 싶어하기 때문이다"라고 밝혔다.24)

인도에서 2,500만 명의 인터넷 정기 사용자 중 약 75%가 검색을 위해 구글을 1순위로 사용할 만큼 구글은 인도에서 인기가 매우 좋다. 따라서 구글의 신규 광고 시장 창출 전략에는 물론 인도가 포함된다. 현재 인도의 온라인 광고는 미국 시장의 168억 달러와 비교할 때 5,300만 달러에 그치지만, 2009년에는 6억 달러까지 증가할 전망이다.

인도는 지구상에서 아직 인터넷을 사용하지 않는 55억 명의 인구에 다가가려는 구글의 계획에도 속한다. 인도에서는 인터넷 보다 휴대폰을 소유하는 비율이 8배나 높다. 구글이 무선 제품 개발을 하는 의미는 인도 시장을 더욱 공략하고 그로 인해 멀지 않아 온라인 광고비용의 상당 부분을 점유하려는 계획이다.

5. 중소기업 성장의 동력 제공

Google.org는 다시 인도와 동아프리카에서 중소기업의 성장을 집중 지원함으로써 공정한 경제 성장을 장려하고자 한다. 많은 개도국에서 중소기업은 은행의 지원을 받는 대기업이나 마이크로 기업가들(micro-entrepreneurs: 소규모 자본 기업가 – 역자 주)과 달리 자금 부족에 시달린다. Google.org는 중소기업에 전문 지식과 자본을 제공할 경우 이 기업들의 성장을 돕고 더 많은 일자리를 창출할 것이라고 믿는다. 그리고 이는 결국 개도국 경제 전체를 강화한다.

Google.org의 보조금 활동

Google.org이 기후 변화 문제를 해결하려는 의지는 가뭄 발생을 사전에 발견, 예측하는 패턴의 존재 여부를 탐사하는 프로젝트를 위한 61만 7,457달러의 보조금을 메사추세츠 주 우스터(Worcester)에 위치한 클라크 대학교에 지급하는 것으로 이어졌다. 이 프로젝트에는 지난 50년 동안의 아프리카의 기후, 삼림 벌채, 토양의 습기에 관한 데이터가 포함된다. 샌프란시스코의 고든과 베티 무어 재단(Gordon and Betty Moore Foundation)은 이 프로젝트 후원을 위해 동일한 액수의 후원금을 지원했다.

Google.org는 테크노서브(TechnoServe)에 총 470만 달러의 지

원금을 후원했다. Google.org는 2006년부터 탄자니아와 가나의 비즈니스 계획 대회 및 기업가 프로그램을 관리하도록 테크노서브에 170만 달러를 후원했다. 370만 달러의 일반 후원금은 아프리카의 비즈니스 및 빈곤 퇴치 프로그램을 지원하고 일자리 창출에 쓰이도록 테크노서브의 프로그램에 수여했다. 그라민(Grameen) 재단은 동아프리카의 가정과 지방 기업 구상에 정보를 제공할 무선 어플리케이션의 가능성을 위해 20만 달러를 받았다.

어큐먼 펀드(Acumen Fund)에 수여된 520만 달러는 기업들로 하여금 시장중심적인 접근을 통해 빈곤층에 서비스를 제공하도록 돕는다. 250만 달러의 보조금은 세계 보건 및 안보 구상(Global Health and Security Initiative)이 세계의 생물학적 위협을 감시하는데 사용되었다.

특별 프로젝트와 교육 보조금에는 에너지 재단의 기후 변화 연구를 위한 5만 달러, 2006년 지구 온난화 해결책 행동 방안 실천(Global Warming Solutions Act of 2006) 지지를 위한 10만 달러, 기기, 장비, 건물에 대한 의무 및 자발적인 효율성 기준을 통해 미국과 중국의 지구 온난화 오염을 감소시키는 에너지 효율성 표준 센터(Center on Energy Efficiency Standards) 설립을 위한 200만 달러가 포함된다. Google.org는 또한 카트리나 허리케인, 중국 중부의 지진, 미얀마의 사이클론 나그리스로 인한 재난 구조 및 복원 활동을 위해 300만 달러 이상을 기부해왔다.

Google.org의 직원

구글은 Google.org을 출시하기 전부터 1년 이상 연구를 진행했다. 현재는 다양한 배경을 가진 직원 40명으로 구성되어 있다. Google.org를 이루는 전문가들은 미국 정부의 전직 에너지 차관보, 골드만 삭스의 전 부사장에서 전염병 학자에 이르기까지 매우 다양하다.

브릴리언트(Larry Brilliant)는 Google.org의 첫 대표이사이다. 2006년 2월, 취임 당시 그는 이렇게 말했다. "사람들이 10년 후에 구글이 검색 엔진보다 박애주의로 이 세상을 더 좋은 곳으로 만들었다고 얘기했으면 한다."25)

브릴리언트는 구글의 박애주의 노력에 더 없이 훌륭한 조건을 갖추고 있었다. 그는 의사이자 전염병학자이고, 미시간 대학교에서 전염병학, 세계 보건 계획, 경제 개발 분야의 부교수였으며 기술 기업의 CEO로도 재직했다. 그는 의대 학위를 받은 후 인도 힌두교 지도자로부터 2년간 가르침을 받았다. 그의 스승이었던 바바(Neem Karoli Baba)는 숨을 거두기 직전, 브릴리언트에게 그의 마을을 떠나 1970년대 초 인도에 창궐하던 천연두 퇴치에 그의 의료 지식과 기술을 사용하라고 말했다. 브릴리언트는 세계 보건 기구(World Health Organization)의 의료진으로 합류한 뒤 2년여 동안 인도에서 천연두를 치료하는 10만 명을 지휘했다. 그 후 미국으로 돌아가 200만 회 이상의 수술을 집행하고 세계 다른 어떤 단체보다 더 많은 시야를 복구해준 재단인 전염병학 및 자발적 지원을 위한 소사이어티(Society for Epidemiology and Voluntary Assistance)를 설립했다.26)

브릴리언트 박사가 지역 신문에서 Google.org를 처음 접했을 당시 그는 유엔 프로그램과 함께 인도에서 소아마비 퇴치 활동을 벌이고 있었다. 그러나 그가 info@google.com으로 보냈던 이메일에는 답장조차 없었다.

그는 2006년 연간 기술, 연예, 디자인 회의(Annual Technology,

Entertainment, and Design Conference)에서 TED상을 수상했고 이 상에는 10만 달러의 상금과 세상을 어떻게 변화시킬지에 대한 '염원'이 담겨 있었다. 브릴리언트의 염원은 질병 발병을 조기에 발견하고 신속한 대응 체계를 갖추는 것이었다. 그는 자신의 희망사항을 실현해 줄 오픈 소스 대중 접근 네트워크를 구상했다. 수상 소식을 접한 구글러들은 브릴리언트를 회사로 초청해 연설을 부탁했다. 래리와 슈미트는 그의 연설을 들으며 그들이 Google.org의 초대 이사를 발견했음을 알았다.

Google.org의 미래

Goole.org의 박애주의 접근은 기업 기부 세계의 찬사를 받아왔다. 폴 뉴먼 기업 박애주의 도모 위원회의 대표 이사인 무어는 다음과 같이 말했다. "나는 기업들이 지역사회 투자 방식에 혁신을 도모하는 일을 존경한다. 그들이 하는 일은 뛰어나고 특별하다."27)

    그러나 기업의 박애주의 노력을 관찰하고 분석하는 이들 중 일부는 구글이 비록 기여하고자 하는 국가의 시민, 정부, 기존 비영리 및 재정 단체들과 함께 눈부신 협력 모델을 형성하고 있기는 하지만 기업으로서는 지나친 도전은 아닌지 우려를 표명하기도 한다. 일부 시장 분석가들은 구글의 재생 에너지 연구 분야 진출의 성공이 석탄 및 석유 업체들과의 경쟁 구도로 번질 수 있다는 사실을 감안할 때에는 에너지 산업의 판도를 어떻게 변형시킬지 의문을 제기하기도 한다. 그렇다면 구글로부터 광고를 매입하고 있는 기업들로부터 반발을 살 것인가? 이러한 문제들은 시간이 답해 줄 것이다. 결과와는 관계없이, 박애주의 노력은 그들만의 방식으로 핵심 경쟁력을 사용해 이 세상을 더 좋은 곳

기업 박애주의 장려 위원회(CECP)

배우이자 감독, 기업가, 박애주의자인 폴 뉴먼은 골드만 삭스의 전 공동회장인 화이트헤드(John C. Whitehead), 뉴욕의 부동산 투자가이자 변호사인 멀킨(Peter Malkin)과 함께 1999년 11월 기업 박애주의를 장려하는 위원회를 설립했다. CECP는 '기업 박애주의를 유일한 사명으로 하는 비즈니스 CEO와 이사회들로 이뤄진 유일한 세계 포럼'이다.28)

CECP의 취지는 기업에 기업 박애주의를 장려하고 그 수준을 제고하도록 리더십, 지지, 교육, 연구를 제공하는 것이다. 회원은 초청에 의해서만 될 수 있으며 매년 갱신된다. 현재 세계 최대 규모 기업인 아메리칸 익스프레스, 뱅크 오브 아메리카, 미쓰비시 인터내셔널, 제너럴 밀즈, 타임 워너, IBM, 제너럴 일렉트릭, 쉐브론, 코카 콜라, 제록스, 노키아, 블랙스톤 그룹 등의 165명 이상의 지도자들인 CEO와 회장들이 회원으로 등록되어 있다.

CECP는 2002년에 기업 기부 표준(Corporate Giving Standard)이라는 온라인 설문조사 및 보고 도구를 만들었다. 136개 이상의 기업들이 이 조사에 참여한다. 조사를 토대로 작성된 보고서는 회원들의 벤치마킹 도구로 활용된다. 보고서에는 사례 연구와 보고서 내의 정보의 활용 방안, 도구들이 담겨 있다.

폴 뉴먼의 말 속에는 CECP의 정신과 자신의 느낌이 잘 반영되어 있다. "미국의 기업들이 사회의 선에 보탬이 될 수 있을 것이란 믿음으로 CECP의 설립을 도왔다. 이러한 도전을 수용하고 세계 커뮤니티에 대한 책임을 수락한 CECP의 회원들에 무한한 자부심을 느끼며 그들에게서 영감을 얻는다."29)

으로 만들고자 함으로써 성공하는, 우리가 주목해야 할 구글의 또 다른 단면이다.30)

146 구글

주

1) http://www.google.com/support/jobs/bin/topic.py?loc_id=1116&dep_id =10093 (2008년 4월 15일 접속).
2) http://www.google.org/foundation.html (2008년 5월 20일 접속).
3) http://www.google.org/about.html (2008년 5월 18일 접속).
4) 브릴리언트(Larry Brilliant), "Google.org의 새로운 팀 멤버들," 구글 공식 블로그, 2007년 4월 6일, http://googleblog.blogspot.com/2007/04/new-team-members-for-googleorg.html (2008년 4월 8일 접속).
5) 월리스(Nicole Wallace), "기후 변화와 빈곤이 구글의 자선 우선순위를 차지하다." '박애주의 연대기,' 2008년 1월 17일, http://www.philanthropy.com/news/updates/index.php?id=3783 (2008년 4월 19일 접속).
6) 마드리걸(Alexis Madrigal), "구글의 힘을 얻은 태양광 신설 기업들이 선전, 1억 3,000만 달러," 『와이어드(Wired)』, 2008년 4월 21일, http://www.wired.com/science/planet-earth/news/2008/04/solar_thermal (2008년 5월 23일 접속), 코(Jennifer Kho), "아수라(Asura)는 태양열에 집중해 4,000만 달러 벌어들임," 『그린테크 미디어(Greentech Media)』, 2007년 9월 11일 접속, http://www.greentechmedia.com/articles/ausra-raises-40m-for-concentrating-solar-thermal.html (2008년 5월 23일 접속).
7) http://www.esolar.com/solution.html (2008년 5월 24일 접속).
8) http://www.speaker.gov/legislation?id=0162 (2008년 5월 24일 접속).
9) "이솔라는 혁신적인 조립식 태양열 발전소를 발표," 이솔라, 2008년 4월 21일, http://www.esolar.com/news/press/2008_04_21 (2008년 5월 23일 접속).
10) http://www.brightsourceenergy.com/about.htm (2008년 5월 24일 접속).
11) "보조금과 투자," http://www.google.org/projects.html (2008년 5월 26일 접속).
12) 레이(Richard Wray), "구글이 그린 에너지에 수백만 달러를 투자하다," 『가디언(The Guardian)』, 2007년 11월 28일, http://www.guardian.co.uk/business/2007/nov/28/google.greenbusiness (2008년 4월 21일 접속).
13) "청정 에너지 혁명에 동력이 되다," http://www.google.com/corporate/green/energy/reducing.html (2008년 4월 9일 접속).
14) "2008년 플러그인 전기 자동차 회의: 워싱턴의 역할은 무엇인가?" 브루킹스 행사, http://www.brookings.edu/events/2008/0611_plugin_vehicle.aspx (2008년 6월 28일 접속).
15) "DOE는 플러그인 하이브리드 전기 자동차 프로젝트에 대한 3,000만 달러를 발표함," 미국 자원부, 2008년 6월 12일, http://www.doe.gov/news/6337.htm (2008년 6월 29일 접속).
16) "예측 및 예방," http://www.google.org/predict.html (2008년 4월 4일 접속).
17) http://www.hybridcar.com/index.php?option=com_content&task=view&rid=612&Itemid=45 (2008년 5월 26일).
18) 월리스, "기후 변화와 빈곤이 구글의 지원 우선순위를 차지함," '박애주의 연대기,' 2008년 1월 17일, http://www.philanthropy.com/news/updates/index.php?id=3783 (2008년 3월 27일 접속).

19) "공공 서비스 향상을 위해 알리고 권한을 부여함," http://www.google.org/inform.html (2008년 3월 25일 접속).
20) 밀즈(Elinor Mills), "구글 방식으로 박애주의 실천함," CNET 뉴스닷컴, 2008년 1월 17일, http://www.news.com/Doing-philanthropy-the-Google-way/2100-1030_3-6226728.html?tag=item (3월 28일 접속).
21) "구글은 프라담에게 ASER을 위한 200만 달러를 수여함," 프라담USA, http://www.prathamusa.org/dnn/Google/tabid/100/Default.aspx (2008년 4월 4일 접속).
22) http://www.pratham.org (2008년 4월 4일 접속).
23) 무케르지(Andy Mukherjee), "구글, 게이츠, 인도 유대인들이 아이들에 베팅하다," '블룸버그닷컴,' 2008년 2월 26일, http://www.bloomberg.com/apps/news?pid=2060139&sid=apnpCWrLAUsc&refer=home (2008년 4월 13일 접속).
24) 프라소(Sheridan Prasso), "구글 인도로 가다," 『포춘(*Fortune*)』, 2007년 10월 23일, http://money.cnn.com/2007/10/18/news/internaional/google_india.fortune/index.htm (2008년 4월 13일 접속).
25) 헴펠(Jessi Hempel), "구글의 명석한 박애주의자," 『비즈니스 위크(*Business Week*)』, 2006년 2월 22일, http://www.businessweek.com/technology/content/feb2006/tc20060222_088020.htm (2008년 4월 7일 접속).
26) 해프너(Katie Hafner), "구글의 박애주의 방식: 일반적이지 않은," 『뉴욕 타임즈(*New York Times*)』, 2006년 9월 14일, http://www.nytimes.com/2006/09/14/technology/14google.html?pagewanted=all (2008년 4월 19일 접속).
27) 밀즈, "구글 방식으로 박애주의 실천함," 'NET 뉴스닷컴' 2008년 1월 17일, http://www.news.com/Doing-philanthropy-the-Google-way/2100-1030_3-6226728.html?tag=item (2008년 4월 10일 접속).
28) http://www.corporatephilanthropy.org/overview (2008년 5월 1일 접속).
29) Ibid.
30) 딜래니(Kevin J. Delaney), "구글: '사악하지 말 것'에서부터 선을 행하기까지," 『월 스트리트 저널(*Wall Street Journal*)』, 2008년 1월 18일, http://www.idealab.com/frame.php?referer=/press_room/&url=http%3A//online.wsj.com/article/SB120058125428197687.html%3Fmod%3Dgoolglenews_wsj (2008년 4월 29일 접속).

제 8 장　　　　　　　　　　　　　　　　　Google

구글과 교육

교육을 향한 구글의 의지는 "세계의 정보를 체계화하고 세계적으로 접근 가능하며 유용하게 만든다"[1]는 사명의 자연스러운 연장선상이다. 구글은 디지털 도서, 동영상, 사진 같은 웹 기반 문서, 구글 뉴스 등을 검색하는 이라면 누구든 교육시킬 수 있는 잠재력을 지녔다. 사용자들은 검색 결과를 통해 정보를 얻고 교육을 받는 반면, 구글은 검색 정보와 관련된 분리형 광고를 통해 수익을 얻는다.

　교육자와 학생을 겨냥한 제품을 판매하는 광고주라면 제품에 대한 온라인 트래픽이 가장 많은 곳에 온라인 광고비용을 사용하고 싶을 것이다. 더 일반적으로는, 젊은이들을 위한 제품의 광고주 역시 트래픽이 높은 사이트를 찾을 것이다. 미국의 진학 아동 숫자는 4,300만 명이 넘는다. 초등학생은 연간 150억 달러 가량의 용돈을 쓰고, 부모가 사용하는 1,600억 달러의 지출에도 영향을 미친다. 십대들은 연간 570달러를 용돈으로 쓰고 이 중 360억 달러가 부모의 수입에서 나온다.[2]

　구글은 2005년부터 2007년 사이, 수익의 99%를 광고주들로부터 올렸다. 구글은 계속해서 광고주의 마음을 사로잡기 위해 최대한 많은 사용자를 유치하는 것에 수입의 대부분을 의존하므로, 순수 검색 뿐 아니라 고객 유치를 위한 무료 서비스 및 제품을 제공하지 않을 수 없다.

구글이 교육자들에 다가가는 방법

구글은 초, 중, 고등학생들에게 구글이 무엇을 제공하는지 알리기 위해 웹 사이트를 통해 그들에게 적극적으로 다가간다. 이러한 방식으로, 구글 검색과 구글 도구를 사용하는 교육자로부터 광고비용을 유치하는 동시에 교실과 집에서 구글 검색을 하는 학생들에 다가간다.

구글은 웹 사이트에서 교육자 토론 그룹을 위한 구글(groups.google.com/group/google-for-educators)을 통해 교사들에게는 아이디어 교환과 공유의 장을 마련해주고, 구글 입장에서는 초, 중, 고교 교사들을 위한 새로운 것이 있을 때마다 교육 커뮤니티에 업데이트할 수 있는 쌍방향 의사소통의 도구를 제공한다. 구글은 또한 교사들이 수업 시간에 구글을 어떻게 사용하는지 자신의 사례를 올릴 수 있게 하고, 동시에 다른 교사들과 사서들이 이미 올린 사례들을 살펴 볼 수 있는 페이지도 제공한다.

구글은 구글 교사 아카데미(Google Teacher Academy)를 후원하여 교사들에게 구글 도구 사용의 자격증을 획득할 기회를 준다. 현재 미 전역에는 150여 명의 구글 인증 교사들이 있다. 구글 인증 교사들은 '교수법과 학습 발전을 위해 혁신적인 도구를 사용하고자 하는 열정'을 지닌 이들로 "공인 전문가로 혁신을 확산할 수 있다"고 설명된다. 그들은 아카데미를 수료하면서 어떻게 '그들의 학습을 공동체에 보급'[3]할 것인지에 대한 개인별 계획안을 제출해야 한다.

교육 전문가와의 인터뷰

구글 도구가 수업에서 어떻게, 어느 정도 사용되는지에 대한 전문가의 견해를 듣기 위해, 교육 컨설턴트 오닐(Chris O'Neal)과 이메일과 전화상으로 인터뷰를 진행하여 몇몇 질문들에 대한 대답과 내부인의 견해를 들었다. 크리스는 루지아나 주에서 초등 및 중등 교사로 재직할 당시 올해의 교사상을 수상했고 레이크 찰스 시장 관할의 청년 리더십 위원회(Committee for Youth Leadership) 의장을 맡았었다. 그는 그의 학교가 속한 지역 관할청에서 특히 고위험 학교의 교사와 관리자들에게 전문 개발을 제공하기 위해 교직을 떠났다. 그는 루지아나주 교육부 재직 당시 주 기술 총괄자에 임명되었다.

크리스는 현재 버지니아 대학교에서 교편을 잡고 있고 버지니아 교육부와 함께 학교 관리자들에게 복지 및 전문 개발을 제공한다. 또한 전국 교육 컴퓨팅 회의(National Educational Computing Conference)에 매년 초청 연사로 참가하며 조지 루카스 교육 재단(George Lucas Educational Foundation)의 교수진 보좌를 겸한다.[4]

교육 컨설턴트로 버지니아대학과 다른 여러 주에서 기술 활용 사례들을 관찰했고, 기술이나 교육과 관련된 국내 및 세계 전문가 단체에서의 활발한 활동을 고려해 볼 때, 크리스는 교육자의 구글 도구 사용에 대한 견해를 제공하기에 손색이 없다.

> 저자: 크리스, 구글의 교육자를 위한 도구에 대한 교육자와 학생들의 반응에서 전반적으로 어떤 인상을 받으셨습니까?
> 크리스: 일련의 무료 구글 도구들은 전 세계 유치원부터 고등학교에 이르기까지 많은 교사들 사이에서 인기가 매우 높습니다. 세계 전역의 교육자들은 구글이 지난 몇 년간 개발해 온 유틸리티(utility: 프로그램 작성에 유용한 각종 소프트웨어 - 역자주)를 환영했고 학생들은 이러한 도구 대부분을 수업 안팎에서 무료로 사용할 수 있다는 것을 알았습니다. 웹 2.0 도구들이 매우 융통성 있다는 사실을 알아가는 수업들이 점점 늘고

웹 2.0(Web 2.0)이란?

소프트웨어 어플리케이션처럼 들리는가? 그러나 아니다. 웹 2.0이란 사용자 참여, 네트워킹, 손쉬운 정보의 입수를 허용하는 모든 웹 기반 도구들을 의미한다. 그 좋은 예가 위키(wiki: 인터넷 사용자들이 내용을 수정, 편집할 수 있는 웹 사이트 – 역자 주)이고 위키의 좋은 예는 위키피디아(Wikipedia)다. 인터넷의 초창기에는 '브리태니커 백과사전'의 항목을 보기 위해 웹 사이트를 사용했었다. 이것이 웹 1.0이다. 오늘날은 위키피디아에서 내용을 읽을 뿐 아니라 특정 주제에 관한 자신의 의견을 추가하거나 다른 이의 주장을 반박함으로써 직접 지식 은행에 내용을 추가할 수도 있다. 이것이 웹 2.0이다.

블로깅(Blogging)은 웹 2.0의 또 다른 좋은 사례다. 정기적인 업데이트가 있기 전까지는 내용이 정체돼 있는 웹 사이트와는 달리(웹 1.0), 블로깅은 매일 새로운 내용을 담을 수 있고 누구에게나 인터넷에서 컨텐츠를 얻을 수 있는 수단을 제공하며, 원할 경우 블로거에게 피드백을 제공하거나 다른 독자들과 대화를 나눌 수 있다. 이것이 바로 웹 2.0이다.

좋아하는 뉴스 사이트나 블로그의 새로운 정보를 보려고 직접 사이트를 방문해야 하는 시대(웹 1.0)는 지났다. RSS 피드(RSS feed: 자동으로 뉴스를 전달하고 업데이트한다는 의미, 웹사이트에 새로운 소식이 나오면 신문 배달하듯 알려줌 – 역자 주)에 가입하면 이메일로 바로 받아볼 수 있다(웹 2.0).

유튜브, 소셜 북마킹(social bookmarking: 즐겨찾기 공유 서비스 – 역자 주), 오디오와 동영상 스트리밍(전송), 팟캐스트(potcast: 아이팟과 브로드캐스트의 줄임말로 아이팟을 보고 즐길 수 있는 방송 – 역자 주) 같은 웹 2.0 도구들은 이미 규모가 크고 계속 성장 중이며, 이들의 장점은 무료라는 것이다. 풍부한 사용자 경험, 사용자 참여, 역동적 컨텐츠가 웹 2.0 도구의 가장 큰 특징이라면 구글의 도구 중 어떤 것이 웹 2.0에 해당된다고 생각하는가?

있고, 작업이 인터넷에서 이뤄지기 때문에 교사와 학생은 웹 접속이 가능한 어디에서나 작업할 수 있습니다.

저자: 수업에서 구글의 사용방법에 대한 교사들의 이해를 돕기 위해 구글은 웹 페이지에 교육자를 위한 무료 도구를 다음과 같은 세 가지, 즉, 검색, 의사소통하고, 보여주고, 공유하고, 새로운 제품으로 분류해 놓았습니다(www.google.com/educators/tools.html). 또한 교육 기관에는 구글 기술 지원을 포함한 구매 가능한 구글 앱 교육판(Google Apps Education Edition) 을 제공합니다.

그리고 구글의 검색 분야에서 교육자를 위한 도구에는 도서 검색, 어스, 지도, 뉴스, iGoogle, 웹 검색이 있습니다. 이 도구들에 대한 견해를 말씀해주시겠습니까?

크리스: 구글 지도는 구글 도구 중 생활 속에서 가장 밀접하게 사용할 수 있습니다. 제공되기 시작한지 몇 년 정도 되었고 많은 사용자들에게 길을 찾고, 여행 계획을 세우고, 운전 방향을 계산하는데 도움을 줬습니다. 물론 지도 제작과 지형 기술은 교육 환경에서 매우 중요한 교육 목표입니다. 교사들은 모든 학년에 맞게 구글 지도를 적극 활용하는 방안을 연구하고 있습니다.

어린 학생들은 거리와 시간, 기본적인 지도 지형학을 배울 수 있습니다. 교사는 위치를 확대, 축소하며 초등학생들이 위치 내의 위치에 대한 개념과 도시, 주, 국가간의 관계를 이해하도록 돕습니다. 학생들은 또한 교사가 A에서 B로 이동하는 것을 보여줄 때 지도의 규모를 이해하기 시작합니다. 예를 들어 지도에 '직접' 학교에서 집까지 가는 지도를 그리면서 중요한 깨달음을 얻습니다. 지형과 위성, 그리고 어떤 경우에는 교통까지 겹쳐 볼 수 있어 수업을 통한 학습 기회의 가능성은 무한합니다.

교사들은 지도 도구를 구글 문서 같은 다른 도구들과 결합하여 여러 학문분야가 상호 연관된 도구를 만드는 방식을 습득했습니다. 학생들은 구글문서에 일지를 기록하고, 구글 지도에 길을 그리고, 구글의 주요 지형지물 표시 기능을 이용해서 여행 중간 중간 휴게소를 표시하는 등 도로 여행 계획을 세울 수 있습니다. 교사들은 석유 사용량의 근사치를 계산하는 데 필요한 수학 기술을 상술한 기준표, 혹은 여행길에서 만나는 지형지물을 설명하는데 필요한 역사와 연구 기술을 제공함으로써 매우 열띤 학습 경험을 만들 수 있습니다. 학생들은 서로 협동해서 여행 도중 만날 장소를 정할 수 있고 구글 스프레드시트로 전체 일정의 예산을 짤 수 있습니다. 이것은 단순히 지도 만드는 방법을 배우는 편리한 도구이지만, 교사들이 접목시키는 방법을 배우면서 매우 잘 만들어진 도구들을 이어주는 단단한 실 역할을 합니다.

저자: 학교에서도 iGoogle이 사용되는지 궁금합니다. 학교에서 학생이 방문하는 사이트를 통제하는 것이 중대한 사안이라는 것을 압니다. iGoogle이 어떻게 사용되고 iGoogle이 안전 문제를 해결해 주는지 설명해 주시겠습니까?

크리스: iGoogle은 안전이나 다른 중요한 사안들과 관련해서 교사들을 돕지만, 그 부분을 다루기 전에 무엇인지부터 말씀드리겠습니다. iGoogle은 블로그 구독, 뉴스피드, 팟캐스트, 기타 정보출처들을 한 눈에 쉽게 볼 수 있게 만든 RSS 취합 홈페이지입니다. iGoogle 홈페이지를 사용하면 사용자들은 다양한 RSS 구독을 하나의 깔끔한 인터페이스로 쉽게 통합할 수 있고, 수백 개의 정보출처를 매우 효율적이고 간편하게 관리할 수 있습니다. 수업에서 기술을 사용할 때 자주 제기되는 문제는 도구 사용 자체에 소요되는 시간이 그 혜택을 능가해서는 안 된다는 것입니다. 블로그, 위키스, 기타 정보출처들이 수업에 많은 도움을 주는 것은 사실이지만, 접속 자체에 시간이 너무 많이 소요돼 정작 정보를 분석하고 활용할 시간은 부족하다면 바쁜 학교 일과에 실용적인 방법은 아닙니다.

iGoogle은 이 문제를 쉽게 해결해 주는데, 교사는 사전에 어떤 블로그가 안전하고 가장 연관되고 수업의 요구 사항에 시의적절한지 결정할 수 있기 때문입니다. iGoogle 페이지로 정보출처를 드롭할 수 있는데, 학생들이 다양한 정보출처들을 보고, 탐색하고, 공부할 수 있도록 '본루'를 만드는 것입니다.

이러한 개인 맞춤형 홈페이지는 '가젯(gadget: PC에서 구동되는 위젯 – 역자 주)' 위에 만들어집니다. 여기서 가젯은 페이지에 맞는 맞춤형 모듈을 의미합니다. iGoogle 페이지 하나는 컨텐츠와 관련된 수십 개의 블로그부터 온라인 백과사전의 특정 부분, 선별된 날씨 모듈에 이르기까지 12개의 가젯을 포함할 수도 있습니다. 예를 들어 교사가 세계 기후에 대해 연구하고 있다고 가정해봅시다. 그렇다면 연구 대상 국의 현재 날씨와 기후에 관련된 정보를 보여주는 각 모듈이 있는 iGoogle 페이지를 만들 수 있습니다.

많은 교사들이 학교에서 웹 브라우저 기본 홈페이지로 iGoogle을 사용하고 있습니다. 이를 통해 학생들은 현재 수업을 위해 특별히 만들어진 정보의 토대에서 바로 공부를 시작할 수 있습니다. 교사는 언제라도 모듈을 변경할 수 있고, 구글 RSS 피드는 컨텐츠를 새롭게 합니다. 풍부한 정보출처를 간결하게 시간을 절약해 사용하는 좋은 방법입니다.

저자: 구글 도구의 두 번째 분야는 웹 사이트에서 '의사소통하고 공유하고 보여주는' 도구로 지정되어 있습니다. 여기에는 블로거, 달력, 문서, 그룹, 페이지 크리에이터, 피카사(Picasa), 스케치업(SketchUp)이 있습니다. 이 분야의 도구들이 수업에 활용되는 가치는 어떻습니까?

크리스: 물론 기술 세계에서 전자 달력이 새로운 것은 아닙니다. 그러나 최근 들어 통합과 동기화가 달력 기능에서 상위를 차지합니다. 모든 조직들은 전자 달력을 직원들이 중요한 회의, 프로젝트 마감 시안 등에 대해 늘 알게 하는 방법으로 사용해 왔습니다. 프로젝트 관리는 지위와 관계없이 모든 직장인에게 핵심 기능이 되었습니다. 따라서 달력을 관리하고 다른 이

들과 동기화하고 시간, 날짜, 마감을 늘 확인하는 능력은 고졸이라면 누구나 사회생활을 위해 갖추어야 할 아주 중요한 일련의 기술입니다.

지메일, 구글 문서와 함께 구글의 캘린더 도구는 전 세계 학교들에서 사용하는 구글의 견고한 일부가 되었습니다. 캘린더 도구는 전 학교 일정이 온라인으로 유지되고 구글 문서와 마찬가지로 다른 것과 연동해서 쉽게 업데이트할 수 있게 해 줍니다. 모든 이들이 회의, 학교 행사, 테스트와 시험 날짜, 공휴일 등을 잘 알도록 돕습니다. 게다가 인터넷으로 학부모와 달력을 공유할 수 있다면 아이들이 기존의 종이 일정표를 잃어버린다 해도 학부모들은 중요한 행사를 놓치지 않을 것입니다. 이 달력들이 RSS 피드로 발간되기 때문에 학부모나 교육 공동체는 달력을 구독하고 중요한 행사마다 빠지지 않고 통보를 받을 수 있습니다.

구글 캘린더의 한 가지 편리한 기능은 달력의 특정 일정에 관한 사항을 문자나 이메일 알리미로 보낼 수 있는 선택 사항입니다. 이 도구에 대해 더 많은 교사들이 알아갈수록 그들은 이 도구가 시간 뿐 아니라 종이도 크게 절약해 준다는 사실을 깨닫습니다. 변경 사항이 있을 때 달력을 재출력할 필요가 없고 교사는 학교 전체 일정이 적힌 마스터 캘린더와 특정 수업 기간을 담은 개인 캘린더를 가질 수 있습니다. 달력을 어떤 컴퓨터에서나 관리할 수 있고 특정 날짜에 담긴 정보, 추가 알림 사항, 출처를 꺼내 볼 수 있습니다.

저자: 이 분야에서 수업시간에 사용되는 또 다른 도구가 있습니까?

크리스: 구글의 스케치업 도구는 다운로드할 수 있는 어플리케이션으로, 수업 시간에 그 사용이 서서히 확산되고 있습니다. 학생들은 만들고 디자인하는 것을 좋아합니다. 인간의 본능이면서 재미도 있고 교육의 기초가 됩니다. 3D 모델링 소프트웨어인 스케치업은 학생들이 가상 건물, 집, 놀이터를 만들게 해 줍니다. 말 그대로 하얀 도화지 위에 학생들이 다양한 기하학 기술

을 사용해서 예를 들면, 자신만의 상상속의 방을 만들 수 있죠. 이제 막 도형, 규모, 지역, 길이의 개념을 깨우치는 초등학생들이라면 각기 다른 용량, 크기, 색, 질감의 '살아있는' 모형들을 갖고 놀 수 있습니다. 고학년 학생들은 첫 번째 집을 설계해 보도록 범위를 지정받습니다. 교사는 각 학생들이 작업할 수 있도록 매우 넓은 공간을 허용할 수도 있습니다. 학생들은 수십 가지의 측정, 추정, 설계 기술을 활용해서 현실적이면서도 재미있는 작업을 합니다. 교사들은 때로 수학 개념을 실제 세계와 연계하면서 학생들의 관심을 유지하는 것을 어려워합니다. 이 도구는 바로 이런 역할을 하는 보기 드문 도구입니다. 교사가 지역, 경계, 측정 등의 핵심 개념을 시연해주면, 학생들은 스스로 3D 모델을 만들면서 주도적 학습을 합니다. 이 도구는 학생들이 함께 놀이 공원, 환상의 섬, 운동 경기장을 만드는 데 연구, 수학 능력, 수많은 협력과 협동 기술을 요구하므로 학급에서 협동 학습이 가능하게 하는 또 다른 기회를 제공합니다.

저자: 협동 학습이 나와서 말인데 구글 문서에 대해서는 어떻게 생각하십니까? 제가 만나온 많은 학계와 재계 사람들이 협동을 요하는 프로젝트에 사용하던데요.

크리스: 구글 문서는 실시간 온라인 협동을 선택할 수 있게 해줍니다. 기본 오피스 수트(suite, 여러 기능의 솔루션을 하나의 통합 패키지로 만듦 - 역자 주) 패키지는 하나의 웹 기반 패키지에 워드 프로세싱, 스프레드시트, 프레젠테이션을 모두 제공합니다. 각 도구는 다른 도구와 함께 실시간 온라인 협동을 만들어 주는 통합 수트를 제공합니다.

예를 들어 교사들은 교부금을 공동으로 작성하기 위해 구글 워드 프로세서 문서 하나로 다 같이 사용할 수 있습니다. 과거에는 기업에서도 마찬가지로, 작성자는 초안을 만들어 동료들에게 보내 평가를 받고 정보를 추가하게 합니다. 교정을 마치면 작성자는 수정된 원고를 다시 팀에게 보냅니다. 최종본이 결정될 즈음이면 수없이 교정과 수정을 거친 많은 버전들이 나옵니다. 그러나 구글 문서 같은 협동 도구로 작성하면 온라인상의 문서는 오직 하나 뿐이므로 위 같은 문제를 없애 줍니다. 각 작성자는 간단하게 하나의 공동 작업 문서를 교정하며, 엉뚱한 버전을 수정하거나 다른 사람의 입력 내용을 놓치지는 않을까 노심초사할 필요가 없습니다. 구글 문서에서 하나의 '문서'는 수정된 저장 내역을 모두 보관하기 때문에 사용자는 전개 과정을 지켜보고, 수정안들을 비교할 수 있으므로 잘된 문서를 실수로 덮어쓰기 할 염려도 없습니다.

이 개념을 수업 시간 학생들의 협동 글쓰기에 비춰보면, 교사들이 이 도구를 왜 갈수록 더 많이 사용하는지 알 수 있습니다. 과거에는 수업시간에 그룹으로 글을 쓰는 프로젝트를 했다면 한 학생은 글을 쓰고 나머지 학생들은 지켜보았습니다. 게다가 교사는 누가 무엇을 기여했고, 협동이 어느 정도 이뤄졌는지 거의 알지 못했습니다. 수업 시간에 구글 문서를 사용할 경우 다음과 같은 시나리오를 생각해 볼 수 있습니다. 교사가 한 그룹의 학생들에게 역사의 특정 시대를 골라 공부하고 정치 보고서를 작성하라고 지시합니다. 그리고 교사는 온라인에 비어 있는 구글 문서 시작 페이지를 만듭니다. 각 학생들은 구글 계좌로 로그인해서 똑같이 참여해야 하는데, 여기에는 창의적인 글쓰기, 다른 학생의 글 평가, 제안, 최종 작품을 만들기 위해 다 같이하는 수정 작업이 포함됩니다. 문서가 각 작성자들의 작업을 따로 보여주기 때문에 교사는 어떻게 협동이 이뤄졌는지 정확히 파악할 수 있습니다. 학생들은 이 문서 도구를 사용하기 위해 웹 브라우저만 있으면 되기 때문에 오피스 수트의 설치 여부와 관계없이 어떤 컴퓨터에서도 로그인할 수 있습니다. 어쩌면 가장 중요한 점은 문서가 인터넷에 있기 때문에 예전처럼 "숙제를 집에 놓고 왔어요" 같은 핑계를 댈 수 없다는 점일 것입니다.

구글 문서는 허용된 사용자만이 문서를 보고 참여할 수 있는 보안을 제공합니다. 교사는 어느 시점에서든 글쓰기를 중단하거나 특정 작성자를 삭제하고 다른 팀원을 그룹에 추가할 수도 있습니다. 문서는 모두 온라인에 저장되므로 작성자는 인터넷 접속이 가능한 곳 어디서든 참여할 수 있습니다. 마지막으로 구글 문서는 발행이 가능합니다. 문서가 최종 단계에 이르면 학생들은 단 한번의 클릭으로 자신들의 작품을 세상에 선보일 수 있습니다.

저자: 스프레드시트나 프레젠테이션 도구는 어떻습니까?

크리스: 스프레드시트와 프레젠테이션 도구도 같은 방식으로 사용됩니다. 작성된 문서는 온라인에 보관되고 저장됩니다. 각 문서는 개인이 작성할 수 있고 사용자는 다른 스프레드시트나 프레젠테이션을 수정하듯 간단히 고칠 수 있습니다. 그러나 이 수트의 진정한 힘은 협동 능력에 있습니다. 학생들은 데이터 수집을 위해 협력하고, 데이터를 저장할 문서 하나를 만들 수 있습니다. 프레젠테이션 도구는 학생들이 함께 프레젠테이션을 작성, 수정, 준비하는 법을 배울 수 있는 완벽한 기회입니다. 프레젠테이션 모드에서 구글 문서 프레젠테이션 도구는 프레젠테이션 참여자들이 발표자와 실시간 채팅을 할 수 있게 하고, 모든 작업은 진정한 그룹 작업입니다. 구글 문서 슈트 전체는 발행과 협동에 효과적이고, 기존의 교실 학습을 사방의 벽으로 가로막힌 교실을 초월하게 해 주는 효과적인 만능 패키지입니다.

저자: 교실에서 사용되는 의사소통, 제시, 공유 분야의 또 다른 도구가 있습니까?

크리스: 구글의 사진 수정, 관리, 발행 도구인 피카사(Picasa)는 수업시간에 사용하는 디지털 사진들을 관리하는 훌륭한 프로그램입니다. 교사들은 디지털 사진을 교실에서의 학습, 약식 연감, 수업 계획 및 보충 교재를 만들기 위한 방법으로 활용해 왔습니다. 피카사는 모든 사진과 카탈로그를 관리하고, 이름표를 붙이고, 약간의 수정을 하고, 안전한 온라인 공간에 올리고

다른 사람들과 공유하는 수단입니다. 아이들은 디지털 사진을 매우 좋아하고 최근 몇 년간 학교들은 이 사실을 수업에 적용해서 디지털 스토리텔링(digital storytelling: 멀티미디어 도구를 이용해 창조되는 모든 이야기 수법 – 역자 주)을 위해 사용해 왔고, 학생들은 디지털 사진을 표현의 또 다른 방식으로 사용해서 친구들과 스토리보드를 만들고, 글을 쓰고, 수정하고 발행합니다.

교사의 입장에서는 디지털 사진들로 가득 찬 폴더들이 많아지고, 학생들은 사진을 다루는 능력이 발달하기 때문에 피카사는 점점 더 인기를 모으고 있습니다. 피카사는 단순히 사진을 관리하고 분류하는데 사용할 수도 있지만 학생들이 스스로의 작품이나 사진을 모아 두었다가 비싼 클립아트나 상업사진을 구매할 필요 없이 프레젠테이션, 창의적 글쓰기, 만들기에 언제든 사용할 수 있기 때문에 교사들은 피카사를 굉장한 보관소로 생각합니다. 다른 도구들과 마찬가지로 발행 기능이 내장되어 있어 학생들이 작품을 다른 이들과 공유할 수 있습니다.

저자: 주 단위, 혹은 전국적으로 교사들이나 학생들이 구글 사용법에 대해 어느 정도 교육을 받았는지 궁금합니다. 버지니아에서 수많은 학교들을 방문하신데다 전국의 추세를 파악할 수 있는 위치에 있으신데, 구글 사용을 위해 교사들을 교육하고자 하는 노력이 어느 정도라고 생각하십니까?

크리스: http://www.google.com/educators/index.html에서 구할 수 있는 구글의 교육자를 위한 자체 자료를 제외하고는 구글을 겨냥한 전국 혹은 지역 단위의 전문 개발이나 훈련 프로그램에 대해서는 아는 바가 없습니다. 이 외에는 제가 구글 자체 자료를 전국의 교장 선생님과 교사들을 대상으로 한 많은 워크샵들에서 사용되고, 제가 알기로는 많은 기술 교육자들도 기존의 오피스 수트를 대체할 수 있는 구글 도구들을 소개하기 시작했습니다. 저와 함께 근무하는 교육자들에게도 이러한 도구를 사용하도록 권고하고 있는 이유는 다음과 같습니다.

첫째는 무료라는 점인데, 교육 분야에는 예산상의 제약이 많은 경우가 보통이므로 이것만으로도 충분한 이유가 될 수 있습니다. 두 번째는 더욱 중요한 이유로, 이 도구들은 모두 개개인에 맞출 수 있으므로 학년에 관계없이 모든 교사가 이 도구들을 사용할 수 있습니다.

저자: 학교의 기술 표준이 구글이 수업시간에 사용되는 방법에 고려 사항이 됩니까?

크리스: 기술 표준과 관련해서는 ISTE에서 학생들을 위한 새로운 일련의 기술 표준을 발표했습니다. 이러한 표준은 수년 전의 표준보다 훨씬 우수한 기술과 관련이 있습니다. 이 표준들에서 학생들은 다양한 방식으로 사용자에 맞게 지정하고, 의사소통하고, 협동하며, 발행할 것입니다. 구글 도구의 장점은 교육자들이 이러한 표준을 즐겁게 이행할 수 있는 손쉬운 수단이라는 것입니다.

교육 훈련을 위한 인터내셔널 소사이어티

교육 훈련을 위한 인터내셔널 소사이어티(ISTE: International Society for Training in Education)는 전 세계 8만 5,000명의 교육 전문가를 회원으로 하는 비영리 단체다(www.iste.org). 이 단체는 유치원부터 고등학교에 이르는 학교에서 기술의 효율적 사용을 도모하는 리더십을 제공한다. ISTE의 전국 교육 기술 표준(National Educational Technology Standards)은 기술과 관련된 학생 성취를 위한 표준 형성을 돕는 프로젝트이다. 이 표준은 현재 미국 내 모든 주와 해외의 많은 국가들에서 사용되고 있다. ISTE은 2006년부터 학생들을 위한 차세대 기술 표준인 창의성, 혁신, 의사소통, 협동, 연구 및 정보 유창성, 비판적 사고, 디지털 시민 정신, 기술 운영 및 개념에 집중해 왔다.[5]

저자: 그렇다면 구글이 수업 시간에 보편적으로 적합한 도구를 제공하는 지에 대한 전반적인 평가는 어떻게 내리겠습니까?

크리스: 이번 인터뷰에서 함께 다뤘던 도구들은 일반적으로 어느 수업에나 아주 잘 맞는데, 그 이유는 교사들이 다양한 학습자의 요구사항을 충족시키기 위해 소프트웨어나 인터넷 프로그램을 사용자에 맞게 변경, 조정하길 원하기 때문입니다. 학생들은 원래 기술에 관심이 많고, 많은 교사에게 부족한 기술 활용의 능숙함을 제공합니다.

이 도구들은 사용이 쉽고, 무료이거나 매우 저렴하고, 사용자 지정이 가능하기 때문에 양측의 요구 사항을 모두 충족합니다. 최신 기술 도구들이 수업시간에 강한 인상을 남길 때 학년을 초월한 학습 효과가 생기고, 졸업생들이 전통적인 컨텐츠 영역에서 요구되는 기술 능력을 갖추고 직업전선에 뛰어들 수 있도록 준비를 시켜 줍니다. 교사들에게는 학생들과 한층 높은 수준에서 교류할 수 있는 풍부한 기회를 제공하고 수업 계획과 관리에도 재미를 더해 줍니다.

구글은 교육자들 사이에서의 도구의 인기를 잘 활용했습니다. 교사들이 수업 계획, 구글 도구의 적절한 사용, 다양한 수업에 활용하기 위해 기존 도구세트들을 수정하는 방법 등을 논의할 수 있도록 교육자를 위해 특별히 만들어진 많은 무료 온라인 구글 그룹들이 존재합니다. 구글은 이러한 방식으로 온라인 교육자 공동체를 형성했고, 교육자들은 구글이 지속적으로 도구를 개선하고 새로운 도구를 선보이는데 중요하게 작용할 정보를 제공합니다.

학생들은 구글을 어떻게 생각할까?

학생들이 과연 구글을 어떻게 생각하고 구글이 교육 목적을 위해 어떻게 사용되는지 알고 싶었다. 단지 두 학생의 대답만으로 일반화하기는 어렵겠지만 어느 정도의 설명은 가능하다. 나이가 꽤 있는 사람이라면 구글 없는 학창시절은 어땠는지, 집에 나만의 백과사전을 갖는 기쁨이 어떤 것인지 기억할 것이다. 반면에 제시(Jessie)와 세스(Seth)는 구글 검색창에 검색어를 치면 이 세상의 수많은 정보를 클릭만 해도 볼 수 있다는 것을 당연히 여기며 자랐다.

제시와 세스는 중산층 부모의 딸과 아들이다. 부모는 모두 고학력의 전문직 종사자들이고, 인구가 21,000명이 조금 넘는 소도시에 거주한다. 제시와 세스는 공립학교에 다닌다. 그들은 십대의 바쁜 시간을 쪼개 몇몇 질문에 대한 간결하고도 흥미로운 대답을 해 주었다.

저자: 너희는 몇 학년이니?
세스: 9학년이요.
제시: 11학년이요.
저자: 언제부터 구글을 사용하기 시작했니?
세스: 5학년 때쯤 학교 숙제자료를 찾다가요.
제시: 초등학교 때요. 항상 사용했어요.
저자: 사용법을 학교에서 배웠니, 아니면 스스로 알게 됐니?
세스: 누가 어떻게 쓰라고 가르쳐줬던 적은 없던 걸로 기억해요. 누나가 항상 사용하니까 어깨 너머로 배웠나 봐요.
제시: 저는 스스로 터득했어요.
저자: 학교 수업을 위해서 구글을 언제 사용하니?
세스: 저는 숙제나 프로젝트, 리포트를 위해서 써요. 모든 과목에 다 사용해요.
제시: 항상 모든 것을 할 때요.
저자: 어떻게 사용하는지 예를 자세히 말해 주겠니?
세스: 정보 포스터를 만들 때 구글 검색에서 정보와 사진을 찾아요.
제시: 스파크 노트(Spark note: 각종 서적을 요약하고 간단히 분석해 주는 웹 사이트 – 역자 주), AP 역사 노트, 외국어 번역, 시

사, 지메일, 제가 자주 가고 좋아하는 웹 사이트를 가기 위해 써요. 다른 것도 더 있는데 지금 갑자기 생각이 안 나요.
저자: 학교 공부를 위해서 쓰는 구글 기능은 무엇이 있지?
세스: 저는 검색, 이미지, 지도, 구글 어스를 사용해요.
제시: 지메일, 검색, 이미지요. 추가(More) 기능에서 다른 사이트로 가기 위해 드롭-다운 메뉴(drop down menu: 메뉴의 제목이 표시되어 있는 곳을 마우스로 클릭하면 해당되는 위치에서 메뉴가 아래로 펼쳐지도록 되어 마치 두루마리처럼 말려있던 메뉴를 밑으로 잡아당겨 펼치듯이 쓴다고 해서 붙여진 이름 – 역자 주)를 사용해요.
저자: 구글을 재미로 사용하기도 하니? 그렇다면 어떻게 쓰지?
세스: 저는 구글 어스를 좋아해요.
제시: 저는 재미로 음악, 궁금한 점, 위키피디아 검색하는 것을 좋아해요. 저는 뭐든지 구글을 써요. 제가 쓰는 유일한 검색 엔진이에요.
저자: 구글이 너희의 학습 방법을 어떻게 바꿨을까?
세스: 정보를 빨리 얻을 수 있어요.
제시: 어떤 것에도 손쉽게 접근할 수 있으니까 더 잘 알고 있는 듯한 기분이에요. 굉장히 많은 출처를 쉽게 찾을 수 있어요.
저자: 구글이 없다면 어떨까?
세스: 도서관에 더 자주 가야겠죠.
제시: 어휴! 아무것도 검색할 수 없다면 짜증 날거에요. 버튼만 클릭하면 되는데.

'인사이드 구글'이라는 동영상에서 래리는 구글이 세상의 수많은 정보를 빠르게 접근하도록 했기 때문에 미래의 학생들은 많은 정보를 기억할 필요가 없을 것이라고 믿는다고 했다. 만약 이것이 사실이 된다면, 남는 인지 공간과 시간을 학교에서 창의성과 실생활 문제 해결에 활용할 수 있을 것이다.

평생 교육을 위한 도구

구글의 교육 도구 중 일부는 정규 교육 연령을 뛰어넘는 유치원에서 성인 교육에 이르기까지 모든 연령의 학습자들과 그들을 가르치는 이들을 모은다. 구글 책 검색(www.google.com/educators/p_booksearch.html)이 바로 그런 서비스다.

구글 책 검색은 아직 베타 상태(아직 시험 및 개발 중이라는 의미)이며 모든 연령의 학습자들이 디지털 서적을 검색할 수 있게 한다. 공공 영역(public domain: 누구나 자유롭게 복사, 수정할 수 있고 어떤 방법이나 목적으로도 사용할 수 있음 - 역자 주)에 속하거나 더 이상 저작권법이 발효하지 않는 책은 무료다. 저작권이 있는 책들은 요금을 내고 이용할 수 있다. 이 도구는 절판된 서적을 찾는데 유용하다. 구글은 이 서비스에 도서평으로 연결되는 링크, 구매 가능한 온라인 주소 같은 추가 정보를 포함함으로써 가치를 더한다.

구글 뉴스(www.google.com/educators/p_news.html)는 시사를 공부하는 학생 누구에게나 훌륭한 자료다. 구글 뉴스 검색 창에 검색 주제를 치면 주제와 관련된 전 세계 신문과 잡지 기사가 뜬다. 200년도 더 된 뉴스 기사도 찾을 수 있다. 특정 시대의 중요한 자료들은 교사들에게 학생들을 위한 진정한 학습 맥락을 형성하게 해주고, 학생들은 역사적인 사건들을 당시 사람들의 말로 경험할 수 있다.

구글 노트북(www.google.com/educators/p_notebook.html)은 교육자를 위한 도구 페이지에 신규 제품으로 등록되어 있다. 이 검색 도구는 교육자나 학생이 웹 페이지브라우저 창을 떠나지 않고도 글, 이미지, 링크로부터 발췌한 부분을 개인 온라인 수첩에 추가할 수 있게 한다. 인터넷이 기반이므로 어떠한 컴퓨터나 휴대폰에서도 접속이 가능하다. 다양한 주제에 관한 많은 수첩을 만들 수 있고 각 부분별로 나눌 수도 있다. 나중에 다시 방문하고 싶은 사이트에 대해 메모를 남길 수 있기 때문에 단순히 즐겨찾기를 하는 것에서 한 단계 발전했다. 수첩의 공유나 공유된 노트 내에서의 협업은 선택 사항이다.

구글 맞춤 검색 엔진(www.google.com/educators/p_cse.html)은 교육자를 위한 강력한 선택 사항이다. 교육자들은 이 검색 엔진을 통해 학생들이 검색할 수 있는 웹 사이트를 선택할 수 있다. 특히 초, 중, 고교 교사들은 학생들에게 안전한 사이트만을 제공해야 하므로 이 도구가 특히 유용하다. 모든 학습자를 대상으로 하는 교육자는 학습 주제와 관련된 사이트를 선별할 수 있고, 이는 학생들의 시간을 절약하고, 가장 우수한 정보 자료로 검색을 집중시킬 수 있다.

교육자들은 맞춤 검색 엔진을 위한 자신만의 랜딩 페이지(landing page: 검색 엔진이나 키워드 광고를 통해 노출된 광고 문구를 보고 클릭해 접속하면 처음 만나는 웹 페이지 - 역자 주) URL을 부여받고, 랜딩 페이지의 외관을 본인에 맞게 꾸밀 수 있다. 교사들은 협력해서 각자의 수업시간에 사용할 맞춤 검색 엔진을 만들고, 시간이 지나면서 더 많은 사이트를 추가할 수 있다.

구글 학술검색(scholar.google.com)은 고등학생, 대학생, 교육자에게 적합한 도구로, 학술 자료 검색을 가능하게 한다. 검색이 가능한 자료에는 이론, 개괄, 기사, 서적이 있다. 구글 학술검색은 출판사, 저자, 다른 학문 자료에서의 인용 범위 등 검색자와 동일한 기준으로 자료들을 평가한 후 검색 결과를 돌려준다.

떠오르는 새로운 구글 교육 도구

구글은 2007년 12월, 새로운 도구인 놀(Knol)을 시험할 전문가들을 초빙했다. Knol은 지식의 단위(unit of knowledge)를 의미한다. 구글은 이 선별된 그룹이 그들의 소속 단체에서 이 주제에 대한 기사를 쓰도록 초대했다.

  글을 입력하는 저자의 성명을 표기하지 않는 위키피디아와는 달리, 구글은 저자의 글과 함께 성명을 표기할 것이다. 구글은 Knol의 쓰기 및 수정 도구 뿐 아니라 내용의 무료 호스팅도 제공할 것이다.

  이 도구가 대중에 공개될 경우, 구글과 위키피디아의 경쟁은 불가피할 것이다. 구글은 Knol이 어떤 주제이건 정보를 찾는 사람들이 가장 먼저 검색하는 곳이 되기를 희망한다. 또한 다양한 주제에 관해 각양각색의 견해를 지닌 다수의 Knol이 존재할 것으로 예상한다.

  Knol의 독자들은 질문을 하고 의견을 다는 방식으로 저자와 의사소통할 것이며 Knol의 점수를 매기거나 평가를 쓸 수 있을 것이다. Knol은 출처와 추가 정보를 향한 링크를 포함한다.

  Knol의 작성자는 구글이 작성자 내용에 맞는 광고를 개제함으로써 수익을 올릴지를 선택할 수 있다. 구글은 작가에게 광고 수입의 할당량을 제공할 것이다.

  이 신규 도구도 웹 2.0 어플리케이션의 일종이다. 저자의 성명과 작성하는 주제에 대한 자격사항을 공개할 예정이므로 현재 상종가를 달리는 위키피디아의 단점을 보완할 것으로 보인다.

온라인 고등 교육

미국 대부분의 전문대와 대학교들은 직업이 있거나 가족을 부양하면서 대학교와 대학원을 다니므로 융통성을 원하는 학생들의 요구 사항을 충족시키기 위해 온라인 강의를 제공한다. 온라인 강의에서 교수와의 접촉은 주로 비동시적인 토론에 의해 일어나기 때문에 구글 검색은 학생들이 토론을 빠르고 쉽게 강화하고자 자연히 선택하는 도구이다. 저자는 지난 6년간 온라인 강의를 해 왔는데, 학생들이 토론 포럼 도중 추가 정보를 검색하고 공유하기 위해 구글 검색을 자유자재로 사용한 후 온라인 토론으로 다시 돌아오는 것을 보고 늘 감탄한다. 수업의 토론이 매번 온라인에서 이뤄지기 때문에 구글 검색을 검색 자료로 사용하는 것이 토론 흐름의 일부가 된다. 그리고 재택근무를 하는 학생들이 하루 일과 후 도서관에 가기에 너무 늦은 시각에 구글은 매우 중요한 도구가 되어 준다.

교육 시장에서 구글의 성공

구글 검색과 교육자, 학생을 위한 일련의 도구들은 모든 연령대 학습자의 교육 경험에 부가 가치를 제공한다. 앞서 언급했듯이, 구글은 웹 사이트에 구글 도구의 사용법을 공유하도록 유치원부터 고등학교에 이르는 교사들을 위한 커뮤니티 포럼을 형성했다. 구글은 연구 개발에 도움을 받기 위해 도구에 대한 피드백을 공유하고 제공하도록 교사들을 초대한다.

이들에게 기여하고자 심혈을 기울이는 구글은 구글을 평생 사용하고 구글에 광고되는 제품의 잠재적 구매자가 될 가능성이 많은 학생들을 어린 나이부터 끌어 모은다. 구글의 교육 후원에 대한 관심이 진심이라는 사실은 의심의 여지가 없다. 그러나 교육 도구와 검색을 지속적으로 개발하고 제공하기 위해서는 수입을 창출해야 한다. 학생과 교육자를 사이트로 유치함으로써 사이트의 고객 수를 증가시키고, 구글은 새로운 교육 도구 개발에 필요한 수입을 창출할 수 있다.

주

1) http://www.google.com/corporate (2008년 5월 1일 접속).
2) "사로잡힌 아이들: 진학 아동들에 가해지는 상업적 압력에 관한 보고서," 소비자 연합, http://www.consumerunion.org/orther/captivekids/pressures.htm (2008년 4월 22일 접속).
3) "구글 인증 교사들," 교육자를 위한 구글, http://www.google.com/educators/gtc.html (2008년 4월 23일 접속).
4) 오닐(Chris O'Neal), "온라인상의 교육 지도자들," http://edleadersonline.com/WordPress/?page_id=7 (2008년 4월 20일 접속).
5) http://www.iste.org/AM/Template.cfm?Section=NETS (2008년 4월 26일 접속).

제9장　　　　　　　　　　　　　　　　　Google

구글로 돈 벌기

제6장에서 우리는 구글이 어떻게 우리에게 즐거움을 주면서 수입을 창출하기 위해 웹 사이트로 트래픽을 증대시키는지 알아보았다. 이번 장에서는 가상 시나리오를 통해 구글을 이용해 어떻게 돈을 벌 수 있는지 지켜보며 즐거운 상상의 나래를 펼치길 바란다. 또한 구글이 어떻게 우리에게 돈을 벌어 주면서 자신도 돈을 버는지 살펴보겠다.

구글로 창업하기 - 코기의 컵케이크

창업은 결코 쉽지 않다. 구글은 어떤 이가 이미 선수를 쳤는지 웹에서 찾아주는 것 이외에 새로운 아이디어나 창업까지 도와줄 수는 없지만 신규 사업이 성장하도록 돕는 데는 중요하게 작용할 수 있다. 마이클은 지역 전문 대학교를 휴학하고 사업을 구상하고 있었다. 그러던 중 강아지용 컵케이크를 전문으로 하는 고급 애완견 베이커리인 코기의 컵케이크(The Corgi's Cupcake)를 생각하게 됐다. 그렇지만 손님을 어떻게 끌어야 할까?

　다행히 구글이 그의 사업을 잠재 고객에게 알릴 수 있는 다양한 비즈니스 도구들을 제공한다. 그는 애드워즈(adwords.google.com/select/Login)를 사용해서 사람들이 구글에서 애완견용 고급 간식을 검색할 때 뜨는 광고를 제작할 수 있었다. 광고에 사용할 적절한 키워드(예를 들어 '강아지', '간식', '컵케이크')를 신중히 선택함으로써 그의 광고가 필요한 수용자들에게 닿을 수 있도록 했다. 비용은 광고가 나가는 대로 다 지불하는 것이 아니라 누군가가 광고를 클릭했을 때에만 청구된다. 구글은 광고주가 일일 광고 예산을 직접 선정할 수 있게 함으로써 광고비를 저렴하게 유지하도록 하고, 이것이 막 사업을 시작한 신규 업체에게는 큰 도움이 된다. 애드워즈는 마이클이 구글로 제작한 홈페이지에도 사람들을 데려왔다.

어떻게? 마이클은 무료 도구인 구글 페이지 크리에이터(www.pages.google.com)로 코기의 컵케이크 웹 사이트를 제작했다. 구글은 그가 제작한 웹 페이지에 대한 호스팅도 무료로 제공했다. 그에게 이 도구의 사용법은 매우 쉬웠다. 그는 컵케이크 사진도 싣고, 만족한 그의 고객들이 고급 컵케이크를 게걸스럽게 먹어치우는 모습을 담은 동영상도 올렸다. 그는 또한 자신의 코기견이 스스로의 '목소리'로 직접 말하는 듯이 재미나게 꾸민 블로그 링크도 올릴 수 있었다. 동시에 그의 코기견은 위엄이 있는 모습으로 애완견용 컵케이크의 훌륭함에 대해 말할 수도 있다.

마이클은 애드센스(www.google.com/adsense)에 가입한 이후 그의 구글 웹 페이지로부터 수동적 수입(passive income: 인적관여가 없이 부동산, 금전 등 원물에 대한 과실소득, 즉, 임대, 이자, 배당, 사용료 수입 등을 의미 – 역자 주)을 벌어들였다. 알다시피 구글은 자동화된 시스템으로 사이트 컨텐츠와 관련된 웹 사이트에 광고를 개제한다. 그는 이 무료 서비스에 가입만 하면 됐다. 구글은 당신의 웹 페이지에 광고를 싣고자 입찰하는 광고주들로부터 수입을 얻는다.

구글은 또한 구글 체크아웃(checkout.google.com/sell)을 통해

마이클의 온라인 매출 처리를 더욱 쉽게 해 주었다. 게다가 이는 매출 증대의 가능성도 갖고 있다. 구글은 광고가 구글 체크아웃 선택권을 보여줄 때 고객의 클릭이 10% 증가한다는 사실을 발견했다. 구글 애드워즈를 사용해 광고를 할 경우 일부 거래는 무료이다. 마이클은 그 다음 달에 애드워즈 광고에 사용한 1달러마다 매출에서 10달러를 무료로 처리할 수 있었다. 이후 거래에서는 거래건 당 20센트가 청구되었다. 그는 초기 비용이나 월 사용료도 낼 필요가 없었다.

마이클은 당연히 강아지들과 그들의 애완 인간들(현금이 두둑한)이 그의 상점 뿐 아니라 웹 사이트를 지속적으로 방문하기를 원했지만 그의 형편으로는 가게를 후미진 동네의 건물에 얻을 수밖에 없었다. 지역 주민들과 외지인들이 어떻게 그 곳을 찾을 수 있을까? 답은 구글 지도와 지역 비즈니스 센터(www.google.com/local/add)에 있다. 이 곳에서 그는 고객이 자신의 지역에서 애완견용 음식을 검색할 때마다 구글 지도에 나타나는 무료 목록을 형성했다. 그는 무료 계좌를 만들고, 필요할 때 목록을 수정하고, 심지어는 신규 고객의 확보를 위해 출력 가능한 쿠폰까지 추가했다.

애완견을 위한 훌륭한 고급 컵케이크 제조법과 구글 도구에 대한 그의 지식 활용을 통해 마이클은 비교적 단기간 내에 사업을 시작하고 시장에 다가갈 수 있었다.

구글을 이용해 부동산 거래하기 - 리틀 팰리시즈

조지(George)와 그의 아내 매디(Maddie)는 은퇴 후 전원 지대로 둘러싸인 작은 마을로 이사했다. 그들은 둘 다 대도시에서 20년 넘게 부동산 업계에 종사했다. 그들은 대도시 생활의 스트레스, 지나치게 많은 주거지 중개계약의 유형, 매물을 보여주기 위해 복잡한 교통을 감내하며 해야 했던 운전에 지쳐있었다.

그들은 새로 수리한 소박한 집에서 2년 넘게 살았다. 그들은 집을 본인들의 요구사항에 맞게 고쳤을 뿐 아니라 프렌치 도어, 바닥에 돌을 깐 테라스, 늘 꿈꿔왔던 부엌에 딸린 일광욕실 등 특별한 작업을 거쳐 그들만의 '작은 성'을 꾸몄다. 새 집 이사와 수리를 하며 보낸 바쁜 나날들이 지나자 그들은 조금 무료해지기 시작했다. 또한 집수리에 예상보다 많은 비용을 쓴데다가 모아둔 돈에도 손을 댄 상태였다.

그들은 수입을 늘리면서 즐겁게 할 수 있는 부업이 없을까 고민하기 시작했다. 그러나 그들이 사는 마을의 시장흐름이 매우 더뎠기 때문에 다시 정식으로 부동산 일에 뛰어드는 것은 원치 않았다. 그곳의 부동산 시장에는 자신들의 집처럼 낡고 작은 집들이 꽤 많았는데, 그 중 일부는 타지에 살고 있는 자식들이 유산으로 상속 받았으나 이미 다른 곳에서 자리를 잡은 데다, 고향으로 돌아와 어린 시절에 살던 집에서 살고 싶지 않았기 때문에 매물로 나온 경우였다. 일부 집들은 거의 훼손된 상태였고 만만치 않은 수리비용 때문에 신혼부부용 주택으로도 매력이 없었다. 이 집들은 시세보다 낮은 가격에 나와 있고 아무도 사지 않았다.

조지와 매디가 수입을 늘릴 방법을 모색하던 중, 도시에 살던 당시에 자신들로부터 콘도를 구입했던 비슷한 또래인 윈슬로 부부에게서 전화가 왔다. 그들은 가끔씩 휴식을 취하기 위해 머물 수 있고 어쩌면 은퇴해서 살 수도 있는 작은 전원주택을 구하고 있는데, 그들은 조지와 매디가 그런 집을 구해줄 수 있는지 물었다. 어느 정도 얘기를 나눈 후 조지와 매기는 일주일 내로 다시 연락하겠다고 했다.

조지와 매기는 윈슬로 부부와의 통화에 대해 얘기를 나누던 도중 그들이 자신들의 작은 집의 수리 과정을 얼마나 즐거워했는지 깨달았다. 그들은 실력이 좋고 가격도 합리적인 믿을 만한 업자들을 만났다. 게다가 특별한 마무리로 쓸 현지에서 구입할 수 없는 앤티크 욕조나 명품 벽지를 찾기 위해 구글을 사용하는 데 익숙해졌다. 그리고 구글의 무료 3D 모델링 도구인 스케치업(www.sketchup.google.com)을 이용해 벽을 허물거나 새로운 창문을 달고 일광욕실을 설치하면 어떤 모습이 될지 미리 가늠해 볼 수 있었다. 늘 꿈꾸던 작업을 전부 시도하기에는 비용이 빠듯했기 때문에 스케치업은 그들의 아이디어가 어떤 모습이 될지 미리 보고 그걸 정말로 원하는지 결정할 수 있게 도와주었다.

그들은 또한 구글의 무료 블로거(www.blogger.com)를 통해 블로그를 만들어 집수리에 대해 세계 각지에 살고 있는 가족들이 정기적으로 글을 읽고 댓글을 달수 있게 하며 즐거운 시간을 보냈다. 그들은 집수리 과정을 사진으로 찍어 블로그에 올리기도 했다.

그들이 했던 것처럼 작은 집을 찾아 원하는 대로 수리하기를 원하는 고객들을 위해 그들이 새로 얻은 기술을 활용하는 것이 안 될 것 뭐 있겠는가? 그들은 타지의 고객들이 작은 집을 찾고 그들만의 작은 성으로 수리하도록 돕는 일을 전문으로 할 수 있을 것이다. 자신들의 집을 수리하며 얻은 교훈과 구글 도구의 사용으로 얻은 것을 합하면 멀리 있는 이들과 일하기도 수월할 것이다. 그들은 스케치업을 사용해서 집수리에 대한 아이디어를 3D로 공유할 수 있을 것이다. 또 각 프로젝트마다 블로그를 만들어 진행 과정을 보고하고 사진을 올려 고객들로부터 피드백을 받을 수도 있다.

그들은 또한 인터넷에서 고객과 공유할 수 있는 구글 캘린더(www.google.com/calendar)를 사용해서 수리 일정과 방문일자를 기록할 수 있다. 비용은 구글 문서(www.docs.google.com) 스프레드시트에 기록할 수 있고, 구글 문서는 모든 관련된 이들이 하나의 웹 기반 문서에 작업할 수 있기 때문에 계약의 세세한 부분에 관련한 협동 작업이 가능하다.

조지와 매디는 며칠 동안 더 고민했다. 그리고 윈슬로 부부에게 전화를 걸어 그들의 새로운 사업인 리틀 팰리시즈(Little Palaces)의 첫 고객이 되지 않겠느냐고 물었다.

생산성 제고 – 파라리걸 비글스

잭은 5년 전 노스캐롤라이나주의 대도시에서 파라리걸 비글스(Paralegal Beagles)를 시작했다. 그의 사업은 법률 검색 제공의 효율성과 빠른 속도로 인해 가파르게 성장했다. 회사는 12개의 대형 로펌과 다수의 소형 로펌에 서비스를 제공하고 있었다.

잭은 사업은 잘 되는데 수익은 오히려 감소해 골머리를 앓았다. 수익이 감소한 주원인은 수요 증가에 대처하기 위해 더 많은 인력을 채용했기 때문이었다. 신규 채용 인력이 일을 하기 위해 회사의 인트라넷에서 자료를 찾을 수 있도록 교육하는 데에는 시간이 필요했다. 즉, 숙련된 직원들이 업무 시간(billable hour: 의뢰인의 사건을 처리하는 데 사용된 변호사의 업무 시간, 로펌은 업무 시간으로 수임료를 청구함 – 역자 주) 대신 신입 인력 훈련에 시간을 쏟고 있었다. 게다가 회사가 커지면서 회사의 정보 데이터베이스는 점점 더 다루기 어려워졌고, 회사 설립 초기부터 근무했던 인력마저도 데이터베이스 내의 정보 검색에 상당한 시간이 걸렸다.

잭은 이 문제에 대한 해결 방안을 모색하기 시작했다. 그는 구글이 제공하는 비즈니스 솔루션을 살펴보았다. 구글 검색 어플라이언스(www. google.com/enterprise/gsa)가 바로 그가 원하는 것을 제공했다. 이 도구는 마이크로소프트 문서, PDF, HTML을 비롯한 220개의 각기 다른 파일 형식을 사용한 기업 문서들의 내용을 크롤링해서 색인을 만들었다. 가장 좋은 점은 사용자 인터페이스가 사용이 쉽고 손에 익은 구글 검색창이란 사실이었다. 마치 구글로 인터넷을 검색하는 것과 다를 바 없었고, 다른 점이 있다면 파라리걸 비글의 문서를 검색한다는 점이었다. 게다가 보안, 쉬운 설치, 관리까지 제공했다.

잭은 구글 검색 어플라이언스를 사용해본 후 그 결과에 깊은 인상을 받았다. 법률 보조원들이 필요한 것을 빠르고 쉽게 찾았을 수 있으므로 생산성이 향상되었고 신입 인력의 훈련시간도 크게 단축되었다. 그의 회사의 수석 법률 보조원들은 주도적으로 우수 사례, 조언 등을 만들어냈고, 이것들은 시간이 흐르면서 신입 훈련 모듈로 만들어져, 다른 법률 보조기업들에 인가를 주기에 이르렀다.

잭은 기업 운영에 도움을 될만한 다른 구글 도구들을 찾아보았다. 그는 머지않아 무료 도구인 구글 캘린더와 구글 문서를 회사에 도입했다. 모든 사람이 웹에서 열람 가능한 기업용 캘린더는 프로젝트 마감날짜, 회의, 휴가, 약속 등을 기록하는 데 중요한 역할을 했다. 구글 문서는 모든 팀원들이 온라인으로 작성 중인 문서에 접근할 수 있기 때문에 팀 프로젝트에서 협동을 제고했다.

잭이 구글 검색 어플라이언스와 구글 도구를 사용함에 따라 수익은 다시 증가했다. 법률 보조원들은 검색에서 시간을 절약하고 대신 생산에 더 많은 시간을 활용했다. 구글 문서와 구글 캘린더를 통해 협동의 효율성도 증대되었다. 검색 대신 업무 시간이 증대했으므로 고용의 필요성도 감소했다.

지역사회 시험 프로그램을 위한 보조금 제안서 작성

라티샤는 미국 남부의 가난한 카운티에서 자랐다. 그녀의 어머니인 마리아는 25년간 학교 교사로 일했고 라티샤도 어머니처럼 되고 싶었다. 라티샤가 대학을 졸업한 후, 예전에 다녔고 그녀가 자랄 때 어머니가 교사로 있었던 초등학교로 돌아와 교사생활을 시작할 당시인 2년 전에 그녀의 어머니는 은퇴했다.

어머니는 퇴직자 전용 거주지로 이사했는데, 이 곳은 유서 깊은 농장으로, 카운티 주민들을 위해 남겨진 곳이다. 본채와 몇 개의 오두막으로 이뤄진 곳에서 20여 명이 살고 있다. 기본적인 사용료조차 지불할 능력이 없고 건강 보험도 없는 거주자들을 위해 기부형 펀드에서 보조금이 제공되었다. 라티샤는 어린 시절 살던 집에서 어머니와 계속 함께 살기를 원했지만 어머니는 부담이 되고 싶지 않았고 퇴직자 전용 거주지에 친구도 많았다.

라티샤는 중학교 교사인 덴젤과 함께 학기 내내 보조금 제안서 작업을 위해 일했다. 그들은 카운티 내 서로 다른 지역 학교에서 근무했기 때문에 웹 기반인 구글 문서로 작업하면 어느 컴퓨터에서나 접속할 수 있어서 훨씬 수월하게 공동 작업을 할 수 있었다. 그들은 제안서를 뒷받침할 정보를 찾기 위해 구글 검색을 사용했고, 구글 문서에 포함된 스프레드시트로 예산 작업을 진행했다. 구글의 지메일에 채팅 기능도 있었기 때문에 신속히 논의할 것이 있을 때 점심시간 휴식을 이용해 실시간으로 대화할 수 있었다.

마리아는 퇴직자 전용 거주지에 있는 두 대의 컴퓨터 중 한 대를 사용해서 제안서 브레인스토밍 때와 같이 초안 작성에서도 라티샤와 덴젤을 도왔다. 그들은 이 제안서에서 다음과 같은 지역사회의 문제 해결을 위해 여름 시험 프로그램의 개발 자금을 요청했다.

1. 읽기 공부에서 실패할 위험에 처해있는 초등학생 수의 증가
2. 학년에 맞는 읽기 수준에 미치지 못하고 특히 과학 분야의 교과를 어려워하는 중학생의 높은 비율
3. 퇴직자 전용 거주지에 살며 가족의 지원이 없거나 홀로 남겨지고, 여전히 지역사회의 일원임을 느끼도록 해 주어야 하는 이들

라티샤, 마리아, 덴젤은 구글 도구들을 사용해서 여름 교과 과정을 계획했다. 일정에는 매일 오전 학생들과 퇴직자들이 작은 텃밭을 계획하고 만드는 것이 포함되었다. 그들은 학생들이 텃밭의 모양을 설계하도록 구글 스케치업을 가르칠 계획을 세웠다. 이 텃밭과 자연 산책로는 과학 수업을 계획할 수 있는 실제 경험을 제공할 것이다.

그들은 iGoogle을 사용해서 프로그램을 위한 특정 교육 및 단체의 자료를 집중시키고, 여기에는 구글 캘린더과 텃밭 가꾸기, 채소의 영양, 지역 날씨, 지역 야생동물, 지역 식물의 정보를 담은 웹 사이트 즐겨찾기 목록도 포함되었다. 그들은 iGoogle 내에서 이 프로그램의 블로그 링크를 만들어서, 학생들이 글도 쓰고 구글 피카사에서 찾고 수정한 사진들로 꾸밀 수 있게 해주었다. 그들은 또한 날씨, 강우량, 토양 기온 등을 기록할 구글 스프레드시트들을 생성했다.

오후에는 고학년 학생들이 저학년 학생들에게 글을 가르쳐 주고 학교 도서관과 구글 도서 검색에서 찾은 자연, 정원 가꾸기, 날씨와 관련된 책들을 읽어준다. 자연 산책로는 책에서 배운 내용과 텃밭 가꾸기를 통해 배운 내용과 더해져 쓰기 활동을 촉진시킨다. 학생들은 구글 블로거를 사용해서 가족들과 지역사회에 정원 가꾸기 프로젝트에 대해 알릴 것이다. 그들은 또한 구글의 피카사로 수정한 디지털 사진을 추가할 것이다. 어린 아이들은 자연 산책로에 대한 이야기를 그리기

위해 사진을 사용할 것이다. 퇴직자 전원은 매일 한 두 시간씩 정원과 자연 산책로를 만드는 것을 돕고 읽기를 어려워하는 아이들을 도와주기로 동의했다.

라티샤, 덴젤, 마리아는 구글 덕분에 훌륭히 계획되고 통합되고 다듬어진 제안서를 교육 프로젝트에 보조금을 후원하는 사립 재단에 제출할 수 있었다. 그들은 노트북으로 프로젝트를 위한 iGoogle 사이트 및 블로그의 첫 화면을 선보였다. 그들은 구글 도구를 통해 프로젝트에 생명을 불어 넣어 재단 위원회가 그들의 계획을 충분히 이해할 수 있게 했다. 이 재단은 읽기, 과학, 기술 능력을 통합하고 공동체의 다양한 연령층을 아우르는 교육 과정을 위해 요청한 지원금을 후원해 주었다.

서로 연락하고 추가 수익을 창출하기 위한 유투브

콜린과 그녀의 쌍둥이 자매인 브리짓은 아일랜드의 코넨마라(Connemara)에서 자라며 뗄래야 뗄 수 없는 사이로 지냈다. 그들은 초등학교와 고등학교를 함께 다녔고 더블린에서 대학교도 같이 다녔다. 그러나 졸업 후 콜린은 동대학에서 학위를 받은 미국인과 결혼했다. 그리고 그와 함께 플로리다에서 살기 위해 미국으로 건너갔다. 브리짓은 코넨마라로 돌아가 탁아 시설에 취직했고 그 후 1년이 채 안되어 그녀는 어린 시절의 단짝 친구와 결혼했다.

콜린과 브리짓은 서로 끔찍하게 그리워했고, 콜린은 아일랜드 향수병을 앓았다. 그들은 정기적으로 편지를 쓰기도 했지만 인스턴트 메시징(instant messaging: 인터넷상으로 즉시 메시지 교환이 가능한 시스템 – 역자 주)이 가능한 지메일과 유투브를 알고 난 후에야 심리적인 거리가 단축됐다고 느끼기 시작했다. 그들은 이제 더 쉽고, 무료로 연락할 수 있게 되었다. 유투브는 매일의 일상을 담은 동영상을 공유하도록 해 주었다.

콜린과 브리짓은 구글 블로거를 사용해 함께 블로그를 만들고 유투브에 올린 플로리다와 아일랜드 전원의 삶을 비교하는 동영상 링크도 올렸다. 콜린은 고향의 모습과 비교해서 훨씬 이국적인 풍경인 파도를 타는 돌고래들, 열대 지방의 새, 꽃, 나무를 찍은 동영상을 올렸다. 그녀가 사는 곳을 방문하고 싶어 할지 모르는 친구들이나 가족들을 위해 관광지와 숙소, 음식점을 찍은 동영상 가이드도 올렸다.

브리짓은 코넨마라의 삶을 설명하고 보여주는 동영상 링크를 담은 블로그 목록을 올렸다. 그녀는 또한 콜린의 새로운 미국 친구들이 코넨마라를 방문하고 싶을 경우 참고할 수 있도록 지역 역사에 관한 정보, 민속 전통문화, 숙소와 음식점, 아일랜드 공예품을 살 수 있는 곳, 아일랜드 음악 링크들을 올렸다.

이 쌍둥이는 재미로 구글 애드센스에 가입하고, 그들의 블로그에도 구글 검색을 추가했다. 이들은 모두 무료인데다, 방문자가 구글이 그들의 블로그에 자동으로 올린 블로그와 관련된 광고를 클릭하거나, 그 블로그를 통해 구글 검색을 사용할 경우 수동적 수입을 가져다주었다. 얼마 지나지 않아 웹 사이트에는 플로리다와 아일랜드 여행객을 겨냥한 관광업체 광고들이 속속 등장했다. 쌍둥이 자매, 대학 친구들, 친구의 친구들로 인해 사이트의 트래픽은 늘어났다. 블로그 목록과 동영상들은 정보도 주고, 재미도 있었으며, 직장에서 업무 시간에 해방감을 느끼게 해 주었다. 브리짓과 콜린은 전혀 모르는 사람들이 블로그를 방문해서 쌍둥이 자매가 각각 살고 있는 나라에서의 삶은 어떠한지, 연중 여행하기 가장 좋은 시기는 언제인지 등에 대해 알고 싶어 하고 전혀 예상치 못했던 온갖 질문을 할 경우 직접 답변을 해 주었다.
　일년 동안 블로그를 열심히 꾸미고 새로운 동영상을 추가하는 동안 애드센스를 통해 얼마나 많은 수동적 수입이 쌓였는지를 확인한 쌍둥이 자매는 놀라지 않을 수 없었다. 서로를 방문할 수 있는 비행기 표를 사고도 남을 정도였으니 말이다.

구글이 모든 것을 다 한다

구글은 소규모 기업들이 사업을 시작하고 성장하도록 강력하면서 무료 내지는 합리적인 가격의 도구와 서비스를 제공하는 데 있어서 무척 관대해 왔다. 기존의 기업들은 이 도구들과 제품을 사용함으로써 문제를 해결하여 경비를 절감하고 생산성을 제고할 수 있다. 구글은 쉬운 사용을 위해 설계되어 있으므로 여러분과 나처럼 매일 컴퓨터를 사용하는 이들에게 이러한 도구와 서비스는 친화적이다.
　앞서 제시한 시나리오들은 구글 도구들이 기업을 시작하고 성장시키는 데 어떻게 사용되는지를 알게 해 준다. 규모와 관계없이 전 세계 기업들은 애드워즈를 이용해서 제품 및 서비스를 광고하고, 이것이 구글 수입의 대부분을 창출한다. 개인과 기업들도 웹 사이트와 블로그 페이지의 내용과 광고를 이어주는 무료 애드센스 프로그램에 가입한다. 구글은 이 프로그램을 통해서도 수입을 창출한다. 그러므로 당신에게 필요한 것은 아이디어, 그리고 제품, 서비스, 지식을 마케팅하고 아이디어를 펼쳐 줄 구글 도구들에 익숙해질 약간의 시간 뿐이다.

제10장

Google

구글 논란

구글은 여느 기업과 마찬가지로 짧은 역사 동안 각종 논란에 휩싸여 왔다. 이번 장에서는 이 논란들을 향한 대중의 시각차와 구글의 입장에 대해 고려해 볼 수 있도록 몇몇 논란의 배경을 제공하겠다. 또한 중국에서의 논란의 경우에는 여러분이 구글 경영진이 되었다고 가정해서 논란에 대해 어떠한 대처 방안을 내릴지 결정해 보도록 하겠다. 배경에 대해 읽어보고 결정을 내린 후에 여러분의 결정과 구글의 결정을 비교할 수 있도록 구글은 어떻게 대응했는지 말하겠다.

중국 논란

구글의 중국어 버전은 구글 설립 년도인 1999년부터 중국에 제공되었다. 구글은 이 서비스를 미국에서 제공했고 중국 정부의 직접 규제를 받지 않았다. 그러나 구글은 때로 자신들의 서비스가 중국인들에게 전혀 제공되지 않았다는 사실을 2002년에야 알게 되었다. 중국에서 검색 시장을 장악하고 있는 중국 업체 바이두가 구글을 완전히 차단하도록 중국 정부에 영향력을 행사했다는 추측이 나돌았다.

구글은 또한 많은 검색 질문들이 구글 서버에 도달하지 못하고, 접속이 전반적으로 불안하고 느렸다는 사실도 알게 되었다. 때때로,

바이두

중국의 일류 검색 업체인 바이두(Baidu)는 2005년 8월 5일, 미국에서 기업 공개를 실시했다. 기업공개 사전에 구글이 이 기업을 매수하려 했다는 소문이 돌면서 상장 첫날 주가가 치솟았다. 바이두의 주가는 최초 공개가인 27달러의 두 배가 넘는 66달러에 개시되었다. 거래 첫날 주가는 122달러로 마감했다. 구글이 바이두를 매수하지는 않았지만 2.5%의 지분을 보유한 것은 사실이었다. 구글은 2006년 6월에 이 지분을 매도했다. 바이두의 주식을 500만 달러에 매수했으나, 매도 당시에는 6,000만 달러가 넘었다.

중국인 사용자가 검색어를 치면 구글로 검색이 요청되는 대신 현지의 중국 검색 엔진으로 재연결되었다. 한편, 미국의 야후!나 마이크로소프트 같은 구글의 경쟁업체들은 이미 중국 내에서 운영을 시작하고 있었다.

구글은 연구를 시작했고 중국에 대한 시각을 재점검했다. 중국 정부는 검색 결과를 검열하고, 다른 검색 엔진으로 사용자를 빼돌리는가 하면, 때때로 구글 접속을 원천적으로 차단하기 때문에 구글의 경영진은 중국에서 실제 사용자에게 제공하는 서비스가 구글의 효율성과 속도의 기준을 충족시키지 못하는 점을 우려했다. 구글은 또한 세계의 정보를 세계의 사용자에게 제공하겠다는 사명이 훼손된다고 판단했다. 이러한 상황을 연구해 본 후 구글의 간부들은 전문가들에게 중국에서의 인터넷 사용, 인권 단체, 정부 관리, 구글의 미국 지사에 근무하는 중국인 직원들에 대해 조언을 구했다.

구글은 이 상황이 지속될 수는 없으며 결단을 내려야 한다고 느꼈다. 구글은 지금껏 해온 대로 현상 유지를 하면서 중국 사용자에게 구글이 찾을 수 있는 세상 모든 정보를 제공한다는 사명을 달성하지 못했다는 사실을 받아들일 수 있었다. 또한 구글 서비스가 때로는 느리고 비효율적이며, 다른 곳으로 연결되거나, 완전히 차단될 수도 있다는 사실 역시 감수해야 할 것이다. 아니면 중국 정부의 검열을 받고, 인터넷 기업은 자기 검열을 해야 한다는 중국 정부의 요구사항을 준수해야 하는 새로운 서비스를 중국 내에서부터 제공할 수도 있을 것이다. 자기 검열은 일반적으로 중국 정부에 대한 비판, 민주주의 및 종교에 관한 정보, 최근 티벳 봉기와 관련한 자료의 출처 등에 대한 자료의 검열을 요구했다. 만만치 않은 결정이었다.

구글은 스스로의 기준에 미달하는 서비스의 제공을 원치 않았다. 그러나 중국이 세계 인구의 5분의 1을 차지하는데다 인터넷의 인기도 급속히 상승하고 있어, 중국은 광고에서 엄청난 시장 잠재력을 지녔다. 구글의 경쟁 업체들도 이미 시장에 진출하고 있었고, 중국 기업들도 마찬가지였다. 자체 검열은 구글의 '사악하지 말 것'에 대한 의지 뿐 아니라 언론의 자유와 같은 미국의 중대한 민주주의 가치에도 모욕이었다. 이 가치들을 타협할 경우 중국 정부와 중국인들에게 인권 탄압이 간과될 수 있다는 메시지를 간접적으로 보낼 것이다. 그리고 전 세계에는 구글이 그 가치들을 양보할 것이라는 메시지를 보낼 것이다.

만약 여러분이 래리와 세르게이, 혹은 구글의 임원 중 한명 이었다면 어떻게 대응했겠는가? 구글의 대응책을 읽기 전에 자신의 답변을 곰곰이 생각해 보길 바란다.

구글의 결정

구글 경영진은 중국에 대한 구글 서비스를 세계 다른 나라와 동일하게 계속 검열 없이 제공키로 결정했다. 검열, 부족한 서비스, 중국 업체로의 연결, 접속의 완전 차단이 계속 이어질 것을 알고도 내린 결정이었다. 구글은 또한 부족한 서비스를 보충하기 위해 중국 내에서의 운영도 시작했으며, 자기 검열을 거치고 일반 구글 서비스처럼 중국 정부에 의해 검열을 당하는 신규 서비스를 시작했다. 이 서비스는 특정 분야의 정보는 삭제하겠지만, 속도와 효율성에서는 구글의 기준을 충족시킬 것이다. 중국에서 점유율을 얻고자 하는 전략적인 목표를 달성할 가능성도 높아졌다.

구글의 경영진은 구글이 중국 운영에서 처하게 될 맥락에 대한 이해와 중국인 사용자들이 이 상황을 바라보는 관점에 대한 이해를 바탕으로 결정을 내렸다.

미국 하원의 인권 분과위원회 의장인 국회의원 스미스(Chris Smith)는 중국 내 미국 인터넷 기업들의 운영 절차 분석을 위해 청문회를 요청했다. 구글의 글로벌 커뮤니케이션 및 홍보 담당 부사장인 슈라지(Elliot Schrage)는 2006년 2월 15일, 3개의 각기 다른 분과 위원회인 아태 지역 분과 위원회, 아프리카, 글로벌 인권, 국제 운영 분과 위원회, 미 하원의 국제 관계 위원회 앞에서 구글의 검열된 버전을 제공하기로 한 구글의 결정에 대해 진술했다.

슈라지는 구글에게는 '사용자의 관심'을 충족시켜야 하는 사업상의 약속이 있으며, 이것이 바로 구글이 극심한 경쟁 구도에서 일류의 위치를 선점하고 지켜올 수 있었던 방법이었다고 했다. 또한 그 약속은 '정보를 원하는 누구에게나 정보에 대한 접근성을 확대하는 것이 세상을 더 훌륭하고, 더 잘 알려지고, 더 자유로운 곳으로 만들 것이라는 정책상의 확신'이었다고 덧붙였다. 구글이 사업상의 의무를 이행하고 자신의 확신을 실천해 나가는 과정에서 중국과 다른 정부들이 가하는 제제

또 다른 인권 논란

국회의원 리치(James Leach: 아이오와 공화당 의원)는 2006년 2월 15일, 중국의 인터넷에 관한 합동 청문회 개회에서 발언 도중, 중국 논란 외에 동시에 진행되고 있는 또 다른 인권 문제를 우회적으로 언급했다. 이 청문회는 구글이 증언하도록 요청된 바로 그 청문회였다. 그의 발언은 미국 정부가 중국의 인권 탄압 및 그들과 손잡은 기업들을 강도 높게 비난할 처지는 아니라는 사실을 알 수 있는 정황을 제공한다. 그는 다음과 같이 말했다.

> 유엔의 관타나모 초안 보고서와 아부 그라비(Abu Ghraib: 걸프전 당시 미국이 이라크 포로들을 수감한 수용소 - 역자 주) 사건의 파문이 지속됨을 고려할 때, 이번 주는 미국이 다른 국가의 인권 문제를 언급하기에는 불편한 시기다. 그럼에도 불구하고 간과할 수 없는 미국과 중국 간의 문제들이 있고, 미국 기업의 책임과 관련돼 있다면 더더욱 그렇다.[1]

리치 의원이 여기서 인터넷 기업의 중국 활동에 관한 청문회가 열리기 며칠 전, 유엔 인권 수사관들에 의해 작성된 기밀 보고서 초안이 몇몇 신문사에 유출된 일을 언급한 것이다. 이 보고서는 2002년 1월부터 아프가니스탄과 다른 지역에서 체포된 700명 이상의 전투병과 테러 용의자들이 미국 관타나모 만에 위치한 수용소에 수감돼 왔다고 확인했다. 또한 유엔 수사관 중 2명이 "수용자들에 적용된 법 체제는 민주사회의 기본인 법치주의와 일련의 국제 기본 인권을 심하게 훼손한다"[2]고 결론 내렸다고 언급했다.

들에 대해, 구글은 '현지 사정에 즉각 대응'[3]해야 했다.

모든 사람의 정보에 대한 접근성 증대가 세상을 더 좋은 곳으로 만든다는 믿음은 구글의 사명이기도 한데, 이상하게도 인터넷이 테러리스트의 정보 확산과 인원 충당에 도움이 되고 있다는 일부 주장에 의해 그 자체가 논란이 되고 있다. 그러나 중국의 경우, 검열 없는 자유로운 접근이 더 좋기는 하겠지만, 많은 이들은 중국인들이 얻은 접근성이 사회를 긍정적으로 변화시켰다고 믿는다. 정보를 얻기 위해 인터넷을 사용하는 것 외에도, 젊은이들은 블로그나 채팅방을 매우 활발히 이용하고, 개인은 전자 상거래를 십분 이용하고 있다. "그들의 관점에서 인터넷은 검열된 상태로도 이미 충분히 중국 사회를 바꾸어 놓았다. 특히 신세대에게 인터넷은 대중 연설을 일상으로 바꾸었다. 이것은 결국 구글이 취해온 관점이기도 하다."4)

세르게이는 『뉴욕 타임즈 매거진(New York Times Magazine)』의 기자 톰슨(Clive Thompson)과의 인터뷰에서 중국 사태의 결정과 관련해서, "수입은 그다지 중요한 고려 사항은 아니었다. 왜냐하면 높은 수익은 고사하고 구글이 중국에서 수익 자체를 내기까지도 수년이 소요될 것이기 때문이다"고 밝혔다. 중국의 검색 엔진인 바이두가 이미 중국 검색 시장의 거의 절반을 차지하고 있었고, 구글의 점유율은 4분의 1 가량이었다. 구글의 사명을 늘 염두에 두는 세르게이는 그들의 최종 결정에 대해 "사업상의 결정이라기보다 사람들에게 정보를 제공하는 것에 관한 결정이었다"5)고 덧붙였다.

구글은 중국 정부의 제제 속에서도 최선을 다하고자 했다. 구글은 검색 결과가 검열에 의해 삭제돼야 할 때마다 사용자에게 알렸다. 지메일과 블로거는 중국인 사용자의 개인 정보가 중국 내에서 저장될 소지가 있으므로 신규 서비스에 포함하지 않기로 했다. 이로써 구글은 중국 정부의 개인 정보 제출의 요구로부터 자유로울 것이다. 야후!는 중국 정부로부터 정보 제출을 요구받았고, 그 결과 최소 한 명이 구속되었다. 중국 정부는 구글을 끊임없이 검열하고 완전히 차단하기도 했으나, 결국 구글은 모든 서비스를 중국 국경 밖으로부터 계속 제공했다.

구글의 중국 운영 책임자인 리(Kai-Fu Lee)는 인터넷 접속이 '중국의 수많은 농촌 하층민들에게 공평한 조건을 조성할 것이다. 전국의 작은 마을들이 연결되면, 상하이나 베이징에서 수천 마일 떨어진 곳의 학생들도 MIT, 하버드의 온라인 강의 자료에 접근하여 스스로 완전한 학습을 할 수 있을 것'6)이라고 믿는다.

슈라지는 분권 위원회 증언에서 중국 사회 과학 학술원에서 제공한, 그의 말에 의하면 '최근의 믿을 만한 연구'에서 나온 중국 인터넷 사용자들의 의견에 관한 몇몇 연구들을 인용했다. 이 연구는 사회를 개선하는 인터넷의 힘에 대해 중국인들이 어떻게 생각하는지 밝힌다. 먼저, 중국인 인터넷 사용자의 63%는 중국인이 인터넷에 접속함으로써 정치에 관한 지식이 늘어날 것이라고 믿었다. 중국의 인터넷 사용자 절반 이상은 인터넷이 정부 비난의 장을 제공한다고 생각했다. 그리고 절반가량은 인터넷이 정치적 견해의 목소리를 내는 수단을 제공한다고 믿는다. 둘째, 중국인 대다수는 폭력과 음란물이 인터넷에서 검열되어야 한다고 믿는 반면, 정치와 관련된 내용이 검열되어야 한다고 생각한 이들은 8% 미만이었다. 셋째, "중국의 인터넷 사용자들은 10대 1의 비율로 인터넷이 이 세상을 더 나쁜 곳 대신 좋은 곳으로 만들 것이라고 믿는다."7)

많은 미국인들과 언론의 자유를 옹호하는 세계인에게 실망을 안겨준 구글의 중국 정책이 중국 사회의 정보 민주화에 얼마나 긍정적인 영향을 미칠 지는 오직 시간만이 말해 줄 수 있다. 그리고 이 정책이 구글의 중국 시장 점유율을 향상시킬지도 시간이 말해줄 것이다.8)

사생활 논란: 이메일, 거주지, 보건

지메일

구글은 여러 중요한 사생활 논란의 중심에 있었다. 2004년 4월 1일, 구글은 인터넷 기반 무료 이메일 서비스인 지메일을 발표했다. 대부분의 신제품 출시와는 달리, 지메일은 처음부터 관련 광고가 이메일 안에 내장될 것으로 보였다. 구글은 사용자 이메일의 내용을 스캔해서 사용자가 구글을 검색할 때와 마찬가지로 이메일의 우측에 관련 광고를 삽입할 계획이었다. 구글은 수요를 충족시키기 위해서 더 많은 광고 공간이 필요했고, 그 공간을 만들기에 좋은 방법이었던 셈이다.

이메일의 내용과 광고를 연결하기 위해 내용을 스캔하는 것이 민간이 아니라 컴퓨터에 의해 이뤄진다는 사실에도 불구하고, 입법자, 사생활 옹호자, 많은 사람들이 개인적인 이메일이 침해당할 수도 있다는 생각에 격분했다. 이 같은 격렬한 반응은 사용자에게는 이메일은 완전히 개인적인 영역이라는 사실과, 시간이 갈수록 인터넷의 사생활 노출에 대한 우려가 높아지고 있는 분위기를 반영한다. 분명, 지메일을 반대하는 이들이 취할 수 있는 가장 간단한 해결책은 구글에 가입하지 않고 사용하지 않는 것이다. 어떤 개인도 내릴 수 있는 선택이고 어느 누구도 이 무료 이메일 서비스 사용을 강요당하지 않았다.

이 같은 격렬한 반응은 구글로 하여금 웹 사이트에 지메일을 포함한 모든 서비스의 사생활 보호 정책을 분명히 하게 했다. 잠재적인 지메일 사용자와 판매 가능성이 있는 광고를 잃는 것은 심각한 문제였다. 그러나 구글이 설립 시점부터 수년에 걸쳐 쌓아온 사용자들의 신뢰를 잃지도 모른다는 가능성 역시 큰 문제였다.

구글은 "광고주에게 그들 광고의 조회수 같은 개인과 관련 없는 정보만을 제공한다"고 설명한다. 구글은 법이 요구하는 경우를 제외하고 개인 정보를 공유, 판매하지 않는다.9)

구글은 웹 사이트에서 사생활 정책을 자세히 다루는 부분의 자주 묻는 질문 코너(www.google.com/privacy_faq.html)에서 구글의 사용과 관련해 '정부에 의한 침범에 대해' 개인이 갖는 '보호'의 성격을 묻는 질문에 대해 답한다. 구글은 "수색 영장, 법원 명령, 개인 정보를 요구하는 소환장 같은 유효한 법 절차를 이행한다"고 대답했다. 이것은 준법 기업이 되기 위해 구글이 반드시 지켜야 하는 부분이다. 게다가 우리는 기업들이 법을 준수하기를 기대하지 않는가? 이와 동시에, 많은 이들이 지메일에 저장된 정보에 대해 불안해하는 것은 당연하다. (만약 그들이 가입했을 경우) 가입 시에 요구된 정보와 구글이 저장하는 개인의 검색 기록이 합쳐질 경우, 법에 저촉되는 경우를 제외하고는 판매하거나 공유하지 않겠다고 약속할지라도, 한 기업이 저장하기에는 엄청난 양의 개인정보일 수밖에 없다.10)

거주지의 사생활 보호

구글이 검색, 구글 지도, 구글 어스를 사용해서 우리가 사는 곳의 정보를 검색하는 누구에게나 제공한다는 사실은 많은 사람들을 취약하다고 느끼게 한다. 누군가의 전화번호를 검색하기만 하면 그 사람이 사는 곳의 지도를 얻을 수 있다. 이름을 검색하면 그 사람의 주소와 전화번호를 손에 넣을 수 있다. 구글 지도에서 샌프란시스코, 뉴욕, 라스베가스, 덴버, 마이애미의 주소를 검색하면 그 주소를 거리 모습까지 볼 것인지 선택할 수 있다. 구글 어스가 건물들과 거리의 자세한 위성사진을 보여주는 능력은 미국 정부를 비롯한 여러 정부에 의해 보안상의 이유로 문제시 되었다.

보건 비밀 보호, 우리의 보건 기록

우리 중 많은 이들이 인쇄본으로 저장되는 보건 기록의 사생활 보호에 대해 염려한다. 그 기록들을 분실하지는 않을까? 잘못 보관되지는 않을까? 누가 기록에 접근할 수 있는가? 다른 의사들이 알아보도록 정보가 제대로 기입되어 있는가? 입력된 정보는 모두 정확히 기록되었는가? 이사할 경우 우리를 진찰하게 될 많은 의사들로부터 최근 기록의 출력본을 어떻게 다 얻을 수 있나? 이렇게 중요하고 매우 개인적인 정보가 우리의 통제를 벗어난 것처럼 보인다. 개인의 관점에 따라 이 상황은 전자 보건 기록으로의 전환과 함께 개선될 수도, 악화될 수도 있다.

2004년, 부시 대통령은 대부분의 미국인들이 2014년까지 전자 의료 기록을 갖게 될 것이라는 목표를 설정했다. 그는 이 목표를 달성할 경우, 보건 서비스의 수준 향상, 비용 감소, 의료 사고 예방, 행정 효율성 증대, 저렴한 보건 서비스 접근 촉진을 가져올 것이라고 주장했다. 환자의 참여는 자발적으로 이뤄질 것이다. 전자 기록의 설계는 비밀 보호를 보장하고, 환자가 승인한 경우에만 보건 관계자간의 안전한 기록 이동을 보장할 것이다.[11]

2008년 2월, 구글은 부시 대통령의 목표에 대응했다. 즉, 구글은 구글 헬스(Google Health)를 개발 중이라고 발표했다. 그러나 대통령의 목표를 달성하기 위해 온라인 기술을 개발하려는 경쟁은 구글의 발표 이전부터 이미 존재해 왔다. 마이크로소프트와 레볼루션 헬스 그룹 LLC(Revolution Health Group LLC)도 이미 개인 보건 기록을 위한 웹 사이트들을 개시했다. 그러나 부분적으로는 미국의 의료 서비스 중 14%만이 전자로 기록된다는 이유 때문에 현재까지 사용이 저조하며, 이는 기록의 온라인 보관소 전송을 불가능까지는 아닐지라도 어렵게 한다.

구글은 이 프로그램을 공식 발표하기 이전에 비영리 의료 센터인 클리브랜드 클리닉(Cleveland Clinic)과 함께 시험 프로젝트를 발표했다. 이 병원은 이미 별도의 전용 시스템을 사용해서 기록을 온라인에 보관하고 있었지만, 병원의 관리자들은 시스템을 구글에 보관할 경우 외부 의료 관계자들의 환자 데이터 추가 능력이 향상되고, 병원 환자들의 보건 기록 이동성이 증대될 것이라고 믿는다. 클리브랜드 시험 프로젝트는 병원 환자 중 일부에게만 초대 형식으로 이뤄졌다. 이 프로젝트로 인해 구글은 시스템의 보안 및 사용의 용이성을 시험할 수 있을 것이다.

개인 온라인 보건 기록은 보건 관계자가 온라인에 이미 작성하지 않은 경우, 환자 자신에게 작성의 책임이 있다. 사용자는 보험 정보, 긴급 연락처 같은 정보 외에도 가족의 의료 약력, 알레르기 정보, 복용 중인 처방약, 의학적 상태에 관한 기타 정보, 담당 의사, 연락처 정보를 입력할 수 있다. 이 정보는 환자의 동의 하에 인터넷에 있기 때문에 예를 들어, 환자가 병원에 입원할 경우 응급실에서 열람할 수도 있다. 환자에 관한 중요한 정보는 거의 즉시 알 수 있다.

개인의 의료 정보를 온라인에 입력하고자 하는 움직임에는 장점이 있다. 사람의 목숨을 구할 수 있기 때문이다. 또한 구글과 경쟁 업체들에게는 대단한 신규 수입원이 될 수 있다. 그러나 많은 이들에게는 현재 사용하는 출력된 시스템의 보안 및 정보 보호에 대한 의심과 동일한 의심이 남아 있다. 과연 정보는 실제로 얼마나 보호되고 안전할까?

저작권 논란

구글이 결부된 저작권 논란은 구글 프린트 프로그램 및 유투브와 관련이 있다. 이 논란은 세계의 가능한 모든 정보를 수집하고 색인하려는 구글의 노력과, 구글의 시도만큼 세계적인 규모로 이런 일을 벌인 전례가 아직 없었다는 사실을 고려할 때 피할 수 없는 것으로 보였다.

구글 프린트 프로그램

구글 도서 검색(books.google.com/googlebooks/about.html)은 출판업자와 도서관을 위한 별도의 프로그램들이 포함된다. 구글 출판업자 프로그램은 (books.google.com/partner) 책 검색과 구입을 쉽게 하기 위해 도서 출판업자들과 맺은 제휴다. 검색 결과 페이지의 광고는 선택 사항이다. 구글은 이 프로그램의 수입 대부분이 출판업자들에게 간다고 말한다.

구글 도서 도서관 프로젝트(books.google.com/googlebooks/library.html)는 시작부터 논란을 양산했다. 이 프로그램은 2005년에 하버드, 스탠포드, 미시건, 옥스포드 대학교 도서관과 뉴욕 공공 도서관과의 합의로 탄생했다. 그리고 2005년 늦가을에는 구글 도서 검색 (Google Book Search)으로 명칭이 변경됐다. 캘리포니아, 위스콘신, 버지니아, 마드리드 국립 대학교는 2006년에 참여했다. 프린스턴 대학교 도서관과 텍사스 오스틴 대학교도 2007년에 합류했다.

구글은 위 도서관들과의 협력 하에 공적 영역에 있거나 저작권이 없는 도서들을 스캔한다. 저작권이 있는 책들은 도서관 카드 카탈로그와 비슷한 수준의 정보만을 보여주고 이 책이 찾고 있는 것이 맞는지 사용자가 확인 가능할 정도의 글만 싣는다. 구글의 목표는 구글을 통해서 검색이 가능한 전 세계 모든 책의 색인을 작성하는 것이다. 또한 절판된 책들도 전체를 스캔해서 어쩌면 찾기 불가능한 책들을 찾는 사람들에게 도움을 주고자 한다.

이 도서관 프로그램은 시작부터 출판 업계의 거센 반발을 샀고 곧 엄청난 압력에 시달렸다. 구글은 이러한 분노의 상당 부분이 충분하지 않고 정확하지 않은 이해의 결과라고 여겼다. 인터뷰들을 통해 이 논란에 대해 언급한 것 외에도 웹 사이트에 사실과 허구 페이지(books.google.com/googlebooks/newsviews/facts_fiction.html)를 만들어 그들이 하고자 하는 것이 정말 무엇인지 분명히 하기 위해 상황을 설명했다. 그들은 먼저 언론과 대중의 사고에 팽배해 있을지 모르는 '허구'를 제시하고 '사실'로 이를 반박했다.

구글이 이 세상 모든 책을 구글 사용자가 무료로 다운받을 수 있게 제공한다는 허구에 대해서는, 저작권이 없는 책들만 그 전체를 제공하겠다고 밝혔다. 저작권이 있는 도서는 참고문헌, 내용의 성격을 확인할 수 있는 짧은 토막, 구매 혹은 대여가 가능한 곳의 링크를 제공한다.

또한 구글이 짤막한 부분 대신 페이지 전체를 보여주므로 저작권법을 위반한다는 허구에 대해서도 구글은 다시 한번 독자들에게, 저작권이 없는 도서만 전체 페이지를 보여준다고 확인한다.

구글 도서 검색에 링크를 올리기 위해 도서 판매업자들이 구글에 비용을 지불해야 한다는 허구에 대해서는, 구글이 링크를 제공하는 이유는 사람들에게 책을 구입할 수 있는 곳을 쉽게 찾게 해 주고, 출판업체에게는 책을 홍보할 수 있게 해 주기 위함이라는 사실로 대응했다. 판매되는 책들은 링크를 걸기 위해 돈을 지불하지 않고, 구글 역시 아마존 같은 소매업자가 책을 판매했을 경우에도 어떠한 돈도 벌지 않는다.

구글은 자신들이 구글 도서 검색의 광고로부터 수익을 창출하고, 출판업자가 도서 페이지에 광고를 원해 구글에 광고를 허용하지 않는 이상 도서의 페이지에 광고를 개재하지 않는다는 사실을 이유로 저작권자의 수익을 지불하기를 거부한다는 허구를 반박한다. 구글은 다음과 같이 말했다. "수익의 대부분은 다시 저작권자에게 돌아간다. 다시 말해 우리가 구글 도서 검색 광고를 통해 얻는 수익은 출판 협력업체들이 얻는 만큼에 불과하다."[12]

많은 출판업자들은 구글이 저작권 도서 전체가 아니라 참고 문헌 정보만을 제공한다 할지라도 저작물을 복사하고 색인화할 구글의 권리를 반박한다. 구글은 자신의 행동이 저작권법의 공정이용 조항에 따라 합법적이라고 믿는다. 또한 출판업자가 이 프로그램에서 탈퇴할 수 있는 권리도 제공하여, 업체들은 프로그램 참여 도서관에서 스캔한 책들이 구글 사용자에게 제공되지 않게 할 수 있다. 일부 업자들은 도서가 이미 스캔되어 구글에 제공된 후에 탈퇴할 권리를 주는 것은 탈퇴 협상이라는 불공평한 부담을 지우는 행위라고 여긴다. 몇몇 출판업자들과 단체들은 구글이 미국 저작권법의 공정이용 조항을 위반했다며 구글을 고소했다. 이 같은 대규모 공정이용 사례는 아직 법원에서 시험대에 오른 전례가 없다.

미국 저작권 사무소(U.S. Copyright Office)의 변호사이자 전 저작권 검증관이었던 오만(Ralph Oman)은 출판업자의 입장에서 그들이 받고 있는 위협을 설명했다. "출판업자들은 사이버공간에 작품의 디지털 복사본이 영구적으로 떠도는 것을 극도로 불안해한다. 떠도는 복사본 하나는 한 작품의 경제적 가치를 파괴하기에 충분하며 그로 인한 피해는 훨씬 클 수 있다."[13]

구글은 자신의 노력을 세상의 모든 정보를 모든 이에게 제공하겠다는 사명의 일환으로 여긴다. 그리고 도서를 찾는 사람과 출판업계 양측 모두에게 득이 된다고 믿는다. 구글은 구글과 의견을 같이 하는 프로그램 제휴 출판업자들의 증언을 웹 사이트에서 제공한다. (books.google.com/googlebooks/newsviews/pub.html)

공정이용

"아래 제시된 미국 연방법(U.S. Code: 연방의 모든 성문법을 기재하는 통합법전 - 역자 주) 제17편(Title), 제1장(Chapter)은 미국법 중 구글이 저작권법을 위반했는지에 대한 질문과 관련이 있다."

§ 107. 배타적 권리에 대한 제한: 공정이용

제106조와 106조의 A의 규정에도 불구하고 비평, 논평, 시사보도, 교수(학습용으로 다수 복제하는 경우를 포함), 학문, 또는 연구 등과 같은 목적을 위하여 저작권으로 보호되는 저작물을 복제물이나 음반으로 제작하거나 또는 기타 제106조 및 제106조의 A에서 규정한 방법으로 사용하는 경우를 포함하여 공정 이용하는 행위는 저작권 침해가 되지 아니한다. 구체적인 경우에 저작물의 사용이 공정 이용이냐의 여부를 결정함에 있어서 다음을 참작하여야 한다.

1. 그 이용이 상업적 성격인지 비영리 교육목적인지를 포함한 그 이용의 목적 및 성격
2. 저작물의 성격
3. 사용된 부분이 저작물 전체에서 차지하는 분량과 상당성.
4. 이러한 사용이 저작물의 잠재적 시장이나 가치에 미치는 영향.

위의 모든 사항을 참작하여 내려진 결정인 경우에, 저작물이 미발행되었다는 사실 자체는 공정이용의 결정을 방해하지 못한다.[14]

블랙웰의 도서 영업부 이사인 크럿츨리(Ed Crutchely)는 "블랙웰의 1999년 작품인 『형이상학: 선집(*Metaphysics: An Anthology*)』은 프로그램에 참여한 이후 조회수가 2,583건, '이 책을 구매' 사용자 클

릭은 597건을 기록했다. 별다른 마케팅 없이도 출판 이래 미국에서 최고의 해를 맞았고. … '이 책을 구매' 클릭의 높은 비율은 과거에 출간했던 도서들의 판매로 이어지고 있다."15)

하퍼콜린스 그룹(HarperCollins Group)의 사장인 머레이(Brian Murray)는 출판업자 프로그램에 참여한 이후 그들의 책 한 권에 대한 하퍼콜린스 사이트의 트래픽 양과 구글 사이트에 있는 동일한 책의 트래픽의 엄청난 격차에 대해 설명했다. "구글은 16개월 만에 하퍼콜린스에 대한 600만 페이지뷰(page view: 인터넷 사용자가 인터넷 상에 있는 홈페이지를 열어본 횟수 - 역자 주)를 기록했다. 책 한권이 평균 97건의 페이지뷰를 기록했다. 머레이가 예로 든 하퍼콜린스 웹 사이트에 있는 루이스(C.S. Lewis)의 저서인 『순전한 기독교(Mere Christianity)』는 페이지뷰 351건과 '이 책을 구매' 사용자 클릭(Click-throughs) 14건을 기록했다. 반면 구글에서는 페이지뷰 1만 5,641건과 사용자 클릭 284건을 기록했다."16)

동영상을 둘러싼 비아콤의 구글 고소

다른 엔터테인먼트 혹은 미디어 종사자들이 구글을 고소했고 향후 많은 이들도 그럴 것으로 예측되는 가운데 비아콤의 소송은 기념비적인 사례가 될 것으로 보인다. 비아콤은 2007년 5월 14일, 유투브에 올려

사용자 클릭

'사용자 클릭(Click-throughs)'이란 무엇인가? 머레이가 이 용어를 사용하는 문맥에서는 잠재 고객이 원할 경우 도서를 구입할 수 있는 출판업자의 사이트를 접속하기 위해 링크를 클릭하는 것을 의미한다.

진 동영상에 대한 개개인의 기여도를 재정적으로 보상하기 거부했다는 저작권 침해를 사유로 구글과 자회사 유투브를 연방 법원에 고소했다. 비아콤은 MTV와 코미디 센트럴의 모회사이다. 비아콤은 배상액으로 10억 달러를 요구했는데, 법률 전문가들은 이 소송이 마무리되기까지 수년이 걸릴 것으로 내다본다.

구글은 2007년 10월에 유투브를 인수했다. 구글은 법적 분쟁을 예상하고 대비 자금도 미리 할당해 두었다. 구글은 BBC, 워너 뮤직 그룹, CBS를 포함한 다른 엔터테인먼트 기업들과의 계약을 매듭짓고 있었다. 일부 관찰자들은 비아콤의 소송이 구글과의 타협을 시도하는 과정에서 품은 비아콤의 불만을 드러낸다고 한다. 고소 한 달 전, 비아콤은 구글에게 비아콤이 소유하는 10만 개의 영상을 삭제할 것을 요청했고 구글은 이를 이행했다. 그러나 익명의 비아콤 내부 관계자의 말을 인용한 CNET 뉴스닷컴의 기사에 따르면 비아콤은 '삭제를 요청했던 동영상들이 계속 다시 뜨는 일만 없었더라도 소송을 제기하지 않았을 것'이라고 한다. 게다가 이 관계자는 '회사에서 유투브 감시에만 한 부서를 운영하고 있는 실정'[17]이라고 덧붙였다. 비아콤과 기타 미디어 기업들은 그들의 자료가 사용되는지를 확인하기 위해 유투브를 감시해야 하는 것이 그들에게는 불공평한 부담이라고 여긴다.

이 소송에 대한 구글의 입장은 다음과 같다. "우리는 유투브가 저작권자들의 법적 권리를 존중해 왔다고 자신한다. 우리는 분명히 이번 소송이 유투브의 지속적인 성장과 훌륭한 성과의 걸림돌로 작용하도록 놔두지 않을 것이다."[18]

2007년 10월, 구글은 마침내 유투브 인수 전부터 작업해 오던 무단 복제 방지 도구를 도입했다. 이 도구가 효력을 발휘하기 위해서는 저작권자가 보호하고자 하는 동영상의 복사본을 유투브에 제출해야 한다. 무단복제 방지 도구는 유투브에 올라오는 모든 동영상들을 분석해서 컨텐츠 주인에 의해 제출된 저작물의 데이터베이스와 일치하는 동영상이 있는지를 확인한다. 구글은 앞으로 계속 이 도구를 개선해 나갈 것으로 예상한다.

구글은 시장에서 점유율, 특성, 영향력을 늘리고자 어느 정도 위험을 감수하고 있다. 또한 사명을 달성하기 위해 노력하면서 새로운 서비스를 제공하는 혁신자이다. 구글은 중국 논란으로 인해 사악한 일을 하지 않는다는 명성을 위험에 처하게 하고 있다. 마찬가지로 사생활 보호와 저작권 논란들이 구글의 명성을 위태롭게 하며 법적 소송까지 가게 했다. 그러나 구글이 현재 휩싸인 논란들 때문에 앞으로 위험을 감수하는 일을 주저하지는 않을 것이다. 구글은 살아남고, 성장하고, 사명을 달성하기 위해 모험을 해야 하는데다, 법적 분쟁들을 해결할 자원도 충분하니 말이다.

주

1) http://www.america.gov/st/washfile-english/2006/Febraury/20060215154055ASesuarK0.9963648.html (2008년 5월 1일 접속).
2) 린치(Colum Lynch), "유엔 보고서 미국의 수용자 처우 비난," 『워싱턴 포스트(*Washington Post*)』, 2006년 2월 14일, http://www.washingtonpost.com/wp-dyn/content/article/2006/02/13/AR2006021301848.html (2008년 4월 19일 접속).
3) 윅커(Karen Wicker), "증언: 중국에서의 인터넷," 공식 구글 블로그, 2006년 2월 15일, http://googleblog.blogspot.com/2006/02/testimony-internet-in-china.html (2008년 4월 29일 접속).
4) 톰슨(Clive Thompson), "구글의 중국 문제(그리고 중국의 구글 문제)," 『뉴욕 타임즈(*New York Times*)』, 2006년 4월 23일, http://www.nytimes.com/2006/04/23/magazine/23google.html?pagewanted=1&ei=5090&en=972002761056363f&ex=1303444800 (2008년 4월 27일 접속).
5) Ibid.
6) Ibid.
7) 윅커(Karen Wicker), "증언: 중국에서의 인터넷," 구글 공식 블로그, 2006년 2월 15

일, http://googleblog.blogspot.com/2006/02/testimony-internet-in-china.html (2008년 4월 29일 접속).
8) 톰슨(Clive Thompson), "구글의 중국 문제(그리고 중국의 구글 문제)," 『뉴욕 타임즈(New York Times)』, 2006년 4월 23일, http://www.nytimes.com/2006/04/23/magazine/23google.html?pagewanted=1&ei=5090&en=972002761056363f&ex=1303444800 (2008년 4월 27일 접속).
9) "지메일: 이메일에 대한 구글의 접근법," http://gmail.google.com/mail/help/privacy.html (2008년 5월 1일 접속).
10) "구글 사생활 자주 묻는 질문," 구글 사생활 보호 센터, http://www.google.com/privacy_faq.html (2008년 4월 26일 접속).
11) "혁신과 경쟁력 제고: 부시 대통령의 기술 안건 — 미국 혁신의 새로운 세대," 백악관, 집중 조명 정책, http://www.whitehouse.gov/infocus/technology/economic_policy200404/chap3.html (2008년 4월 30일 접속).
12) "구글 도서 검색: 뉴스와 견해 — 사실과 허구," 구글 도서 검색, http://books.google.com/googlebooks/newsviews/facts_fiction.html (2008년 4월 24일 접속).
13) 밀즈(Elinor Mills), "구글의 도서관 책과의 전쟁," CNET 뉴스닷컴, 2005년 10월 24일, http://www.news.com/Googles-battle-over-library-books/2100-1025_3-5907506.html (2008년 4월 25일 접속).
14) "미국의 저작권법과 미국 연방법 제17편의 관련법," 미국저작권 사무소, http://www.copyright.gov/title17/92chap1.html#107 (2008년 5월 2일 접속).
15) "구글 도서 검색: 뉴스와 견해 — 출판업자 사례 연구," 구글 도서 검색, http://books.google.com/googlebooks/newsviews/pub.html (2008년 5월 5일 접속).
16) Ibid.
17) 브로아슈(Anne Broache)와 샌도벌(Greg Sandoval), "비아콤이 유투브 동영상으로 인해 구글에 소송 제기," CNET 뉴스닷컴, 2007년 3월 13일, http://www.news.com/Viacom-sues-Goolge-over-YouTube-clips/2100-1030_3-6166668.html (2008년 5월 2일 접속).
18) 피터스(Jeremy W. Peters), "비아콤이 유투브 동영상으로 인해 구글에 소송 제기," 『뉴욕 타임즈(New York Times)』, 2007년 3월 14일, http://www.nytimes.com/2007/03/14/business/14viacom.web.html (2008년 5월 3일 접속).

제11장

Google

구글의 미래

구글이 웹 페이지에서 인용한 다음의 문구는 유머로 분위기를 부드럽게 하는 동시에, 기업의 사명은 갈수록 진화한다는 현실을 시사한다. 구글이 사용자들의 진화하는 요구를 만족시키기 위해 그들과 상호작용하고, 경쟁 환경의 변화에 방어적인 대응을 하므로, 구글의 사명도 새롭게 바뀌는 것이 불가피하다. 구글은 이와 동시에 검색과 온라인 광고에서의 우위를 유지하고, 수익 면에서 뛰어난 잠재력을 가진 신규 영역을 탐색, 확장하기 위해 공격적인 태도를 취해야 한다.

> 시간이 지남에 따라 우리는 우리가 제공할 수 있는 서비스에 대한 시야를 넓혀왔다. 예를 들어 인터넷 검색은 정보에 접근하고 활용하기 위한 유일한 방법은 아니다. 과거에 잘될 것 같지 않던 제품들이 현재 우리의 포트폴리오의 중요한 요소이다. 그러나 우리의 핵심 사명을 수정했다는 것은 아니다. 단지 우리가 사명 달성을 위해 더 멀리 나아갈수록, 수평선 너머 희미하게 보이던 물체들이 더 뚜렷이 들어온다. (물론 이들도 더 흐릿한 물체들로 대체될 것이다.)[1]

일부 시장 분석가들과 비즈니스 학회 회원들은 구글이 중심을 잃고 있는 것은 아닌지, 그리고 이것이 구글의 미래를 위태롭게 하지는 않는지 의문을 제기한다. 구글의 부사장 및 최고 인터넷 책임자인 서프(Vinton Cerf)는 인터뷰에서 구글을 본래 사명으로부터 분산시키는 것처럼 보이는 구글의 집중 상실에 대한 질문에 이렇게 답했다.

> 우리의 집중 분야는 단지 검색만이 아니다. 우리의 집중 분야는 정보를 발견가능하고 유용하게 만드는 것이고, 따라서 여러분이 목격하는 구글에서 일어나는 이 모든 일들은 검색을 효율적인 도구로 만드는 본래의 패러다임 확장에서 오는 부작용이다. 이제 우리는 다른 정보 활동을 어떻게 더 효율적이고 연관되게 할 수 있을지 연구하고 있다.2)

구글이 어디로 향하고 있는지 이해하려면, 어떤 전략들이 수입원을 지속적으로 창출하고 성장하게 했는지 알기 위해 과거와 현재의 추세

서프
구글의 부사장 겸 최고 인터넷 책임자

서프(Vinton Cerf)는 칸(Robert Kahn)과 함께 TCP/IP 프로토콜과 인터넷 기본 구조 개발에 기념비적인 역할을 했다. 그들은 2005년, '국제 상거래, 의사소통, 엔터테인먼트를 뒤바꾼 디지털 혁명'을 주도한 공로를 인정받아, 미국 시민에게 주어지는 최고 영예인 미국 대통령 자유의 메달(U.S. Presidential Medal of Freedom)을 수상했다.

서프는 구글에 합류하기 이전인 1976년부터 1982년까지 미국 국방부 고등 연구 프로젝트 기관에서 일했다. 1982년부터 1986년까지는 MCI의 상무, 1994년부터 2005년까지는 전무를 지냈다. 1998년부터는 제트 추진 연구소(Jet Propulsion Laboratory)의 객원 과학자이다.

그의 평생 공로와 쓰리 피스 정장을 입기로 유명한 서프는 구글이 '인터넷과 기타 플랫폼의 새로운 가능화 기술들(emerging technologies)'을 발굴하도록 돕는다.3)

를 살펴보는 것이 도움이 된다. 이런 전략들은 구글이 앞으로도 지속할 것이다. 우리는 또한 최근의 구상들은 무엇이며 이들이 어떻게 전개될지 고려해 볼 수 있다. 그러나 어느 정도 어떠한 기업의 미래 행동 방침도 예측할 수 없다. 구글은 기밀유지를 좋아하고 이를 전략적인 도구로 삼는데다, 우리가 구글의 미래를 점쳐보기 위해 들여다보는 수정 구슬은 더더욱 흐려지기만 하니 말이다. 모든 기업이나 기타 생명체와 마찬가지로 구글도 세계 사건, 날씨, 경쟁사의 행보처럼 운명이라는 통제 불능한 환경 요소들로부터 자유로울 수 없다.

그러나 래리와 세르게이가 갑자기 변하지만 않는다면, 구글의 핵심 사명은 적어도 그들의 재임 기간 동안에는 비록 재해석될 수 있을지라도 동일하게 유지될 것이라고 가정할 수 있고, 또한 흥미진진한 놀라운 일들도 있을 것이라고 짐작된다. 구글이 웹 기반 정보의 거대한 색인과, 다른 대형 기관들에 검색 기능을 이양할 수 있는 세계 최대 규모의 컴퓨팅 시스템을 보유했다는 사실에 비춰 봤을 때, NASA와의 프로젝트가 어떻게 진행될지, 그리고 정부 및 세계 기관들과의 기타 제휴 관계는 어떻게 진화할지 관찰하는 것은 흥미로울 것이다.

구글은 최근 몇 년간 검색에 수백만 달러를 투자했다. 그리고 구글은 앞으로도 계속해서 검색, 그리고 각종 매체를 통해 세상의 정보를 제공하는 것을 둘러싼 중대 사항들을 다루는 대표적인 씽크 탱크가 될 것이다. 엔지니어의 관심 사항에 20%의 근무 시간을 할애하는 제도는 구글 사용자를 위한 훌륭한 제품 및 구글을 위한 새로운 수입원를 창출했다. 구글은 또한 구글 랩을 통해 도입되는 제품에 중요한 피드백을 제공하고, 구글의 오픈 소스 코드와 새로운 어플리케이션들을 실험하는 전 세계의 소프트웨어 엔지니어 공동체와 굳건한 관계를 유지한다. 그리고 이러한 연구를 진행하기 위해 세계에서 가장 명석한 이들을 고용했고 앞으로도 그럴 것으로 보인다. 그러나 우리는 구글이 인재를 지속적으로 유치할 수 있다고 확신할 수 있을까? 구글은 생산적인 기업 문화를 유지할 수 있을까? 검색자들 사이의 인기를 유지할 수 있을까?

광고 주제의 변형

지금까지 구글 수입의 최대 출처는 웹 기반 광고의 판매였다. 이 광고 수입원을 더욱 강화하기 위해 구글은 다양한 전략을 사용할 수 있다. 검색과 연계된 더 많은 웹 기반 광고를 세계 전역의 더 많은 광고주에게 판매할 수 있다. 또한 웹 기반 동영상이나 무선 기기 같은 다른 매체 내의 광고 판매를 늘릴 수 있다. 그리고 구글이 판매하는 광고의 종류를 다양화해서 새로운 시장을 개척할 수도 있을 것이다.

구글이 사용자 수에서 세계 1위 검색 엔진의 위치를 유지하는 것은 웹 기반 광고의 양이 증가하는 데 계속 도움이 될 것이다. 또한 구글은 검색 결과의 관련성을 개선하고 결과를 신속히 제공할 수 있는 방법을 지속적으로 모색하기 때문에 계속해서 검색 사용자들을 더 많이 유치할 것이다. 구글이 검색 엔진 1위 자리를 유지하고 사용자를 위한 관련 페이지에 광고를 계속 게재하는 한, 더 많은 광고주들이 구글 광고 프로그램에 참여할 것이다. 광고주들은 트래픽이 가장 많은 곳에 광고를 내고 싶어 하고, 제품 구매의 가능성이 있는 이들을 대상으로 하면 광고비 대비 더 높은 수익을 거둘 수 있다.

구글은 2007년 4월, 광고 업체인 더블클릭(DoubleClick)을 31억 달러에 인수하겠다고 밝혔다. 처음에는 어마어마한 비용으로 인해 업계는 이 가격을 지불하겠다는 구글의 의사에 경악을 금치 못했다. 그러나 구글은 더블클릭을 두고 마이크로소프트와 경쟁을 벌이고 있었다. 이 인수는 여러 이유로 인해 구글에게 전략적으로 중요했다. 거래는 2008년 3월 11일에 성사되었다.

더블클릭의 인수는 디스플레이 광고로의 다양화라는 목표에 다가설 수 있도록 도울 것이다. 10년이 넘는 시간 동안 더블 클릭은 고객이 광고로부터 얻는 수익을 늘릴 수 있도록 성공적인 온라인 디스플레이 광고 프로그램과 소프트웨어를 개발했다. 또한 그들은 온라인 출판업체인 아메리카 온라인, 마이스페이스, 타임 워너의『스포츠 일러스트레이티드(Sports Illustrated)』, 비아콤의 MTV 네트워크,『월스트리트 저널(Wall Street Journal)』과, 절반 가량의 기존 온라인 광고 대행사들과 긴밀한 협력관계를 구축해 왔다. 타임 워너의 AOL과 마이스페이스는 웹에서 가장 인기 있는 사이트다. 구글은 더블클릭의 인수로 인해 두 사이트에 검색 광고를 제공할 수 있는 권리를 갖는다. 더블클릭 광고의 상당 부분은 매출 증대보다는 홍보용이지만, 기업들은 대중에게 브랜드명을 각인시키고자 높은 비용을 지불한다. 4)

구글과 마이크로소프트는 더블클릭을 인수하기 위해 입찰 전쟁을 벌였다. 마이크로소프트는 인수 실패로 인해 온라인 광고 시장에서 구글을 따라잡으려는 노력의 속도가 느려질 것이다. 이 사실이 구글의 인수를 더욱 값지게 한다. 구글은 더블클릭으로 인해 디스플레이 광고의 새로운 출처로부터 수입이 지속적으로 증가할 가능성이 생겼다. 구글은 검색 광고 시장의 약 3분의 2를 차지한다. 구글은 2006년의 온라인 광고비용 중 67억 6,000만 달러를 차지했고, 이마케터(eMarketer)의 예상에 따르면 2010년까지 103억 달러로 증가할 전망이다. 디스플레이 광고는 2006년에 33억 4,000만 달러를 차지했고, 2010년에는 103억 달러까지 증가할 것으로 예상된다. 5)

동영상에 대한 구글의 의지는 계속됨

구글은 동영상을 프린트나 이미지와 마찬가지로 세상에 제공하고자 하는 정보의 또 다른 형태로 간주한다. 또한 동영상은 광고를 판매할 수 있는 또 다른 매체이다.

한동안 동영상에 대한 구글의 의지는 분명했다. 구글 비디오에서는 영화 클립, 다큐멘터리, TV 쇼, 뮤직 비디오를 포함한 수백만 개의 색인된 동영상을 검색할 수 있다. 구글 비디오 검색 창에 검색어를 치면 구글은 출력 자료 검색에서 기대할 수 있는 수준의 관련성 높은 결과를 제공하기 위해 동일하게 강력한 검색 엔진을 가동한다.

동영상에 대한 구글의 지속적인 의지는 2006년, 공식 출범한지 1년 밖에 되지 않은 유투브의 인수와 함께 계속되었다. 유투브는 짧은 역사 동안, 사용자들이 웹에서 전 세계의 독창적인 동영상을 공유하고 보기 위해 찾는 1순위 웹 사이트로 빠르게 자리매김했다. 또한 사람들이 웹 사이트, 블로그, 이메일, 무선 기기 같은 다양한 방법으로 동영상을 공유할 수 있게 한다. 블로그가 사람의 생각을 글로 남길 수 있게 했듯이, 유투브는 사람들이 영화 제작자가 되도록 힘을 실어주고, 작품이 정보 제공용이건 창의적이건 간에 세계에 제공할 수 있게 한다. 유투브는 또한 CBS, BBC, 워너 뮤직 그룹 같은 전문 동영상 제작 업체들과 제휴를 맺고 있다.[6]

유투브는 광고주들에게 검색과 관련된 목표 광고를 거대한 세계적 규모로 제공하는 구글의 능력을 이용할 수 있는 또 다른 기회를 제공한다. 이는 구글에게는 웹 기반 광고로부터 수입을 증대시키는 방법이다.

구글이 유투브의 공동 창업자인 헐리(Chad Hurley)와 첸(Steve

Chen)의 최고 경영자 자리를 유지시키고, 그들이 훌륭한 업적을 구글의 자회사로서도 이어나갈 수 있도록 충분한 자치권을 부여한 것은 현명한 처사였다. 구글의 유투브 인수는 기존 및 신규 광고주에게 제공하도록 광고 공간을 위한 다양한 종류의 컨텐츠를 늘릴 수 있었고, 기업의 사명에도 잘 맞았기 때문에 훌륭한 선택이었다. 또한 구글 경쟁 업체들로부터 유투브를 떼어 놓은 것도 매우 영리했다.

무선 시장

구글은 더 효율적이고 철저하게 무선 시장을 공략하길 원한다. 전 세계 30억 인구가 휴대폰을 사용하고 있고 그 숫자는 계속 증가할 것이다. 현재 휴대용 기술의 매출은 개인용 컴퓨터를 앞지르고 있다. 시장 분석가들은 스마트폰에서의 검색과 연계되는 특정 대상에 대한 광고 수입의 잠재력이 컴퓨터 기반 검색의 광고 수입을 초과할 것이라고 내다본다. 구글은 경쟁업체들에 비해 위와 같이 검색과 연계된 효율적인 광고를 제공하는 데 더 유리한 위치에 있다.

    무선을 겨냥한 구글의 주목할 만한 초기의 행보는 1995년에 휴대폰용 소프트웨어 개발 신생 업체인 안드로이드 주식회사(Android, Inc.)를 인수한 것이었다. 안드로이드의 공동 창업자인 루빈(Andy Rubin)은 구글의 무선 플랫폼 이사다.

    2007년 11월, 37개의 기술 및 무선 기업들로 이루어진 다국가 단체인 개방형 휴대폰 동맹(Open Handset Alliance)은 '최초의 완전하고, 개방되고, 무료인 무선 플랫폼'인 안드로이드를 개발하기 위한 협력을 언론에 공식 발표했다. 이 동맹에는 구글, T-모바일, 퀄컴, 모토롤라 등이 참여한다.[7]

이 동맹의 목표는 소비자에게 현재 제공하는 휴대폰 경험보다 우수한 경험을 제공하는 것이다. 그들은 목적 달성을 위해 오픈 소스 소프트웨어에 기반한 협력 개발 환경을 조성했다. 이 환경 내에서 동맹은 소비자에게 혁신적인 제품을 훨씬 저렴한 가격에 제공하는 과정을 가속화하고 마이크로소프트와 심비안 소유 플랫폼의 대안을 만들기를 희망한다.

안드로이드 무선 소프트웨어 스택(stack: 컴퓨터에서 동적이고 순차적인 자료의 목록 - 역자 주)에는 운영 체제, HTML 브라우저, 미들웨어(middleware: 시스템 소프트웨어와 응용 소프트웨어 사이에서 조정 및 중개 역할을 하는 프로그램 - 역자 주), 어플리케이션들이 있다. 이 소프트웨어를 개발자에게 제공하는 것은 그들에게 안드로이드를 사용자 지정할 수 있는 자유를 준다. 이 동맹은 개발 과정에서 언론에서 주로 '구글폰'이라고 부르는 하나의 스마트폰이 아닌 다양한 종류의 무선 기기를 계획하고 있다.

2007년 11월 기자 회견으로부터 일주일 후, 구글은 안드로이드 개발자 대회(Android Developer Challenge)를 선포했고, 이 대회는 개방형 휴대폰 동맹의 회원으로 구성된 심사위원들로부터 선정된 안드로이드를 위한 무선 어플리케이션 개발자들에게 2만 5,000달러에서부터 27만 5,000달러에 이르는 총 1,000만 달러의 상금을 수여한다. 개방형 휴대폰 동맹에서 잠재 개발자들에게 안드로이드 소프트웨어 개발자 집합을 제공했다. 안드로이드 개발자 대회를 위한 구글 웹사이트(www.code.google.com/android/adc.html)는 개발자들이 가장 좋아하는 무선 어플리케이션을 만들도록 그들을 초청하는 반면, 소셜 네트워킹, 미디어 소비, 경영, 편집, 공유, 생산성, 이메일이나 실시간 메신저 같은 협동, 게임, 뉴스, 정보 등의 집중 영역에 대한 제안들이

제시되었다.8)

이 모든 것이 구글에게 무엇을 의미할까? 안드로이드 플랫폼은 구글이 지메일과 구글 지도 같은 구글 어플리케이션을 스마트폰에서 최대한 활용할 수 있는 가능성을 주고, 구글의 광고 모델로 더 많은 시장을 공략할 수 있게 해 준다. 게다가 안드로이드 소프트웨어는 무료이기 때문에 운영 체제 설치가 무료가 아닌 경쟁 업체들의 수익성에도 타격을 줄 수 있을 것이다. 또한 제조업자들이 소프트웨어 비용을 지불하지 않아도 되므로 스마트폰의 가격도 저렴해질 것이다.

공중파 진출

2008년 2분기에 안드로이드가 출시될 가능성이 대두되면서 구글은 미국의 주요 통신사인 AT&T나 버라이존이 자신들의 네트워크에서 사용할 수 있는 단말기와 인터넷 서비스를 제한시킨 문제를 해결해야 했다. 제 아무리 세계에서 가장 우수한 단말기와 소프트웨어라도 사용할 수 없다면 무용지물이다. 이 통신사들의 통제가 구글이 휴대폰에서 웹 기반 광고 점유율을 늘리는 데 큰 걸림돌이었다. 한 가지 가능한 해결책은 미국 정부가 진행하는 미국 휴대폰 통신 주파수 할당 경매에 입찰하는 것이었다. 연방 통신 위원회(FCC: Federal Communications Commission)는 2009년에 예정된 전국 디지털 텔레비전 신호 전환 일정의 일환으로 부호 주파수 경매를 실시하고 있었다. 이 주파수는 새로운 무선 광대역 인터넷 서비스를 생성해낼 가능성을 지녔다. 이 과정의 초기에는, 누구라도 최고가를 제시하는 이가 모든 가능성을 지배할 것으로 여겨졌다.

다가올 경매는 혁신, 더 저렴한 비용, 시골 지역 및 소규모 공동체의 인터넷 접속 증대를 가져올 신규 진입을 허용할 공개입찰을 선호하는 지지 단체들과, 입찰 예정이며 낙찰 받을 경우 대중이 인터넷에 접속하는 방법과 그 경험의 수준 및 성격을 계속 지배하게 될 대형 통신사 AT&T 및 버라이즌 간의 격렬한 논쟁을 불러일으켰다.

자유 언론(Free Press) 운동의 대표인 카(Timothy Karr)는 망중립성(net neutrality)을 옹호하는 인터넷 구원 연합(Save the Internet Coalition) 회원들에게 전하는 서한에서 다음과 같이 말했다.

> 미국은 초고속 인터넷 순위에서 세계 16위로 추락했고 세계에서 가장 느린 속도를 위해 가장 비싼 가격을 지불하면서도 선택권이 거의 없다. AT&T, 버라이즌, 컴캐스트가 미국인 대부분의 인터넷 접속을 좌지우지 하도록 놔두는 이상 하락세는 계속될 것이다.9)

이 연합은 2007년 6월, 공공 무선 광대역을 위한 주파수 사용을 지지하며 23만 명 이상이 서명한 진정서를 FCC에 제출했다.

이 논쟁에 뛰어들은 구글의 사법 활동은, 과거에는 월드컴이었으나 현재는 버라이즌이 소유하는 MCI의 규제부 전직 책임자인 휘트(Richard Whitt)에 의해 지휘되었다. 구글은 2007년 7월 9일, 휘트를 통해 700-MHz 주파수의 낙찰자들이 4가지 조건을 이행할 것을 제안하는 상대방 당사자에게 비밀로 하는 건의서(ex parte filing)를 FCC에 제기함으로써 입장을 분명히 했다.

1. 새로운 주파수에 기반한 서비스의 제공 업체는 사용자들이 자신의 휴대폰에 직접 선택한 소프트웨어 어플리케이션을 다운받고 사용할 수 있는 자유를 제한하지 않는다.
2. 사용자들은 새로운 무선 네트워크에서 그들이 선택한 단말기를 사용할 수 있어야 한다. 구글은 "개방형 단말기 환경은 사용자로 하여금 그들이 선택한 단말기를 선택한 네트워크에서 사용할 수

있게 함으로써 소비자 선택을 증진시키고 전면 경쟁을 촉진한다"
고 주장했다.10)
3. 제3 무선 사업자들은 재판매를 위해 도매 기준으로 합리적인 가격에 무선 서비스를 취득할 수 있어야 한다. 구글은 이 조항이 소규모 업체들에게 무선 서비스를 재판매할 기회를 제공한다고 밝혔다.
4. 구글이 요구한 네 번째 조항은 인터넷 서비스 제공자(ISPs: Internet Service Providers)들이 무선 제공자의 송신탑에 그들의 네트워크 시설을 연결할 수 있도록 허용하는 개방형 네트워크다.

구글은 또한 구글을 채택할 경우 위 조항들을 이행할 것을 FCC에 요청했다. 그들은 FCC가 낙찰자에게 위 조건을 주문하도록 요구한 전반적인 의도는 소비자 선택권을 보장하고, 경쟁을 촉진하는 진정한 3자 광대역 플랫폼에 필요한 조건들을 조성하기 위함이라고 밝혔다.

구글은 위의 건의서에서 경매에 참여할지, 만약 한다면 어떻게 성공할지 결정하기 위해 경매 전문가들과 회의를 가졌을 뿐 아니라 전문가들과 게임 이론 시나리오들을 작성하기도 했다고 밝혔다. 구글은 건의서에서도 언급했듯이, 연구와 분석을 한 결과 기존의 무선 사업자들(AT&T와 버라이즌)이 입찰 과정에서 이길 승산이 높다는 사실을 알게 되었다. 구글은 계속해서, 입찰에서 이기는 것이 구글에게 꼭 경제적 이익이 되지는 않는 이유를 다음과 같이 설명했다.

간단히 말해 현재의 대형 사업자들은 따라가기 매우 어려울 만큼 내부적으로 유리한 위치에 있다. 일각에서는 구글이 다른 어떤 입찰자보다 더 높은 액수를 부르면 간단하지 않겠냐고 하지만, 이 경우 '자금력'만이 정확한 잣대는 아니다. 오히려 결정적인 요소는 진입을 막는 경제 및 운영의 높은 장벽, 그리고 주파수가 입찰자들에게 갖는 상대적 가치와 유용성이다. 특히 버라이즌과 AT&T는 유무선 서비스의 확고한 기반을 갖추고 수직 통합된 현 제공업체다. 반면 구글은 서비스 제공자가 아닌 웹 기반 소프트웨어 어플리케이션 업체로, 무선 시장에서 관련 경험이 거의 없고 보호할 기존 비즈니스 모델도 없다. 기존 통신사들은 송신탑, 백홀(backhaul: 위성신호의 지상 분배 – 역자 주), 소비자, 소매 대리점, 광고의 전국 통합 네트워크를 갖추고 있다. 그들의 현금 유동성은 훨씬 뛰어나고, 기존 사업 계획의 추진을 위해 사용할 의지도 있다. 결과적으로 주파수는 구글과 같은 신규 진입 후보보다는 기존 사업자인 버라이존이나 AT&T에게 경제적 가치가 있고 전반적으로 유용하다.[11]

따라서 구글은 이 게임의 초기 단계에서조차 주파수 할당 입찰에서 이기는 것보다는 경매 후, 새로운 주파수가 제3자들에 의해 어떻게 사용될지 그 결과에 영향을 미치는 것에 더 관심이 있었을 수 있다. 낙찰을 받으면 주파수의 접근 및 사용을 단순화하는 면에서는 득이겠지만 건의서에서도 언급되었듯이 주파수를 사용하기 위한 구조를 형성하는 데에 어마어마한 추가 비용이 소요될 것이다.

건의서에 대한 AT&T와 버라이존의 반응은 공개 접근이 의무화될 경우 경매에서 철수한다는 것이었고, 그렇게 될 경우 FCC는 주파수 판매로부터 원했던 현금을 거둘 수 없게 될 것이다.

철학적인 면에서, 구글의 경영진은 더 많은 경쟁을 지지하는 시민 단체들의 입장에 동의했다. 구글은 지난 수년 간 혁신과 경쟁을 도모하는 오픈 소스 솔루션의 지지와, 최근 개방형 휴대폰 동맹 결성에 동의했다.

그러나 동시에 구글의 전략적 목적인 수익 증대를 위해서, 검색 서비스와 광고주들이 신규 무선 주파수의 장벽이 없는 새로운 안식처를 찾게 되기를 바랐다. 만약 그렇게 된다면 구글은 전 세계의 더 많은 수용자에게 다가갈 수 있을 것이다. 구글은 지금 현재 안드로이드를 개발 중이며, 어스링크(EarthLink)와 함께 샌프란시스코에서 무료 와이파이 무선 광대역을 제공하기 위해 준비 중이다. 그리고 이베이, 야후, 인텔, 디렉트TV, 액세스 스펙트럼(Access Spectrum), 에코스타(EchoStar)가 포함된 4G 연합(Coalition for 4G)으로 불리는 컨소시엄에도 가입했다. 이 연합은 구글의 7월 건의서 이전에, 그들이 원하는 경매 진행 방식에 대한 로비 활동을 위해 FCC에 서한을 보내기도 했다.

구글은 2008년 2월에 열린 경매에 실제로 참가했고, 구글의 참가로 인해 건의서에 요청된 일부 조항들을 이행하도록 요구된 이번 입찰의 가격은 46억 달러 이상까지 올라갔다. 버라이존이 주파수 C블록 대부분을 낙찰 받았고, 모든 무선 기기 사용을 허용하도록 요구받을 것이다. 이로 인해 구글의 안드로이드 소프트웨어는 시간이 지나면서 사용이 늘어날 가능성이 생겼다. 구글은 낙찰되었더라면 무선 네트워크를 구입하고 구축하는 데 소요됐을 100억 달러를 쓰지 않고도 원하는 바를 얻었다.

구글은 성명을 통해 버라이존에 축하를 전했고, 경매의 결과는 소비자의 승리라고 했다. 구글은 소비자들이 휴대폰과 무선 기기 사용을 통해 더 많이 누리길 기대할 수 있게 되었다고 했다. 의심의 여지없이 구글은 현재와 미래의 제휴업체들이 생산한 휴대폰 및 무선 기기에 안드로이드 소프트웨어를 제공함으로써 소비자들이 무선 경험에서 더 많은 것을 얻게 하고자 계획한다.

더 많은 전파에 대한 요구

구글은 대규모 경매 후 숨고를 겨를도 없이 마이크로소프트, 로얄 필립스 전자, 델, 인텔과 함께 화이트 스페이스 연합(White Spaces Coalition)

을 결성하고, 2009년에 TV 방송업자들이 디지털 신호로 변환한 후 공백이 된 텔레비전 전파를 무선 인터넷 기기들이 활용하는 방안을 FCC에 제안했다. 화이트 스페이스 연합은 이러한 조치가 미국인의 인터넷 접속을 늘리고, 5% 밖에 사용되지 않는 TV의 화이트 스페이스(white space: 미국 TV 채널 사이의 주파수 공백)를 활용할 것이라고 말했다.[12]

구글은 이 연합의 형성에 주도적인 역할을 했고, 이는 안드로이드 소프트웨어에서 구현 가능한 무선 기기를 위해 가능한 모든 방식으로 전파를 개방하는 것과, 사용자에게는 검색에 대한 쉬운 접근성과 검색에 관련된 광고로 휴대폰 사용자에게 다가갈 수 있는 새로운 방법을 제공하는 데 구글이 갖는 의지를 재차 확인했다.

구글의 인수, 협력 관계, 동맹

구글은 전략적 목적과 수익 증대를 위해 인수를 적절히 활용해 왔다. 블로거를 만든 피라 랩(Pyra Labs) 같은 기업의 인수는 구글의 형태로 즉시 사용이 가능해 대중에 쉽고 빠르게 제공되었다. 다른 경우, 새로 인수된 기업들은 대중에 공개되기 전에 구글의 추가 작업을 거쳤다. 그러나 현재까지 업스타틀(Upstartle: 판매 전인 온라인 워드 프로세서를 생산했고 훗날 구글 문서와 스프레드시트의 토대가 됨), 유투브, 더블클릭 등은 현명한 투자로 여겨진다. 유투브와 더블클릭은 대단한 수익 증대의 가능성을 안겨 주었다. 또한 경쟁 업체를 따돌리기 위해서도 중요한 기업들이었다.

구글이 초기에 맺은 AOL과 야후!와의 협력 관계는 두 업체 모두에게 득이 되었다. 구글은 업계의 일류 기업들과 성공적인 협력 관계를 맺어왔으며, 최근에는 NASA와도 맺었다. 구글은 2005년, NASA의 에임스 연구 센터(Ames Research Center)와의 협력을 발표하면서 연구 센터를 설립하고, 기업 우주 산업, 분산 컴퓨팅, 나노기술, 대규모 데이터 관리에 관한 프로젝트 협력을 진행한다고 밝혔다. 2006년에는 뉴스 코퍼레이션의 폭스 인터엑티브 미디어(Fox Interactive Media)가 소유하는 소셜 네트워크 사이트인 마이스페이스(MySpace)에 검색과 광고를 제공하는 9억 달러 계약을 맺었다.13)

2008년 3월에는 구글, 야후!, 인게이지닷컴(Engage.com), 프렌스터(Friendster), 하이파이브(hi5), 히브스(Hyves), 아이밈(imeem), 링크드인(LinkedIn), 닝(Ning), 오라클(Oracle), 오컷(orkut), 플락소(Plaxo), 세일즈포스닷컴(Salesforce.com), 식스 어파트(Six Apart), 티안지(Tianji), 비아디오(Viadeo), 싱(XING) 등이 함께 오픈소셜 재단(OpenSocial Foundation) 결성을 발표했다. 비영리 단체인 오픈소셜 재단은 항상 커뮤니티 위주였으며, 앞으로도 공개되고 무료로 유지될 소셜 네트워크 어플리케이션을 지지한다. 소셜 네트워크는 소유주와 관계없이 혁신과 모든 소셜 네트워크 사이트의 도구 및 서비스 확장을 위해 동일한 공개 코드를 사용해 모두가 혜택을 누린다.14)

구글은 무선 영역에서 전진하기 위해, 힘을 합해 협동적인 개발 환경을 조성하고 FCC에 로비하기 위한 강력한 동맹 형성에 도움을 제공했다.

구글은 구글 내에서 혁신과 생산성의 제고를 위해 협동에 의존한다. 래리와 세르게이는 구글플렉스에서의 팀워크와, 구글의 이익이 되는 범위 내에서는 산업 내에서 협동을 위해 노력한다. 그들은 또한 구글의 사명 달성을 위해 경쟁이 불가피하고 필요하며, 구글과 경쟁 업체들이 더 좋은 제품과 서비스를 개발하도록 압박하는 방법이라고 여긴다.

구글의 계속되는 경제적 성공은 구글을 검색 엔진 1위로 만들어주는 사용자 충성도의 유지 능력에 달려있다. 세계의 소비자 기반을 유지하고 성장시키며 소비자에게 다가가는 매체를 늘림으로써, 구글은 수입원의 대부분인 광고 수입을 지속적으로 유치하기를 희망한다. 현재까지 구글은 유능하고 성실한 엔지니어들을 유치할 수 있었고, 제품을 향상시키고 사용자가 새로운 서비스와 제품에서 무엇을 원하는지 예상하게 해 주는 기업들을 인수해 왔다.

소셜 네트워크 영역을 탐색하고 판매함

소셜 네트워크 사이트는 사람들이 이 서비스 내에서 자신의 프로필을 형성하고 다른 이들과 공유할 수 있게 하는 웹 기반 서비스다. 프로필에는 주로 약력에 관한 정보, 사진, 자신에 대해 공유하고 싶은 모든 정보가 담겨 있다. 사이트마다 기술 역량의 차이는 있으나, 일반적으로 가입자들은 채팅, 블로그, 실시간 메신저, 때로는 화상회의를 통해 다른 이들과 의사소통할 수 있다. 소셜 네트워크 중에는 사용자가 친구들과 연락하고 새로운 사람을 사귈 수 있는 곳이 있다. 또한 인종, 국적, 종교 선호도, 정치적 관심, 비즈니스 관심 등을 둘러싸고 만들어진 소셜 네트워크도 있다. 전 세계적으로 수억 명의 인구가 한 곳 이상의 소셜 네트워크 사이트에 가입해 있다. 뉴스 코퍼레이션(News Corp)이 소유하는 마이스페이스는 회원이 7,200만 명에 달하는 최대 규모의 소셜 네트워크이다.

2007년, 소셜 네트워크 사이트에 몰린 세계의 광고는 155% 증가한 12억 달러를 기록했다. 시장조사 전문기관인 이마케터(eMarketer)는 올해 이 수치가 75% 성장할 것으로 예상한다. 광고에 많은 돈이 투자되었지만 그 수익은 예상치를 밑돈다. 그러나 구글은 이 영역의 수익 가능성을 대대적으로 탐색하기를 원한다. 현재 구글은 소셜 네트워킹 인구에 접근하기 위해 자체 소셜 네트워크인 오컷이나, 마이스페이스와의 계약, 오픈소셜 연합 등 다양한 접근방식을 시도하고 있다.

구글의 소셜 네트워크 사이트인 오컷은 미국에서 영어 인터페이스로만 도입되었으나 흥미롭게도 포르투칼어를 사용하는 브라질 사람들이 재빠르게 주요 사용 그룹이 되었다.[15]

마이스페이스의 전 세계 트래픽은 오컷에 비해 4배 이상의 규모지만, 최근 오컷이 중국, 일본, 남미에서 마이스페이스의 트래픽을 앞질렀다. 2006년, 2007년에 중국과 일본로부터의 오컷 사이트 방문자 수가 3배 가까이 증가해 1,100만 명을 돌파했다. 오컷의 남미 트래픽은 마이스페이스의 2배이다. 물론 구글은 부유한 잠재 쇼핑고객의 광고 비용을 확보할 수 있는 미국과 유럽에서 오컷의 인기 상승을 바라긴 하지만 트래픽은 구글에게 광고를 판매해 준다. 그리고 소셜 사이트 네트워크에 들이는 비용이 증가 추세에 있음에도 불구하고, 광고주가 광고비용을 계속 이들 사이트에 사용하는 것을 정당화할 만큼의 매출로 연계되지는 않는다.[16]

마이스페이스와 같은 세계 일류 기업과의 협력은 구글이 시도한 또 하나의 접근이다. 구글은 마이스페이스와 9억 달러치의 광고 계약을 체결했다. 그러나 구글은 광고 수익에 만족하지 못하며 이 전략을 지속할지도 불확실하다. 세르게이는 2008년 2월, "우리는 아직 소셜 네트워크에 광고하고 판매할 절대적 최선의 방법이 없다"[17]고 했다. 몇 개월 후, 그는 기자들에게 기술과 소셜 네트워킹 광고에 대한 최상의 접근법을 접목하려면 시간이 걸릴 것이라고 했다.[18]

다른 기업들도 구글과 마찬가지로 분위기를 살피기 위해 소셜 네트워크의 광고에 돈을 쏟아 붓고 있지만, 모두가 수익에 만족하지는 않는다. 소셜 네트워크를 사용하는 이들은 쇼핑보다 친목 도모에 더 관심이 있는 것일까?[19]

소셜 네트워킹을 위해 인터넷을 사용하는 이들의 관심과 광고비용을 사로잡기 위해 구글과 다른 기업들이 사용하는 또 다른 접근법은 사람들이 인터넷 어디에서나 친목을 도모할 수 있는 기회를 늘리는 것이다. 구글의 엔지니어링 수석 부사장인 휴버(Jeff Huber)는 "인터넷은 사회적일 때 근본적으로 더 좋다. 우리는 인터넷의 다양한 맥락에 사회적 정보를 더했을 때 무엇이 가능할지 이제 막 보기 시작했을 뿐이다"[20]라고 말했다.

2007년 11월, 구글은 웹 전반의 소셜 어플리케이션을 위한 어플리케이션 프로그램 인터페이스(APIs: application program interfaces)의 공통 집합 출시를 발표했다. API는 소프트웨어 어플리케이션을 만드는 도구와 프로토콜의 집합이다. 이것이 출시되기 이전의 개발자들은 어플리케이션이 특정 소셜 네트워크 사이트에서 사용되도록 각기 다른 API를 사용해서 어플리케이션을 만들어야 했다. 개발자들은 이제 웹 기반 소셜 어플리케이션을 위한 공통 API로 어떤 웹 사이트에서나 사용가능한 새로운 어플리케이션을 신속히 만들 수 있다. 예를 들어 프로그래머들은 하나의 표준을 사용해서 어떤 웹 사이트든지 사용자가 관심 사항 및 연락처를 공유할 수 있도록 하는 수단을 만들 수 있을 것이다. 이러한 방식으로 웹 전체는 더욱 사회적이 될 수 있다.

개발자들은 그들이 개발하는 소셜 어플리케이션의 거대한 유통망을 갖게 될 것이다. 새로운 소셜 어플리케이션들을 추가하는 웹 사이트들은 웹 사이트에서 친목 기능을 사용해 사람들을 사귀고 싶은 방문자들을 끌어 모으고 만족시킬 수 있다. 사용자들은 그들의 사회적 상호작용을 소셜 네트워킹 사이트에만 국한할 필요가 없다. 구글에게 가장 좋은 점은 소셜 네트워크 사용자들이 웹을 소셜 네트워크 접속만을 위해 사용하도록 두는 대신, 구글이 광고를 장악하고 있는 웹으로 유인할 수 있다는 것이다.

구글은 새로운 API로 프렌드 커넥트(Friend Connect)를 만들고 2008년 5월 12일에 어떻게 사용될지에 관한 시사회를 열었다. 웹 사이트 소유주들은 프렌드 커넥트를 통해서 사이트에 '약간의 코드'를 추가하면 프로그래밍 없이도 방문객을 위한 친목 도모 기능을 빠르게 제공할 수 있다. 또한 사이트 소유주들은 방문객들이 소셜 네트워크에 있는 친구들을 포함한 친구들을 초대하고, 글을 올리고, 평을 쓰고 오픈 소셜 개발자 커뮤니티에 의해 만들어진 다른 어플리케이션들을 선택할 수 있도록 선택권을 제공할 수 있다. 이것이 구글이 웹 전체에 친목 도모 기능을 퍼뜨리려는 또 다른 노력이다.

프렌드 커넥트 보도 자료에서 구글은 프렌드 커넥트의 영향에 대해 요약했다.

> 구글 프렌드 커넥트는 웹 전반에 친목 기능을 보급하는 데 존재하는 두 가지 장벽을 낮추기 위해 개발되었다. 첫째, 많은 웹 사이트 소유주들은 방문객이 친구들과 할 수 있는 기능을 추가하길 원하지만, 그 동안 기술과 자원의 장벽이 너무 높았다. 둘째, 사람들은 웹에서 가는 곳마다 새로 가입하고, 프로필을 작성하고, 친구 목록을 다시 만들어야 하는 것에 지쳤다. 구글 프렌드 커넥트는 이 모든 문제의 해결책을 제시한다.[21]

구글은 소셜 네트워킹의 광고 잠재성을 타진해 보고자 매력적인 접근들을 실험하고 있다. 이 실험들이 미래에 어떤 결과를 낳을지 지켜보는 것은 흥미진진할 것이다.

앞으로의 위험들

주주들을 위한 대부분의 연차보고서에는 사업과 업계의 위험요인에 관한 부분이 있다. 여기에 기재되는 항목들 중 상당수는 다소 형식적으로 비춰지기도 한다. 그러나 구글의 2007년 연차보고서에 논의된 위험요인들은 현재 일어나고 있고 계속되는 실질적인 어려움들이었다.

보고서에 따르면 2007년 구글의 총 수익 중 48%를 해외 수익이 차지했다. 국제적으로 사업을 하는 것은 어느 기업에게나 어려울 수밖에 없는데, 미국 법과 규제 뿐 아니라 사업을 진출한 모든 나라의 법과 규제에도 주의를 기울여야 하기 때문이다. 구글은 또한 각기 다른 언어로 된 서비스와 제품을 개발하고 문화적 차이에도 주의를 기울여야 하는 것의 어려움을 언급한다. 국제적인 사업을 하는데 들어가는 더 높은 비용과, 정치, 경제 불안의 가능성에다, 구글 총 수입의 상당 부분을 해외에 의존하는 것도 상당한 위험처럼 보인다.

구글은 또한 연차보고서의 이 부분에서 기업의 성공에 필요한 혁신의 추진을 위해 기업 문화에 의존하는 정도를 언급한다. 기업이 성장함에 따라 기업 문화를 유지하는 것은 계속 어려워질 것이다. 인재 유치를 위한 극심한 경쟁 속에서 업계에서 가장 뛰어나고 우수한 엔지니어들을 고용하는 것도 쉽지 않을 것이다.

연차보고서의 동일한 부분에서 구글의 경영진은 또한 구글이 만약 "상당수의 대체 기기 사용자들을 구글 웹 검색 서비스에 유치하고 유지하지 못하거나, PC가 아닌 통신 기기들과 호환 가능한 제품 및 기술 개발에 박차를 가하지 않는다면, 온라인 서비스 시장에서 점점 더 중요해지는 부분의 상당한 점유율을 확보하는 데 실패할 것이며, 이것은 우리 사업에 악영향을 끼칠 것"이라고 말했다. 더 많은 사람들이 인터넷에 접속하기 위해 휴대폰, 텔레비전 기기, 개인용 휴대 단말기 등의 기기를 사용한다. 이는 컴퓨터가 아닌 기기로 인터넷을 접속하는 사람들의 시장을 공략하고자 한다면 구글은 새로운 제품과 기술을 설계해야 하는 어려움에 직면한다는 것을 의미한다.[22]

마지막으로, 연차보고서에서 언급된 바와 같이, CEO 슈미트나 래리, 세르게이를 잃는 위험은 심각한 위험이다. 대부분의 사람들은 이 세 명이 "구글의 전반적인 경영뿐 아니라 구글의 기술, 문화, 전략적 방향의 개발에 필수적이다"라는데 의의를 제기하지 않을 것이다. 스탠포드시절부터 현재에 이르기까지 래리와 세르게이의 여정을 지켜보며 그들의 성과에 박수를 보낸 우리는, 그들이 구글의 근간이며, 이들 중 어느 누구 하나 없이는 구글, 그리고 구글에 의존하는 수백만 명의 사람들에게 큰 타격일 것임을 알고 있다.[23]

주

1) "기업 정보: 우리의 철학," 구글, http://www.google.com/corporate/tenthings.html (2008년 3월 23일 접속).
2) 페레즈(Juan Carlos Perez), "Q&A: 구글의 도전과 열망, 서프," 『컴퓨터월드(Computerworld)』, 2005년 11월 25일, http://www.computerworld.com/developmenttopics/development/story/0,10801,106535,00.html (2008년 5월 18일 접속).
3) "기업 정보: 구글 경영," 구글, http://www.google.com/corporate/execs.html#vint (2008년 5월 21일 접속).
4) 스토리(Louise Story)와 헬프트(Miguel Helft), "구글 31억 달러에 더블클릭 매입," 『뉴욕 타임즈(New York Times)』, 2007년 4월 14일, http://www.nytimes.com/2007/04/14/technology/14DoubleClick.html?ex=1334203200&en=efd4fc413df1a9aa&ei=5088 (2008년 3월 23일 접속).
5) 테일러(Chris Taylor), "구글의 미래 상상하기," CNN머니닷컴, 2006년 2월 1일, http://money.cnn.com/magazines/business2/business2_archive/2006/01/01/8368125/index.htm (2008년 3월 15일 접속).
6) 유투브의 브랜드 채널, http://www.youtube.com/advertise (2008년 5월 10일 접속).
7) "구글 1,000만 달러 안드로이드 개발 대회 발표," 구글 언론 센터, 2007년 11월 12일, http://www.google.com/intl/en/press/pressrel/20071112_android_challenge.html

(2008년 4월 11일 접속).
8) 안드로이드 개발자 대회, http://code.google.com/android/adc.html (2008년 4월 11일 접속).
9) 보즈워스(Martin H. Bosworth), "무선 주파수가 망중립성 열쇠 쥘 수도," 컨수머어페어닷컴, 2007년 6월 4일 접속, http://www.consumeraffairs.com/news04/2007/06/wireless_spectrum.html (2008년 4월 14일 접속).
10) 연방 통신 위원회(FCC)에 건의서: 690-746, 747-762, 777-792, MHz 대역 서비스 규칙 (WC 안건 번호 06-150; WC 안건번호 06-129; PS, 안건번호 06-229; WT 안건번호 96-86), 전자 기록, 2007년 7월 9일.
11) Ibid.
12) "구글 계획은 무선 사용 위해 TV 대역 공개할 것," 『뉴욕 타임즈(New York Times)』, 2008년 3월 25일, http://www.nytimes.com/2008/03/25/business/media/25google.html?_r=2&th&emc=th&oref=slogin&oref=slogin (2008년 4월 27일 접속).
13) "구글," 위키피디아, http://en.wikipedia.org/wiki/Google (2008년 4월 20일 접속).
14) "야후! 오픈소셜 지지; 야후!, 마이스페이스, 구글이 비영리 오픈소셜 재단 출범," 구글 언론 센터, 2008년 3월 25일, http://www.google.com/intl/en/press/pressrel/20080325_opensocial.html (2008년 4월 29일 접속).
15) 앤티(Spencer E. Ante)와 홀라한(Catherine Holahan), "마이스페이스 세대는 식상해함," 『비즈니스위크(BusinessWeek)』, 2008년 2월 7일, http://www.businessweek.com/manazine/content/08_07/b4071054390809.htm (2008년 5월 19일 접속).
16) 카리프(Olga Kharif), "구글의 오컷: 야심의 세계," 『비즈니스위크(BusinessWeek)』, 2008년 10월 8일, http://www.businessweek.com/technology/content/oct2007/tc2007107_530965.htm (2008년 5월 15일 접속).
17) 앤티와 홀라한, "마이스페이스 세대는 식상해함," 『비즈니스위크(BusinessWeek)』, 2008년 2월 7일, http://www.businessweek.com/manazine/content/08_07/b4071054390809.htm (2008년 5월 19일 접속).
18) 쉬어(Steven Sheer)와 해리슨(Rebecca Harrison), "구글의 소셜 네트워크 광고 사업 '나아짐': 브린," 로이터, 2008년 5월 15일, http://www.reuters.com/article/technologyNews/idUSL1515161520080515 (2008년 5월 18일 접속).
19) 앤티와 홀라한, "마이스페이스 세대는 질림," 『비즈니스위크(BusinessWeek)』, 2008년 2월 7일, http://www.businessweek.com/manazine/content/08_07/b4071054390809.htm (2008년 5월 19일 접속).
20) "구글은 오픈소셜을 도입하고 웹 전반에 걸쳐 소셜 어플리케이션 보급," 구글 언론 센터, 2007년 11월 1일, http://www.google.com/intl/en/press/pressrel/opensocial.html (2008년 5월 20일 접속).
21) "구글 프렌드 커넥트 시사회: 웹사이트 소유자는 어떠한 사이트도 친목 도모용으로 만들 수 있다," 구글 언론 센터, 2008년 5월 12일, http://www.google.com/intl/en/press/annc/20080512_friend_connect.html (2008년 5월 20일 접속).
22) "2007년 연차보고서," 구글, http://investor.google.com/documents/2007_Google_AnnualReport.html (2008년 5월 21일 접속).
23) Ibid.

부록

가. 구글에 대해 더 알기

도서

Battelle, John. The Search: *How Google and Its Rivals Rewrote the Rules of Business and Transformed Our Culture* (New York: Penguin, 2005).

바텔(John Battelle)은 '와이어드(Wired)'의 공동 창립 에디터이며 '인더스트리 스탠더드(The Industry Standard)'와 thestandard.com의 창립자이다. The Search는 특히 초창기 구글의 배경과 내부 이야기들을 다룬 훌륭한 자료다. 래리(Larry Page), 세르게이(Sergey Brin), 슈미트(Eric Schmidt) 및 검색 업계에서 구글의 경쟁 업체와 이전 기업들과의 350여개 차례의 인터뷰를 토대로 쓰여졌다.

Vise, David A., and Mark Malseed. *The Google Story: Inside the Hottest Business, Media, and Technology Success of Our Time* (New York: Random House, 2005)

바이스(David A. Vise)는 퓰리처상을 수상한 『워싱턴 포스트(*Washington Post*)』의 기자이자, 『뉴욕 타임즈(*New York Times*)』 베스트셀러인 『이중첩자(*The Bureau and the Mole*)』를 포함한 여러 저서들을 출간한 작가이다. 맬시드(Mark Malseed)는 『워싱턴 포스트(*Washing-*

ton Post)』와 『보스턴 헤럴드(Boston Herald)』의 기고 작가로 활동했다. 그는 우드워드(Bob Woodward)의 최근 저서인 『공격 시나리오(Plan of Attack)』와 『부시는 전쟁 중(Bush at War)』을 위해 조사 작업을 했다. 이 책은 훌륭한 이야기처럼 읽히며 구글 관련자들과의 인터뷰와 접촉으로 인해 풍성한 연구 자료와 정보가 가득하다.

위의 두 도서 모두 2005년까지의 구글에 대한 자세한 정보를 제공한다. 2005년부터 많은 일들이 있었고, 본 책의 목표 또한 위의 두 책에서 다루지 않은 최근 사건들에 초점을 맞추는 것이다.

온라인 자료

미국과 전 세계의 모든 주요 신문 및 소규모 언론사들이 구글에 대해 다룬다. 온라인 『뉴욕 타임즈(New York Times)』(www.nytimes.com), 『워싱턴 포스트(Washington Post)』(www.washingtonpost.com), 『샌프란시스코 크로니클(San Francisco Chronicle)』(www.sfgate.com)은 저자가 가장 유용하게 활용한 출처들이다.

특히 『뉴욕 타임즈(New York Times)』의 작가 두 명의 기사가 도움이 되었다. 온라인 『뉴욕 타임즈(New York Times)』의 한셀(Saul Hansell)의 기사들은 매우 유익했다. 그는 빗츠(Bits) 블로그 및 뉴욕타임즈닷컴의 기술부 편집장이다. 헬프트(Miguel Helft)는 『뉴욕 타임즈(New York Times)』 샌프란시스코 지국에서 비즈니스 분야 인터넷 기업 취재를 전문으로 담당한다. 그는 스탠포드 대학교에서 컴퓨터 공학 석사 학위를 받았고, 아마도 그래서 그는 복잡한 기술 문제들을 일반인들이 쉽게 이해하도록 설명할 수 있을 것이다.

『타임지(Time)』(www.time.com), 『포브스(Forbes)』(www.forbes.com), 『포춘(Fortune)』(www.fortune.com), 『월스트리트 저널(Wall Street Journal)』(www.wsj.com)의 온라인 버전과 CNN 웹사이트인 money.cnn.com도 구글에 대한 기사를 많이 다룬다.

구글의 웹 사이트

구글의 보도 자료, 기업 페이지, 제품과 서비스에 관한 정보는 거의 정보 자료의 백과사전 수준이다. (www.google.com) 특정 구글 사이트의 목록을 보려면 부록 (나)를 참고하길 바란다.

기타 온라인 자료

성취 아카데미 웹 사이트(www.achievement.org/autodoc/page/pag0int-1)에 수록된 래리와 세르게이의 인터뷰는 그들의 어린 시절과 어렸을 때 꿈에 대한 즐거운 기억들을 제공한다.

래리와 세르게이가 누구이며, 그들의 관점을 자신들의 목소리로 들을 수 있는 것을 어떻게 생각하는지를 더 잘 이해할 수 있는 그들의 온라인 동영상을 보는 것이 무척 흥미롭다. 래리와 세르게이와 함께 구글 내부를 고찰해 보는 동영상이다. www.ted.com/index.php/talks/view/id/118

나. 구글 웹 주소의 선정된 목록

블로거, http://www.blogger.com
프루글(쇼핑), http://www.googleguide.com/froogle.html
구글 애드워즈, http://www.adwords.google.com
구글 애드센스, http://www.google.com/adsense
구글 도서 검색, http://books.google.com
구글 캘린더, http://www.google.com/calendar
구글 코드, http://code.google.com
구글 데스크탑, http://desktop.google.com
구글 문서, http://www.google.com/google-d-s/tour1.html
구글 어스, http://earth.google.com
구글 그룹, http://groups.google.com

구글 이미지 검색, http://images.google.com
구글 실험실, http://labs.google.com
구글 지도, http://www.maps.google.com
구글 뉴스, http://news.google.com
구글 검색 어플라이언스, www.google.com/enterprise/gsa
구글 학술, http://scholar.google.com
구글 모바일, http://www.google.com/mobile
구글 노트북, http://www.google.com/notebook
구글 검색, http://www.google.com
구글 스케치업, www.sketchup.google.com
구글 토크, http://www.google.com/talk
구글 비디오, http://video.google.com
오컷(소셜 네트워크), http://www.orkut.com
피카사(사진 편집), http://picasa.google.com
유투브, http://www.youtube.com

다. 구글의 재정 실적

표 A.1: 구글의 주요 재정 기록

	매출	총 비용	순익	주당 순이익 (기본)
2002년	$439,508	$253,042	$186,466	$0.86
2003년	$1,465,934	$1,123,470	$342,464	$0.77
2004년	$3,189,223	$2,549,031	$640,142	$2.07
2005년	$6,138,560	$4,121,282	$2,017,278	$5.31
2006년	$10,604,917	$7,054,921	$3,549,99	$10.21
2007년	$16,593,986	$11,509,586	$5,084,440	$13.53
2008년 1분기	$5,186,043	$3,639,808	$1,546,235	$4.17

출처: http://investor.google.com/fin_data.html.

도표 A.1: 구글 주가, 2004년~2007년

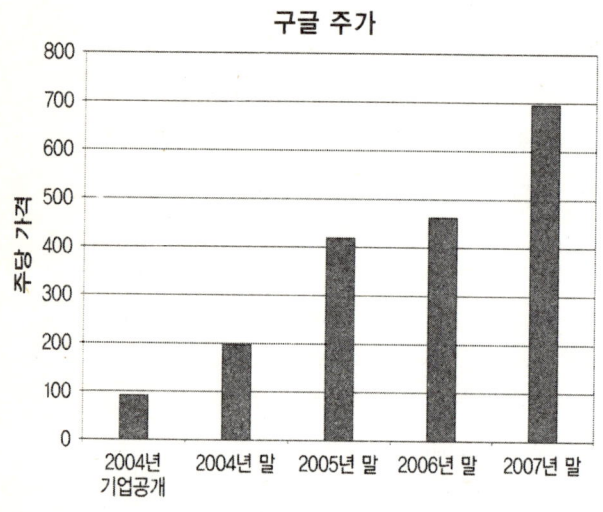

도표 A.2: 구글 대 S&P 500 지수, 2004년~2007년

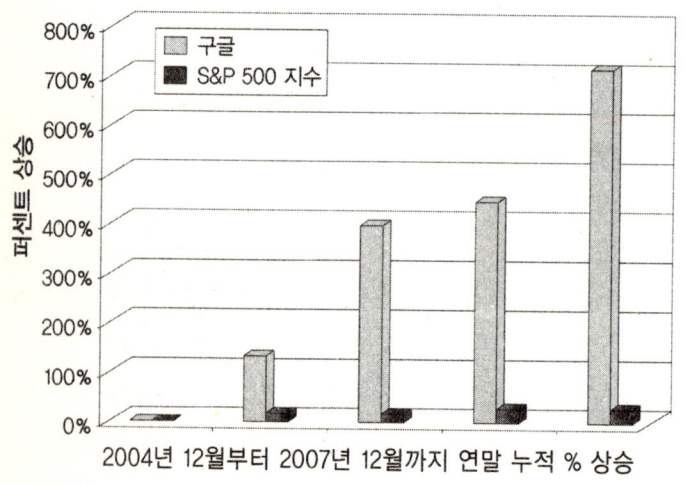

찾아보기

(A)

AT&T 208-210

(G)

Google.org 127-130, 132, 135-139, 141-143

(I)

Instedd(Innovative Support to Emergencies, Diseases, and Disasters) 137
iGoogle 152-154, 177-178

(N)

NASA 120, 214

(R)

RSS 피드(RSS feed) 151, 154-155

(ㄱ)

가젯(gadget) 154
개방형 휴대폰 동맹(Open Handset Alliance) 206-207, 211
관련성 16, 38, 41, 45, 50, 55, 57, 71, 108
검색 엔진 5-6, 16-19, 21-24, 26, 34-35, 38-45, 48-51, 53-58, 61, 76-78, 127, 165, 182, 203, 215
구글닷오르그(Google.org) 95
구글러 5, 76, 80-81, 83-84, 87-88, 90, 92, 96, 98, 100-101, 105, 122, 140, 144
구글봇 24
구글플렉스 20, 25, 30, 63, 84, 87, 105, 132, 214
구글 걸프(Google Gulp) 110
구글 검색 어플라이언스(Google Search Appliance) 24, 174
구글 교사 아카데미(Google Teacher Academy) 149
구글 그룹(Google Groups) 22
구글 노트북 164
구글 뉴스(news.google.com) 25, 164; 구글 뉴스 알리미 118

구글 데스크바 26
구글 데스크탑 검색 27
구글 도서 검색 177, 192-193
구글 독스 45
구글 두들스(Google Doodles) 106, 107
구글 디렉토리(Google Directory) 21
구글 랩(labs.google.com) 25
구글 레이어(Google Layer) 120
구글 로맨스(Google Romance) 111
구글 루너 X 대회 113
구글 맞춤 검색 엔진 165
구글 문서 118, 174-176, 156-157, 213
구글 비디오 29, 114, 118
구글 실험실 117
구글 스케치업(Google Sketchup) 116
구글 스프레드시트 177
구글 앱 교육판(Google Apps Education Edition) 152
구글 어스(Google Earth) 7, 27, 69, 116, 120-121, 123-125, 163, 189
구글 얼러트 45
구글 자선단체(Google.org) 30
구글 자이트가이스트(www.google.com/press/zeitgeist.html) 22
구글 재단(Google Foundation) 127
구글 지도(Google Maps) 171, 118, 152, 189, 208
구글 체크아웃(Google Checkout) 116, 170-171,
구글 출판업자 프로그램 192
구글 카달로그 검색(catalog.google.com) 24
구글 캘린더 173, 175, 177, 155
구글 코드 잼 100
구글 코페르니쿠스 센터(Google Copernicus Center) 109
구글 토크 29
구글 페이지 크리에이터(Google Page Creator) 117, 170
구글 프로그래밍 대회 25
구글 프린트 28, 191
구글 학술검색 165
구글 헬스(Google Health) 190
기업공개(IPO: Initial Public Offering) 47, 51, 71, 72, 92, 95, 127, 182
기업 문화 5, 74-76, 79-81, 87, 102, 219

(ㄴ)

놀(Knol) 166
누글러(Noogler) 90

(ㄷ)

더블클릭(DoubleClick) 203-204, 213
데이비드 필로(David Filo) 17
디렉토리 34, 38, 43, 45, 46, 51, 56

(ㄹ)

리차지 IT(Recharge IT) 11, 135

(ㅁ)

마이스페이스(MySpace) 214-215
마이크로소프트 182, 190, 204, 207, 212
메이어(Marissa Mayer) 93-94
메타 검색 엔진 39
멘탈플렉스(Mentalplex) 107-108

(ㅂ)

바이두(Baidu) 181-182, 186
버너스 리(Tim Berners-Lee) 35-37
버라이존 208-210, 212
베타 버전 25
벡톨샤임(Andy Bechtolsheim) 18, 59
벤처 캐피털 20, 47, 51
보이치키(Anne Wojcicki) 12
봇 38-40
브릴리언트(Larry Brilliant) 143
블로거 26, 117-118, 154, 173, 177, 179, 186, 213
비아콤 196-197, 204

(ㅅ)

사용자 클릭 195
서프(Vinton Cerf) 200
설리번(Stacy Savides Sullivan) 82
세쿼이아 캐피탈(Sequoia Capital) 63-64
소셜 네트워크(social network) 113, 214-216, 218
슈미트(Eric Schmidt) 71, 91, 95-96, 220, 222; 슈미트 박사(Dr. Eric Schmidt) 23, 80, 144
스마트폰 206, 208
스케치업(SketchUp) 154, 156, 173, 177
스팸(Spam) 56
스폰서 링크(sponsored link) 78, 115
심비안 207

(ㅇ)

아이어스(Charlie Ayers) 84, 88; 찰리(Chef Charlie) 85-86
안드로이드 206-208, 211, 213
야후! 5, 182, 186, 213
애드센스 26, 89, 170, 179
애드워즈(AdWords) 67, 89, 169-171, 180
어스링크(EarthLink) 212
업스타틀(Upstartle) 213
에어스(Charlie Ayers) 21
오컷(orkut.com) 113-114
오픈소셜 재단(OpenSocial Foundation) 214
오픈 소스 144, 207, 211; 오픈 소스 소프트웨어 62; 오픈 소스 코드 71, 202
운영체제 37
월드 와이드 웹(World Wide Web) 6-7, 15, 32, 35, 37-39, 44, 46
웹 2.0(Web 2.0) 151
위키피디아(wikipedia) 120, 151, 166
유튜브(YouTube) 29, 67, 178, 114, 151, 191, 197, 206, 213
인터넷 서비스 제공자(ISPs: Internet Service Providers) 210
인터넷 프로토콜 37

(ㅈ)

자연어 41, 49, 51
지메일(Gmail) 27, 77, 110-112, 155, 163, 176, 178, 186, 188-189, 208

(ㅋ)

크롤러 50; 크롤링 24, 39, 41, 52-53, 57, 60, 114
클라이너 퍼킨스 코필드 앤 바이어스(Kleiner Perkins Caufield & Buyers) 63-64
키워드 검색 67
키홀(Keyhole) 121

(ㅌ)

태스크 57
테라바이트 16-7
테크노라티(Technorati) 118

(ㅍ)

페이지랭크(PageRank) 16, 41, 45, 58, 77, 109
프렌드 커넥트(Friend Connect) 218
프루글(Froogle) 25, 115
피라 랩(Pyra Labs) 213
피씨 매거진(PC Magazine) 19, 20, 65
피전랭크(PigeonRank) 108-109
피카사(Picasa) 154, 158-159, 177
필로(David Filo) 46

(ㅎ)

하이퍼텍스트 37, 39, 52, 56
화이트 스페이스 연합(White Spaces Coalition) 212
휴버(Jeff Huber) 217

저자에 관해

스콧(Virgina Scott)은 전문대학교, 4년제 대학교, 개인 기업을 위한 프리랜서 교육 설계자이다. 그녀의 고객에는 버지니아 대학교, 콜로라도 대학교, 매릴랜드 주, 톰슨 러닝 등이 있다. 그녀는 또한 전문대학교에서 온라인 강의도 한다. 저서로는 『우수함을 위한 재빠른 매니저의 가이드(Agile Manager's Guide to Training for Excellence)』가 있으며 버지니아 대학교에서 문학과 교육학 석사 학위를 받았다.

번역자에 관해

정인아

이화여자대학교 교육학 전공 영문학 부전공
한국외국어대학교 통역 대학원 한영과

주요 경력

삼성전자, 대한항공 등에서 통번역사로 근무
백남준 한국공식 홈페이지(www.paikstudios.co.kr) 번역
KBS 1, EBS, 아리랑 TV 등 다수의 프로그램 번역

현재 프리랜서 통, 번역사로 활동